Nachhaltigkeitsaspekte in Theorie und Praxis der Entscheidungsfindung

Daniela Busse

Nachhaltigkeitsaspekte in Theorie und Praxis der Entscheidungsfindung

Perspektiven institutioneller Steuerung in der Immobilienwirtschaft

Springer Gabler

RESEARCH

Daniela Busse
Karlsruhe, Deutschland

Dissertation am Karlsruher Institut für Technologie (KIT),
Fakultät für Wirtschaftswissenschaften / 2012 /
Referenten: Prof. Dr. Thomas Lützkendorf, Prof. Dr. Kay Mitusch

ISBN 978-3-8349-3971-5 ISBN 978-3-8349-3972-2 (eBook)
DOI 10.1007/978-3-8349-3972-2

Die Deutsche Nationalbibliothek verzeichnet diese Publikation in der Deutschen Nationalbibliografie; detaillierte bibliografische Daten sind im Internet über http://dnb.d-nb.de abrufbar.

Springer Gabler

Einbandentwurf: KünkelLopka GmbH, Heidelberg

Gedruckt auf säurefreiem und chlorfrei gebleichtem Papier

Springer Gabler ist eine Marke von Springer DE. Springer DE ist Teil der Fachverlagsgruppe Springer Science+Business Media
www.springer-gabler.de

Für meinen Großvater

Günther Brand

(1922 - 2005)

Inhaltsverzeichnis

Abbildungsverzeichnis

Tabellenverzeichnis

1 Vorbemerkungen

1.1 Zielsetzung und Aufgabenstellung

1.1.1 Ausgangslage

Die Welt steht vor einer Reihe von Herausforderungen, denen sich die Gesellschaft mit hoher Dringlichkeit zu stellen hat. Die weltweite Globalisierung der Märkte, die Veränderung der demografischen Struktur, der beschleunigte technologische Fortschritt, die Urbanisierung und die steigende Bedeutung der Schwellenländer gehören zu den Megatrends, denen sich weltweit Politik und Wirtschaft gegenübersehen. Die globale Erwärmung und die damit einher gehenden Folgen für Klima und Ökosystem sind ursächlich auf diese und andere Entwicklungen zurückzuführen. Sie sind erstrangig durch aktive menschliche Handlungsweisen induziert.

Während sich diese Megatrends zunehmend verstärken und dabei wechselseitig beeinflussen, gilt es, Ursachen zu identifizieren und auf den menschlichen Einflussbereich herunterzubrechen. Handlungen beruhen auf Entscheidungen; Entscheidungen beruhen auf Präferenzen, Informationen und Bedingungen. Sie sind damit immer persönlicher Natur und situativ bedingt. Forschung kann dazu beitragen, Lösungen und Veränderungspotenziale in entsprechend zu ändernden Handlungen des Menschen aufzuzeigen.

Einen prägenden Faktor bei Entstehung und Entfaltung der Megatrends stellt wie in der Vergangenheit auch in Gegenwart und Zukunft die gebaute Umwelt dar. Gebäuden ist nicht nur ein beträchtlicher Energie- und Ressourcenbedarf inhärent, sie binden auch eine hohe Menge an Kapital. In der Regel dienen sie der Erfüllung von menschlichen Grundbedürfnissen, was sie quantitativ wie qualitativ hohen Einfluss auf die Trendentwicklung nehmen lässt.

Die gebaute Umwelt hat einen signifikanten Anteil am globalen Verbrauch von Energie (> 40 %), Wasser und natürlichen Ressourcen; sie ist damit in hohem Maße verantwortlich für steigende CO_2-Emissionen, Abfallproduktion und deren verschmutzende Konsequenzen für Luft, Wasser und Boden.[1]

Gleichzeitig ist die volkswirtschaftliche Bedeutung der Immobilienwirtschaft erheblich. Allein in Deutschland haben im Jahr 2005 etwa 3,6 Mio. Arbeitsplätze im weiteren Sinne mit dem Bau und Betrieb von Immobilien zu tun.[2] Den größten Teil davon (ca. zwei Drittel) stellt das Baugewerbe. Immobilienwirtschaft, Bauwirtschaft und Immobilienfinanzierer lieferten 2006 gemeinsam eine Wertschöpfung, die sich auf 18,6 % der deutschen Gesamtleistung belief, also deutlich höher war als beispielsweise die des Fahrzeug- und Maschinenbaus.[3]

Immobilien tragen einerseits zum allgemeinen Wohlstand, andererseits und im entsprechenden Maß zur Umweltbelastung bei. Konzepte einer nachhaltigen Entwicklung der gebauten Umwelt bieten sich als geeignete Lösung der bezeichneten Problematik an. Gebäude bedarfskongruent zu planen und zu entwickeln, sie effizient zu nutzen und umweltverträglich zu verwerten sind wesentliche Inhalte der Nachhaltigkeitsstrategie bei Immobilien. Dahinter steckt der Gedanke, den (Nutz-) Wert der Immobilien zu steigern bei gleichzeitiger Senkung der Aus- und Einwirkungen auf die Umwelt, betrachtet über den gesamten Gebäudelebenszyklus, d. h. von der Planung des Neubaus über den Betrieb des Bestands bis hin zur teilweisen oder gänzlichen Entsorgung.

1.1.2 Zum Forschungsstand

In der immobilienwirtschaftlichen Forschung wie auch in der Praxis wird das Thema 'Nachhaltigkeit' aktuell stark diskutiert und von immer mehr Fachbereichen aufgegriffen. Schwerpunkte sind die Gebäude selbst (Nachhaltigkeit bei Bau- und Bewirtschaftungsprozessen, bei der Qualität und Beschaffenheit der Gebäude) und der Handel mit ihnen (Nachhaltigkeit als Wertmaßstab, Entwicklung von Angebot und Deckung des Bedarfs). Daraus resultieren Fragen nach der Messung und Vergleichbarkeit von Nachhaltigkeitsaspekten sowie der diesbezüglichen Bewertung der Immobilien.

Trotz hoher Popularität des Themas, bemerkenswerter Ergebnisse in der Wissenschaft und stetig verbesserter Technologien kann nicht zwangsläufig davon ausgegangen werden, dass sich die Realisierung nachhaltiger Immobilien zu einem flächendeckenden Trend ausweiten wird – allerdings ist gerade dies eine unabdingbare Voraussetzung, um den Klimawandel aufzuhalten und gleichbleibende Lebensbedingungen für künftige Generationen sicherzustellen. Grundsätzlich sind

1 UNEP 2009, S. 8 ff.

2 Rußig 2005.

3 Voigtländer et al. 2009, S. 5 ff.

zwei Strategien zu nennen, durch die eine Verringerung der Ressourceninanspruchnahme und die Schonung der Umwelt vorangetrieben werden können:[4]

1. durch Verhaltensänderung des Menschen,
2. durch operative und technologische Innovationen.

Während Punkt 2 ein weitverbreiteter Gegenstand der Nachhaltigkeits- und Produktforschung ist, muss festgestellt werden, dass bisher nur wenige Vorstöße unternommen wurden, den Fokus auf die Akteure der Branche zu richten (Punkt 1), jene also, die

- den Anspruch des nachhaltigen Bauens zunächst entwickeln (*Motivation*) bzw. Bedarf anmelden und
- entsprechende Kenntnisse erwerben müssen (*Kompetenz*), bevor ebensolche Güter eingefordert werden und entstehen können. Dazu ist es wiederum notwenig, dass die Akteure
- zu ermächtigen sind, eine solche Strategie zu verfolgen (*Autorisierung*), was sich einerseits in Form von reibungslosen Genehmigungsprozessen und Zulässigkeit nicht standardisierter Innovationen äußern könnte, andererseits auch eine Frage zeitgerechter Bürgerbeteiligung bei gesellschaftspolitischen Entscheidungen sein dürfte.

Der Dreiklang aus *Motivation*, *Kompetenz* und *Autorisierung* – im weitesten Sinne als 'Empowerment' zu verstehen[5] – stellt den Rahmen dar für die Analyse von Akteursverhalten unter nachhaltigen Gesichtspunkten, die Basis jeglicher Beschäftigung mit dem Thema 'Nachhaltigkeit bei Gebäuden' (vgl. auch Kap. 3).

Dennoch muß festgestellt werden, dass – insbesondere für den speziellen Fachbereich der immobilienwirtschaftlichen Forschung – eine Thematisierung bisher weitestgehend unterblieb.

---

4 In diesem Kontext sind *Effizienz-*, *Suffizienz-* und *Konsistenz*-Strategien von Belang, die im Zuge der Grundlagen zur Nachhaltigkeit vorgestellt werden.

5 Als *Empowerment* werden im Allgemeinen Strategien und Maßnahmen bezeichnet, die geeignet sind, das Maß an Selbstbestimmung und Autonomie von Akteuren zu erhöhen. Vgl. http://www.uni-muenster.de/AFO/empowerment.html (28.07.2011).

1.1.3 Die Kernproblematik

Um Nachhaltigkeit umsetzen zu können, bedarf es entsprechend motivierter Akteure. Motivation wiederum entsteht durch das Wecken von Interesse. Inwiefern die Interessen der Akteure unter konkreten Bedingungen mit Nachhaltigkeitsstrategien korrespondieren – oder umgekehrt: wie die strategische Integration von Nachhaltigkeitsaspekten in die Beschaffenheit von Gebäuden und Prozessen unter Betrachtung personeller Handlungsmuster eingeht, ist von grundlegender Bedeutung, wenn eine Verbreitung von Nachhaltigkeitskonzepten erfolgen soll.

Zentrales Thema dieser Arbeit wird daher die Suche nach Gründen sein, warum Akteure nachhaltigkeitsorientiertes Entscheiden nicht adaptieren und wo geeignete Lösungsansätze innerhalb der Ökonomie und Soziologie – auch unter vereinzelter Hinwendung zur Psychologie – bereits vorhanden sind . Dazu wird im weiteren Verlauf auf die folgenden Ausgangsfragen eingegangen:

1. Welches sind die Barrieren für nachhaltige Entscheidungen bei Immobilienakteuren bzw. welche Faktoren sind hinderlich für nachhaltiges Entscheidungsverhalten?
2. Wie lassen sich die Barrieren überwinden und nachhaltige Entscheidungen induzieren bzw. wie lauten Empfehlungen, entsprechende Prozesse einzuleiten?

Grundsätzlich sind zwei verschiedene Fälle des Akteursverhaltens denkbar und in der Praxis zu beobachten (vgl. die Umfragen in Kap. 4):

Entweder der Akteur entscheidet und agiert auf konventionelle Art. In diesem Fall ist nach einer Methode zu suchen, sein Entscheidungsverhalten in Richtung der Implementierung von Nachhaltigkeitsaspekten zu beeinflussen. Oder der Akteur ist bereits offen für nachhaltiges Planen und Bauen und zeigt entsprechendes Entscheidungsverhalten. Dann ist dafür zu sorgen, dass seine Motivation gestärkt wird und er die Möglichkeit erhält, Nachhaltigkeit baulich umzusetzen. In beiden Fällen jedoch ist es von unbedingter Wichtigkeit, zu eruieren, warum er seine Handlungsmaxime derart ausrichtet und auf welchen Parametern sein Verhalten gründet.

Die Beantwortung dieser Fragen eröffnet die Möglichkeit, Wege aus der erheblichen Ressourceninanspruchnahme durch den Bau- und Immobiliensektor zu finden.

1.1.4 Der Lösungsansatz

Anhand der Entwicklung eines *Dynamischen Akteursmodells* werden zunächst wichtige Parameter vorgestellt, die grundsätzlich entscheidungsrelevant sind. Dazu ist zunächst zu eruieren, wie die verschiedenen Akteursgruppen der Immobilienwirtschaft derzeit mit Nachhaltigkeit umgehen und worin ihre spezifischen Motivationen in Bezug auf Gebäude liegen – dies erfolgt empirisch durch Auswertung mehrerer Umfragen. Daran schließt sich die theoretische Untersuchung an. Anhand allgemeiner ökonomischer und soziologischer Modelle und Theoreme wird überprüft, in wieweit das Prinzip nachhaltigen Entscheidens überhaupt abgebildet wird bzw. wo ein Umdenken erforderlich wird. Die Analyse der Akteure und ihr Entscheidungsverhalten wird vor dem Hintergrund spezifischer immobilienwirtschaftlicher Problematiken zunächst für das Individuum, dann auch für Gruppen und Netzwerke geführt.

Hieraus ergeben sich Erkenntnisse über die Hinderungsfaktoren, aufgrund derer ein bestimmtes Handeln bei den Immobilienakteuren gerade *nicht* stattfindet. Es zeigt sich, dass die Vielzahl der Akteure rund um das Planen, Bauen und Betreiben von Gebäuden eine Nivellierung von bisweilen gegeneinandergerichteten Zielsetzungen erfordert, um nachhaltigkeitskonformes Handeln zu erzeugen. Es ergibt sich der Anspruch, Nachhaltigkeit unter Umständen auch gegen die kurzfristigen persönlichen Ziele des einzelnen Individuums oder der Organisationen umzusetzen.

Sind die wegweisenden Faktoren für Akteursentscheidungen zur Nachhaltigkeit theoretisch in Inhalt und Wechselwirkung beleuchtet worden, können Steuerungsinstrumente implementiert werden. Es ist nun denkbar, durch bestimmte Formen der Lenkung gezielt Systeme einzusetzen (oder gegebenenfalls neu zu entwickeln), welche die Handlungsschwellen der Stakeholder zur Umsetzung von Nachhaltigkeit an Gebäuden überwinden. Starke Akteure (Schlüsselakteure) spielen dabei eine Vorreiterrolle und können andere Projektpartner entsprechend anleiten. Institutionen bilden den prägenden Rahmen zur Steuerung von Entscheidungen und Handlungen.

Zwei institutionelle Systeme sind in dieser Hinsicht geeignet, die Basis für Akteurslenkung, respektive *Governance*, zu bilden: erstens die Politik und zweitens der Markt. Die besondere Aufgabe besteht darin, beide Plattformen Hand in Hand zu verwenden, um ein möglichst schnelles und tief greifendes Verständnis innerhalb der Akteursgruppen der Immobilienwirtschaft zum Thema 'Nachhaltigkeit' zu erwirken – und dieses Verständnis im operativen Geschäft umzusetzen.

Flankierend zu neuen und bereits am Markt bekannten Instrumenten ist die Politik gefordert, über die derzeit selektiv angelegten Einzelgesetze hinaus eine rahmensetzende Ordnung zu installieren, die sich an den Prinzipien der Nachhaltigkeit orientiert. Auch in der Politik bedarf es, wie in der freien Wirtschaft, eines neuen Betrachtungsbildes mit ganzheitlichem Profil.

Die vorliegende Arbeit wird die vorhandenen Steuerungsinstrumente wie Anreize, Steuern, Sanktionen und handelbare Rechte aufgreifen und Vorschläge unterbreiten, wo sie auf den Plattformen Markt und Politik wirkungsvoll verankert werden können, respektive wo Lücken mit weiteren Instrumenten geschlossen werden sollten.

1.2 Hinweise zur Vorgehensweise

Wissenschaftliche Arbeiten mit immobilienwirtschaftlichem Schwerpunkt sind aktuell in ihrer Thematik eher der angewandten Forschung zuzuordnen. Es findet nur gelegentlich eine Übertragung der theoretischen Grundlagen auf die spezifischen Probleme von Immobilien statt. Mit dem vorliegenden Ansatz soll eine Lücke zwischen verschiedenen Grundlagen und Theorien wie z.B. der Immobilienökonomie und der Verhaltens- und Entscheidungstheorie sowie den Methoden und Techniken praktischer Anwendungen geschlossen werden, was zur Lösungsfindung von Nachhaltigkeitsstrategien unbedingt als notwendig angesehen werden muss.

Bestandteile

Neben der Hinzuziehung theoretischer Modelle anderer Forschungsdisziplinen (Interdisziplinarität) wie der Betriebswirtschaftslehre, der Soziologie, den Rechtswissenschaften und der Volkswirtschaftslehre finden immer wieder Querbezüge zu praxisrelevanten Fragen mit bautechnischem Inhalt und im immobilienmarktlichen Zusammenhang statt. Der damit erhobene transdisziplinäre Anspruch stellt nicht nur eine frei gewählte Voraussetzung dar, sondern wird explizit als notwendige Bedingung zur Beantwortung der Forschungsfrage erachtet.

Es ist zu berücksichtigen, dass insbesondere die ökologische Dimension der Nachhaltigkeitsthematik im Sinne der Ökonomie ein Knappheitsproblem darstellt (die Umwelt erhält den Status eines knappen Wirtschaftsgutes) und somit nicht ohne die ökonomische Theorie gelöst werden kann. Sie wird daher zur Lösung der Forschungsfrage in besonderem Maße herangezogen. Daneben handelt es sich auch um ein Problem des Menschen im Verhältnis zur Gesellschaft und seinem Umfeld. Somit sind auch soziologische Grundlagen von Belang.

Verfahren

Um Situationen und Handlungszwänge von Immobilienakteuren zu verstehen, sind komplexe Zusammenhänge auf eine theoretische und bisweilen abstrakte Ebene zu heben, die einen Abgleich mit bestehenden wissenschaftlichen Modellen verschiedener Fachbereiche ermöglicht. Dort, wo eine gewisse Tiefe über Theorien und

Modelle erreicht werden musste, wird in einem Exkurs eine kurze Zusammenfassung der Inhalte ihrer allgemein anerkannten Theoreme gegeben.

Es ist ein Anliegen dieser Arbeit, die Charakteristika und Ausgangspositionen einer möglichst großen Zielgruppe aufzugreifen, um eine breite argumentative Basis zu entwickeln und gleichzeitig einen Lösungsansatz zu finden, der als Konzept für eine Umsetzung in der Praxis taugt. Adressaten sind vor allem die Institutionen von Politik und Markt, die mit der Nachhaltigkeitssteuerung von Immobilienakteuren betraut sind bzw. an der Entwicklung von Strategien zur Verbreitung von nachhaltigem Entscheidungsverhalten ein Interesse haben.

Prämissen

Die Inhalte und Kontroversen der Theorie zur Nachhaltigkeit selbst, sowie die Dringlichkeit nachhaltigen menschlichen Handelns sind nicht Gegenstand dieser Diskussion; Nachhaltigkeit wird einleitend kurz beschrieben, um dann als Prämisse gesetzt zu sein. Die Notwendigkeit nachhaltigen Wirtschaftens zum Erhalt der gegenwärtigen Lebensbedingungen und Lebensformen wird nicht in Frage gestellt. Unter Bezugnahme auf den *Stern-Report* von 2006/2007 kann davon ausgegangen werden, dass die verstärkte Hinwendung zur Nachhaltigkeit nicht nur in der Politik,[6] sondern auch unter ökonomischen Gesichtspunkten sinnvoll und unabdingbar ist.[7] Insofern ist es nicht Ziel der Arbeit, an den umweltpolitischen Diskurs anzuknüpfen, wie er tagtäglich durch zahlreiche Veröffentlichungen, Stellungnahmen, Diskussionsrunden etc. in den unterschiedlichen Medien geführt wird. In diesem Sinne wird auch der Bedarf an nachhaltigen Gebäuden und damit im Zusammenhang stehenden Prozessen nicht kritisch diskutiert, sondern als Vorbedingung verstanden.

Im Folgenden wird für den Ausdruck *nachhaltigkeitskonformes Entscheiden* bzw. *nachhaltigkeitsorientiertes Handeln* vereinfachend die verkürzte Form *nachhaltiges Entscheiden bzw. Handeln* verwendet.

1.3 Aufbau der Arbeit

Das strukturelle Vorgehen kann anhand der Inhaltsübersicht in Abbildung 1 nachvollzogen werden.

6 Jährliche Weltklimakonferenzen, World Sustainable Building Conference, International Conference on Climate Change.

7 Stern 2007.

Das Konzept gliedert sich in drei Teile, flankiert von den Vorbemerkungen (Zielsetzung und Aufgabenstellung, Kap. 1) und dem Resümee mit Ausblick (Kap. 12). Zu unterscheiden sind:

- in Teil I: *die Einführung* zur Bestimmung des Nachhaltigkeitsbegriffs und seiner Bedeutung in der Bau- und Immobilienwirtschaft (Kap. 2 bis 3),
- in Teil II: *die Analyse* empirischer Umfragen sowie theoretischer Grundlagen, die der Identifizierung von Hinderungsgründen dienen, die einer konsequent nachhaltigen Entscheidungspraxis entgegenstehen (Kap. 4 bis 9),
- in Teil III: *die Entwicklung* eines Systems der Steuerung zur Nachhaltigkeit für die Immobilienwirtschaft mit Vorschlägen zu adäquaten Instrumenten und Implementierungshinweisen (Kap. 10 bis 11).

Teil I thematisiert die Grundlagen des nachhaltigen Planens, Bauens und Betreibens sowie die derzeit von der Forschung hierzu abgedeckten Themenfelder. Dabei wird explizit nach einem Bezug zu den beteiligten Akteuren der Bau- und Immobilienbranche gesucht.

In Teil II werden zunächst mehrere Umfragen unter Immobilienakteuren vorgestellt und interpretiert, die sich mit der Umsetzung von Nachhaltigkeit in Gebäuden und Unternehmen beschäftigen.

An diese empirische Analyse schließt sich die theoretische an, die gewonnene Beobachtungen und Erkenntnisse anhand bestehender Theorien zu erklären versucht. Es wird das *Dynamische Akteursmodell* entwickelt. Darauf aufbauend werden Grundlagen der Entscheidungstheorie, der Verhaltensökonomie und der Organisationstheorie herangezogen und durch Best-Practice-Hinweise des Stakeholder Managements angereichert. Eine besondere Rolle für die Gewinnung von Erklärungsmustern der Immobilienakteure und daraus resultierenden Verhaltensprognosen für die Zukunft spielt die Neue Institutionenökonomik, dessen noch vergleichsweise junge Lehre auf die Nachhaltigkeitstheorie bisher kaum Anwendung fand – speziell im Bereich der Immobilienökonomik.

Am Ende von Teil II sind schließlich sechs Barrieren nachhaltigen Entscheidens ermittelt worden.

Teil III behandelt die Methodik institutioneller Steuerung. Das Thema 'Governance von Immobilienakteuren' wird erschlossen und sein Status quo innerhalb Deutschlands charakterisiert. Ausgehend von der aktuellen politischen und marktlichen Steuerungslandschaft werden Instrumente vorgestellt, die den vorhandenen Policy-Mix ergänzen und seinen Schwerpunkt in Richtung nachhaltigen Entscheidens verstärken. Es wird ein konzeptionelles Programm vorgeschlagen, wie nachhaltiges Entscheiden für alle Akteursgruppen induziert werden kann, was letztlich darauf abzielt, den grundsätzlich nutzenorientierten Akteur zur Realisierung nachhaltiger Immobilien anzuhalten.

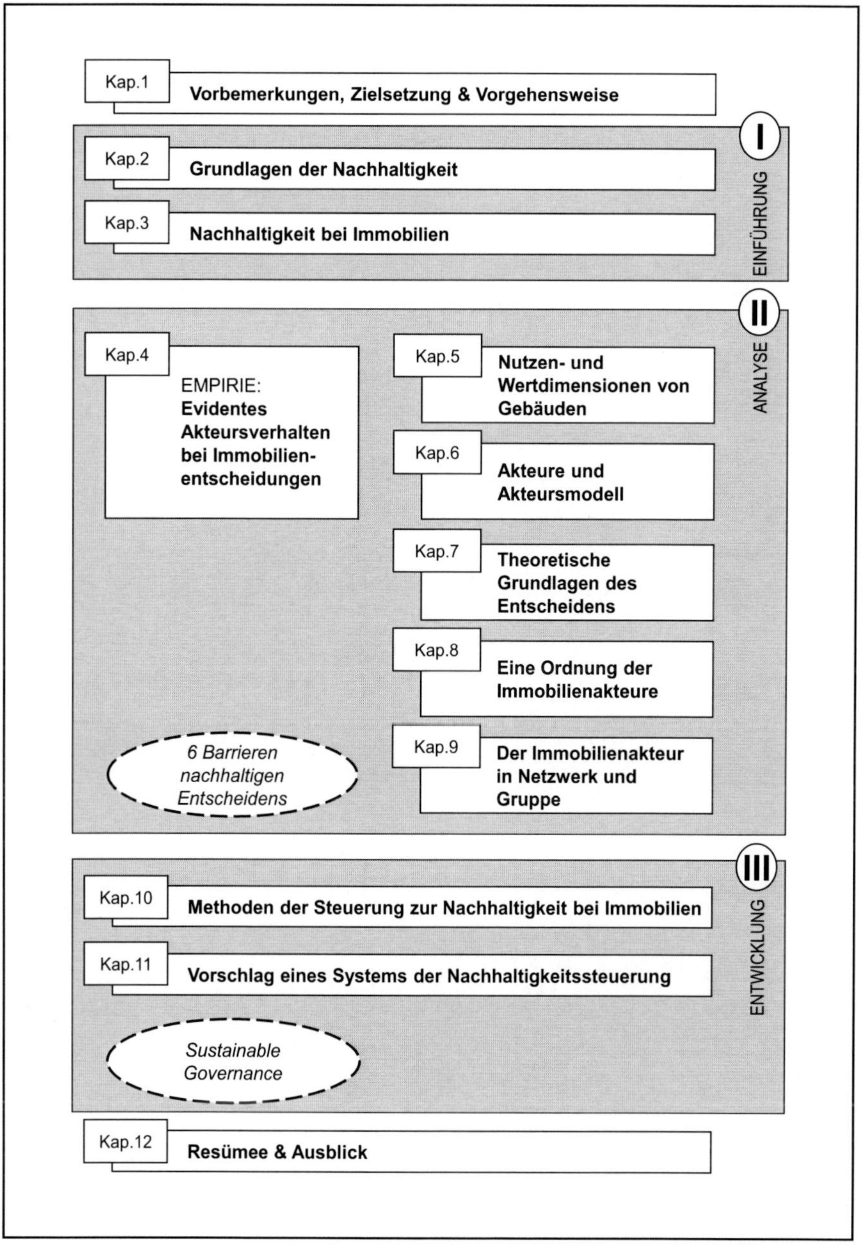

Abb. 1: Inhaltsübersicht[8]

8 Eigene Darstellung.

2 Grundlagen der Nachhaltigkeit

Nachhaltigkeit – in der deutschen Sprache existiert der Begriff bereits seit dem frühen 17. Jahrhundert, als Terminus im heute verstandenen Sinn gewinnt er an Popularität seit den 1970er-Jahren. Inzwischen hat er vereinzelt den Status eines Leitbildes erreicht und dennoch – oder gerade deshalb – haftet ihm immer noch eine intransparente Bedeutung an.

Das vorliegende Kapitel dient dazu, einige Grundlagen der Nachhaltigkeitstheorie zu umreißen, um die Thematik der Aufgabe zu präzisieren und die Zielsetzung in einer Makrobetrachtung zu verorten.

2.1 *Allgemeine Grundlagen*

Als Referenz ist in der Wissenschaft der Bericht der Brundtland-Kommission von 1987 verbreitet, der den Begriff der Nachhaltigkeit wie folgt definiert:

> *"[Nachhaltigkeit bezeichnet ...] eine Entwicklung, die den Bedürfnissen der jetzigen Generation entspricht, ohne die Möglichkeiten künftiger Generationen zu gefährden, ihre eigenen Bedürfnisse zu befriedigen."* [9]

Dahinter stehen nach dem Verständnis der nationalen Nachhaltigkeitsstrategie der Bundesregierung (2002) das Postulat der intra- und intergenerativen Gerechtigkeit, die globale Perspektive und der anthropozentrische Ansatz des Menschen als 'Maß aller Dinge'.[10]

Zur Konkretisierung des Nachhaltigkeitsbegriffs hat sich seit den 1990er-Jahren eine Unterscheidung in drei Nachhaltigkeitsdimensionen etabliert. Das sogenannte *Dreisäulenmodell* (vgl. Abb. 2), das eine gleichberechtigte Berücksichtigung der Themenfelder Wirtschaft, Umwelt und Gesellschaft fordert, schenkt den direkten und

---

9 Weltkommission 1987, S. 51.

10 Kopfmüller 2009, S. 28.

indirekten Zusammenhängen zwischen menschlichem Handeln (oft durch wirtschaftliche Aspekte induziert) und der Umwelt Beachtung. Ökonomische, ökologische und soziale Qualitäten gelten als gleichrangige Grundvoraussetzung für den Fortbestand unserer Lebensgrundlagen, wie wir sie heute kennen. Diese integrale Sichtweise ist ein wichtiges Charakteristikum des Nachhaltigkeitskonzepts, das sich damit von den meisten wissenschaftlichen Ansätzen der Neuzeit unterscheidet, die üblicherweise den Fokus auf ein spezielles Problem richten und dazu das sie umgebende System mehr oder weniger abstrahieren.

Das Dreisäulenmodell ist nicht unumstritten. Es existieren alternative Konzepte, die sich aber nicht vollständig von den grundsätzlichen Inhalten des Dreisäulenmodells distanzieren.[11]

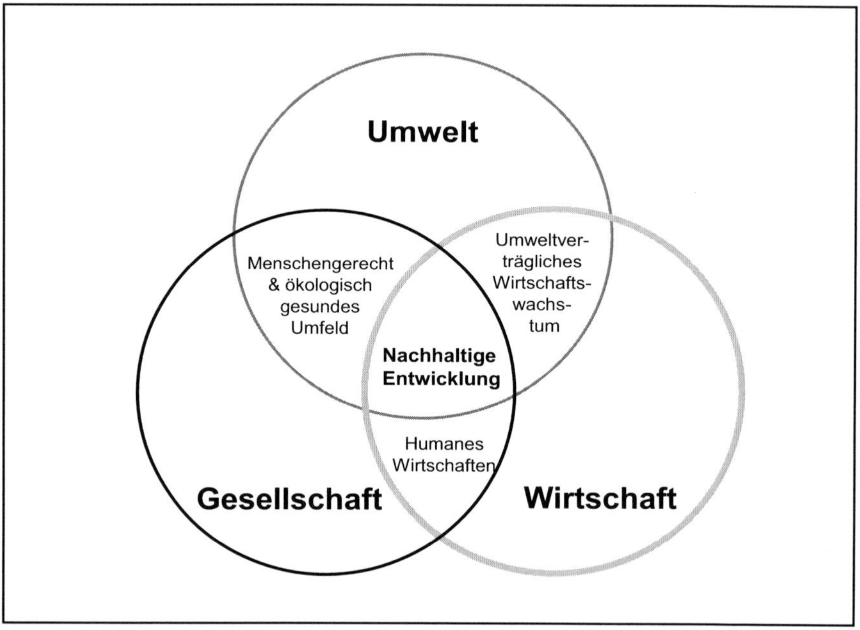

Abb. 2: Dreisäulenmodell der Nachhaltigkeit mit Umsetzungsstrategien[12]

Wie sieht eine Strategie aus, die zu nachhaltigem Leben und Wirtschaften führt? Der Einfluss des Leitgedankens des Dreisäulenmodells auf Lebenswirklichkeit und Güterproduktion variiert jeweils mit Dienstleistungsprozessen und Produkteigenschaften.

11 Als alternatives Konzept ist beispielsweise zu nennen: das *Integrative Nachhaltigkeitskonzept* der HGF (Kopfmüller 2001); Weiterentwicklungen und Detaillierungen des Dreisäulenmodells finden sich beispielsweise bei dem *Integrierenden Nachhaltigkeitsdreieck* von Kleine (Kleine 2009).

12 Eigene Darstellung.

Wissenschaft und Praxis haben eine Vielzahl von Aspekten lokalisiert, die stetig hinsichtlich Relevanz und Einflussstärke zu immer wieder neuen Erkenntnissen über die Konsequenzen auf Mensch und Umwelt führen. So musste festgestellt werden, dass auch ein vermeintlicher technologischer Fortschritt nicht zwangsweise zur erhofften Umweltentlastung führt. Es zeigte sich beispielsweise, dass die Herstellung immer kleinerer Computerchips letztlich mit mehr anstatt weniger Elektronikschrott einherging (Rebound-Effekt).[13] Auch solchen Seiteneffekten ist Rechnung zu tragen, was durch die Forderungen des Nachhaltigkeitskonzepts nach *effizientem, konsistentem* und *suffizienten* Lebensverhalten erfüllt werden soll, d. h. Rohstoffe der Natur und Ressourcen wie Dienstleistungen sind in optimaler Weise zu nutzen, beispielsweise durch Einsatz effizienter Technologien (Effizienz);[14] diese sind auf eine Weise zu entwickeln und dergestalt zu produzieren, dass dem Ökosystem nicht mehr Stoffströme zugemutet werden, als es im eigenen Kreislauf weiterführen oder verarbeiten kann (Konsistenz); der Mensch hat seinen Lebensstil und die Erfüllung seiner Bedürfnisse entsprechend der ökologischen Verträglichkeit anzupassen (Suffizienz).

Wie noch zu zeigen sein wird, hieße das Verfolgen dieser drei Strategiepfade, ein neues, auf qualitativem Wachstum gründendes *Nachhaltigkeitsparadigma*, zu installieren, was einstweilen eine Frage des Grades der Nachhaltigkeit ist, den man bestrebt ist, zu erreichen.

2.2 Grade der Nachhaltigkeit

Trotz der klar formulierten Anforderungen an nachhaltiges Handeln besteht in der Praxis ein erheblicher Spielraum. Für das Leitmotiv des projektierten Zielsystems haben sich verschiedene Grade der Nachhaltigkeit etabliert. Unterschieden wird im Allgemeinen zwischen *schwacher*, *starker* und *kritischer* Nachhaltigkeit. Zur Differenzierung wird die traditionelle volkswirtschaftliche Teilung der Produktionsfaktoren in Boden, Arbeit und Kapital aufgegeben und eine andere Bezugsgröße des Kapitalbegriffs gewählt. Maßgeblich für die Abgrenzung der Nachhaltigkeitsgrade ist nun die Unterscheidung in *natürliches* Kapital (Kapitalgüter wie Umweltressourcen (Wasser, Boden, Luft)) und *künstliches* Kapital (vom Menschen erzeugte Kapitalgüter und Leistungen, also Humankapital), die den einzelnen Elementen des Dreisäulenmodells entstammen.

13 Radermacher 2002, S. 31.

14 Gerade die Effizienz-Strategie ist für bauliche Projekte von hoher Bedeutung. Ihre Forderung nach verbesserten Technologien zur Erstellung nachhaltiger Gebäude nimmt gegenüber den beiden anderen Strategien (Konsistenz und Suffizienz) eine Schlüsselrolle ein, da in ihr besonderes Potenzial zur Verringerung des Ressourcengebrauchs durch bauliche Maßnahmen steckt.

Schwache Nachhaltigkeit

Ökonomische, ökologische und soziale Ressourcen, d. h. die unterschiedlichen Kapitalarten, lassen sich gegeneinander verrechnen. Zusätzlicher Verbrauch der einen Kapitalart kann durch die Mehrproduktion einer anderen aufgewogen werden. Der Kapitalbestand darf insgesamt aber nicht abnehmen.

Hier besteht das Risiko, dass einzelne Ressourcen übernutzt werden und in der Zukunft nicht mehr zur Verfügung stehen. Es handelt sich um die erste Generation der Nachhaltigkeitstheorie, an die sich die Umweltökonomie[15] anlehnt.

Starke Nachhaltigkeit

Natürliches Kapital lässt sich durch künstliches Kapital nicht ersetzen. Jede Ressource muss gemäß ihres Verbrauchs wieder in einer bestimmten Zeit regeneriert werden können, damit auch zukünftige Generationen dieselben bzw. keine schlechteren Voraussetzungen vorfinden. Die Unversehrtheit des Ökosystems steht im Zentrum allen Handelns und verlangt nach einer radikalen Reform des vorhandenen Wirtschaftssystems.

Dieses Verständnis von Nachhaltigkeit entstand als zweite Generation der Nachhaltigkeitstheorie Ende der 1980er-Jahre und fordert ein kompromissloses Öko-Paradigma, das die Natur als Mittelpunkt menschlichen Handelns sieht. Auf dieser Basis wäre die gegenwärtige marktwirtschaftliche Ordnung zu reformieren.

Kritische Nachhaltigkeit

Bestimmte kritische Werte der Verfügbarkeit einzelner Kapitalgüter dürfen nicht unterschritten werden. Das natürliche Kapital ist nur in geringer Menge und nur für begrenzte Zeit durch künstliches Kapital substituierbar, denn es wird als notwendige Lebensgrundlage angesehen.

Diese dritte Generation der Nachhaltigkeitstheorie dominiert seit Mitte der 1990er-Jahre die Wissenschaft und verfolgt einen ausgewogenen Ansatz, der einerseits dem gebotenen Handlungsbedarf Rechnung trägt und andererseits eine realistische Chance der zeitnahen Umsetzung bei den Marktakteuren verspricht, weil damit akteursspezifische kurzfristig realisierbare Nutzenvorteile verbunden sein können. Das vorhandene Wirtschaftssystem wird anerkannt.

---

15 Die Umweltökonomie geht davon aus, dass es sich erstens bei der Umwelt um ein öffentliches Gut handelt und zweitens dessen Schädigungen als externe Effekte auf Märkten auftreten können. Zum Ausgleich oder zur Vermeidung sind entsprechende Anreize (i.d.R. finanzieller Art) zu setzen. Solche Regelungsinstrumente werden durch den Markt generiert. Durch moralische Apelle wird jedoch keine Verhaltensänderung erwartet (Beckenbach et al. 1999, S. 57 ff.).

2.3 Managementregeln der Nachhaltigkeit

Das Leitmotiv der starken oder kritischen Nachhaltigkeit zu verfolgen, setzt gewisse Regeln des Managements voraus, die als grundlegende Handlungsmaximen zu verstehen sind. Sie schlagen teilweise die Richtung der *Nachhaltigkeitsethik* ein.[16] Managementregeln dienen dazu, Leitmotive zu konkretisieren und für die praktische Umsetzung verständlich aufzubereiten.

Die Literatur bietet eine Vielzahl solcher Interpretationshilfen an; hier werden einige exemplarisch herausgegriffen. Zu den Handlungsgrundsätzen zählen nach *Kleine* im Wesentlichen:[17]

Ökologische Managementregeln

- *Regenerationsregel:* Die Abbaurate von erneuerbaren natürlichen Ressourcen darf die Regenerationsrate nicht übersteigen.
- *Assimilationsregel:* Die Stoffeinträge in ein Umweltmedium müssen unterhalb einer für das Ökosystem verarbeitbaren Assimilationsgrenze liegen.
- *Substitutionsregel:* Beim Abbau nicht erneuerbarer Ressourcen ist ein gleichwertiger Ersatz zu schaffen.
- *Reaktionsregel:* Menschliche Aktivitäten müssen das zeitliche Reaktionsvermögen der Umwelt berücksichtigen.

Ökonomische Managementregeln

- *Regel für ein funktionsfähiges Preissystem:* Die Knappheit der Ressource ist mit einzubeziehen.
- *Regel zur Sicherstellung des Wettbewerbs:* Freie und funktionierende Märkte sollen erhalten werden; Eingriffe der Politik sind auf das ordnungsrechtlich Notwendige zu beschränken. (Diese Regel wird im weiteren Verlauf der Arbeit von besonderer Bedeutung sein, da sich zeigt, dass die Bereitschaft der Akteure zu nachhaltigem Entscheiden unter anderem hiervon in starkem Maße abhängt.)
- *Privateigentumsregel:* Die privaten Interessen von Eigentümern sind Grundlage jeglicher wirtschaftlicher Aktivitäten und damit zu erhalten, wobei die Haftung möglichst beim Verursacher liegen soll.

---

16 Rogall 2003, S. 287 ff.

17 Kleine 2009, S. 15 ff. Die Aufstellung basiert im Wesentlichen auf den Formulierungen der Enquete-Kommissionen von 1994 und 1998 sowie der nationalen Nachhaltigkeitsstrategie der Deutschen Bundesregierung von 2002. Grundlage sind teilweise die Arbeiten von *Herman E. Daly* Anfang der 1990er-Jahre.

- *Regel zum Erhalt und Aufbau der ökonomischen Leistungsfähigkeit:* Die Produktivität der Volkswirtschaft ist durch hohe Produktionsergebnisse und stabilen Geldwert sicherzustellen.

Soziale Managementregeln

- *Regel zur Achtung der Menschenwürde:* Hierin ist auch die Befriedigung der Grundbedürfnisse (Wohnraum, Bildung, Gesundheit) und der angemessenen Anerkennung von Erwerbstätigkeit und sozialen Diensten enthalten.
- *Regel der sozialen Gerechtigkeit:* Der individuelle Beitrag zur Solidargemeinschaft soll sich nach der Leistungsfähigkeit bemessen und der Erhalt von Leistungen nach den wahren Bedürfnissen richten.
- *Regel der sozialen Sicherung:* Die Weiterentwicklung der sozialen Sicherungssysteme soll sich an der wirtschaftlichen Leistungsfähigkeit der Gesellschaft orientieren.
- *Regel der Chancengleichheit:* Die Verteilung und der Zugang zu Ressourcen ist unabhängig von Geschlecht, Vermögen, sozialem Stand etc. gleichberechtigt zu gewährleisten.

Ob und inwieweit die dargestellten Managementregeln als Basis der deutschen Nachhaltigkeitspolitik tatsächlich angewendet werden, ist nicht einfach zu beurteilen, da Spielraum für die Integration verschiedener Meinungen und Auslegungsvarianten bleibt. Zwecks eines Monitorings wurde beispielsweise der unabhängig konstituierte *Rat für Nachhaltige Entwicklung* beauftragt, der auch Empfehlungen für die verbesserte Umsetzung gab.[18]

Die Managementregeln zeigen, wie tief das Leitmotiv der Nachhaltigkeit in die Politik des Landes und in das Leben des Einzelnen eingreifen könnte.[19] Die volkswirtschaftliche Bedeutung dürfte weltweit als erheblich eingestuft werden – selbst dann, wenn zunächst nur auf nationaler Ebene dergestalt agiert würde. Jedoch ist eine globale Betrachtung nicht primäres Ziel der vorliegenden Ausführungen und würde den Rahmen des Themas sprengen. Es findet eine Begrenzung der nachhaltigen Leitmotivation auf die Ausgestaltung von Gebäuden und Immobilienprojekten in Deutschland statt, wozu von der Makro- auf die Mikroebene zu wechseln ist; allerdings werden gelegentliche Bezüge zu einer globalen Sichtweise als sinnvoll erachtet.

18 Stigson 2009.

19 Dies reflektieren auch die Vorschläge anderer Autoren bezüglich eines Systems von Nachhaltigkeitsregeln, siehe hierzu beispielsweise Kopfmüller 2009, S. 29.

3 Nachhaltigkeit bei Immobilien

3.1 Das Thema Nachhaltigkeit in der immobilienwirtschaftlichen Forschung

Die Verständigung und das Verhalten der Akteure in Bezug auf sozioökonomische Zusammenhänge und die Umweltproblematik stellen in der bau- und immobilienwirtschaftlichen Forschung noch Randthemen dar. Die gegenwärtige Situation der bau- und immobilienwirtschaftlichen Forschung in Bezug auf nachhaltiges Planen, Bauen und Betreiben ermöglicht es kaum, Ansätze für die vorliegende Aufgabenstellung heranzuziehen. Dennoch findet sich gelegentlich ein verwandter Problemaufriss, wenngleich mit anderem Schwerpunkt. Im Wesentlichen lassen sich technische und kaufmännische Herangehensweisen unterscheiden.

Erstere führen ihre Argumentation auf die Effizienzstrategie zurück, indem Produkte und Leistungen dem Anspruch an ein Höchstmaß effizienter Ressourcennutzung genügen sollten. Entwicklung, Produktion, Herstellung und Entsorgung der physischen Einheit 'Gebäude' werden in ihren Auswirkungen auf die Umwelt quantitativ und qualitativ erfasst und im nächsten Schritt reduziert. Die Immobilie wird als *Produktionsergebnis* begriffen. Der Mensch wird in den technischen Wissenschaften als Orientierungsrahmen verstanden, in dem die baulichen Voraussetzungen mit seiner Bedürfnisstruktur abgeglichen und auf sie angepasst werden. Nachhaltigkeitsaspekten wird die besondere Stärke zugeschrieben, beide Seiten optimal aufeinander abstimmen zu können.

Die Architekturforschung beispielsweise beschäftigt sich unter anderem mit der Messung und Entwicklung von Nutzerzufriedenheit. Dabei soll eruiert werden, inwiefern nachhaltige Aspekte bei baulichen und architektonischen Merkmalen von Bedeutung sind und zu einer Verbesserung der Zufriedenheitssituation führen können. Diese Sichtweise entspricht der eines Ingenieurs und technischen Planers. Indessen werden in diesem Rahmen keine Untersuchungen darüber angestellt, welche *Ursachen* die Präferenzen der Nutzer haben und in welchen Situationen von ihnen abgewichen wird. Eine Schlussfolgerung, warum nicht nachhaltiges Entscheiden vorliegt und wie es unterbunden werden kann, ist allein auf dieser Basis also nicht möglich.

Die kaufmännische Herangehensweise der Nachhaltigkeitsforschung begreift die Immobilie als *Produktionsfaktor*. Sie dient als Handelsgut. Nachhaltigkeit wird vor diesem Hintergrund als ein Mittel verstanden, das finanzielle Risiko zu reduzieren und Kapital zu sichern. Man beabsichtigt so, eine Stabilisierung der wirtschaftlichen Einheit 'Gebäude' über eine möglichst lange Zeitphase. Optimalerweise wird eine Kongruenz zwischen wirtschaftlicher und technischer Lebensdauer des Objektes anvisiert.

Die Akteure, ihre Präferenzen und Bedingungen wurden in der Regel als gegeben betrachtet. Das komplizierte Wechselspiel des Nachhaltigkeitsanspruchs und des Verhaltens von Immobilienakteuren ist ein sehr junges Forschungsgebiet, dem sich bisher nur wenige Wissenschaftler widmen. Seit erst kurzer Zeit wird der Bedarf nach einem System verbalisiert, das in der Lage ist, das Entscheidungsverhalten von Immobilienakteuren in Richtung der Berücksichtigung von Nachhaltigkeitsaspekten zu dirigieren.[20] Verhaltenswissenschaftliche Ansätze, die dazu als Grundlage herangezogen werden können, fehlen jedoch in der Immobilienökonomie.

Darüber hinaus konnten vereinzelt Veröffentlichungen gefunden werden, die erste Parallelen zwischen der Funktionsweise des (deutschen) Immobilienmarktes mit der Wirtschaftstheorie aufzeigen,[21] in denen jedoch wiederum kein expliziter Lösungsansatz in Bezug auf das Umweltproblem entwickelt wird.

3.2 Nachhaltigkeit in der immobilienwirtschaftlichen Praxis

Bei der Vorbereitung der Umsetzung von Nachhaltigkeit am Bau und im Betrieb zeigt sich ein anderes Bild.

Es muss konstatiert werden, dass ein breites Wissen über die Zusammenhänge baulicher Standards und Prozesse und ihrer Auswirkungen auf Mensch und Umwelt vorhanden ist. Tatsächlich existiert für die Akteure mittlerweile eine Vielzahl von Informationsquellen, Leitfäden und Arbeitshilfen.[22] Auch im Rahmen der Nachhaltigkeitszertifizierung von Gebäuden und Quartieren können die Entscheider auf Ratgeber und Software-Tools zur korrekten nachhaltigen Ausführung zurückgreifen.

Somit dürfte für den einzelnen Akteur zumindest die Frage nach konkreten Handlungsempfehlungen und Vorgehensweisen für eine Umsetzung der Nachhaltigkeitsaspekte im eigenen Leistungsrahmen inzwischen hinreichend beantwortet werden

20 Cole 2011, S. 431 ff. Die Abhandlung greift in Kürze die Ergebnisse einer international besuchten Tagung vom April 2010 in Mexico City auf, wo einzelne Vorträge zum vorliegenden Thema gehalten wurden.

21 Bernet 2006; Spars 2001.

22 Vgl. beispielhaft: World Business Council for Sustainable Development 2009, BMVBS 2001.

können – anders ausgedrückt: *Übersetzungsleitfäden*, die die Managementregeln der Nachhaltigkeit auf die Problemstellungen der Bau- und Immobilienbranche transferieren, liegen bereits vor. Sofern ein Minimum an eigener Motivation vorhanden ist, kann sich jeder Akteur ausreichende Kompetenzen zur Unterstützung nachhaltigen Planens, Bauens und Bewirtschaftens aneignen. Nachhaltigkeit ist immer weniger eine Frage des *Könnens* als vielmehr des *Wollens*.

Eine weitere Besonderheit beim Thema Nachhaltigkeit in der Immobilienwirtschaft ist zu nennen. Die Frage, ob ein Unternehmen nachhaltig agiert bemisst sich an zwei Kriterien und muss streng genommen unter einem doppelten Nachhaltigkeitsanspruch beantwortet werden.

1. Nachhaltigkeit im Output der Leistungen, die zu einer nachhaltigen Immobilie führen und
2. Nachhaltigkeit innerhalb der Organisation, im Management des Unternehmens.

Die beiden Punkte bedingen sich nicht unbedingt wechselseitig; ein nachhaltiges Gebäude kann durch ein Planungsbüro entwickelt werden, das innerbetrieblich papier- und energieintensive Arbeitsverfahren betreibt. Umgekehrt kann eine Organisation, die großen Wert auf eine sozialverträgliche Arbeitsumgebung legt, für ihre Kunden nicht nachhaltige Bewirtschaftungskonzepte anbieten.

In dieser Arbeit soll vorwiegend Punkt eins nachgegangen werden, wie Akteure zur Umsetzung von Nachhaltigkeit am Produkt 'Gebäude' bewegt werden können. Die Frage nach der strategischen Einordnung im Unternehmensmanagement wird nur in Randbereichen tangiert.

3.3 Ziele und Chancen nachhaltiger Immobilien

Unstrittig ist, die Beachtung nachhaltiger Ziele dient nicht nur einzelnen Akteuren, sondern der Gesamtheit aller Stakeholder, die einen wie auch immer gearteten Nutzen aus dem Objekt ziehen (vgl. dazu Kap. 5) und dem Ökosystem, welches letztlich wieder die Ressourcen für weiteres Bauen und Wirtschaften zur Verfügung stellen muss und damit im Interesse der heutigen und zukünftigen Gesellschaft regenerationsfähig zu halten ist.

Es besteht mittlerweile ein geschlossenes Bild darüber, worum es sich bei nachhaltigen Gebäuden handelt, durch welche Kriterien sie charakterisiert sind und welche Anforderungen an sie gestellt werden.[23] Auf eine ausführliche Darstellung kann daher verzichtet werden. Für eine nachhaltige Immobilie ist im Minimum folgendes Zielsystem von Bedeutung.[24] Weitere Punkte sind denk- und realisierbar.

- Energieeffizienz (geringer Energieverbrauch bei hohem Wirkungsgrad der Anlagentechnik),
- Geringe Umwelteinträge, geringe Umweltrisiken (im Zuge der Gebäudenutzung wie auch bei Erstellung, Umbau und Abbruch),
- Gesteigerte Funktionalität, Betriebsfähigkeit, Lebensdauer und Flexibilität für sich verändernde Nutzeransprüche über mehrere Nutzungsphasen,
- Unkomplizierte Durchführung von Instandhaltungs- und Wartungsaktivitäten sowie ggf. erforderlicher Nachrüstung,
- Wohlbefinden der Gebäudenutzer und Besucher.

Das Verfolgen allgemeiner Nachhaltigkeitsziele (wie durch Gesellschaft und Politik gesetzt) und konkreter Nachhaltigkeitsziele (wie am Objekt durch den Bauherrn definiert) führt die Akteure zunächst zu der Frage nach dem persönlichen Nutzen. Nachhaltige Zielerreichung durch die Befolgung praktischer Empfehlungen belohnt die Entscheider nicht nur mit der Gewissheit, einen Beitrag zur gesellschaftlichen und ökologischen Stabilisierung geleistet zu haben, sondern lässt auch individuelle Nutzen- und Wertverbesserungen erwarten, die häufig über Renditen und andere monetäre Größen definiert werden. Akteursnutzen kann als Antreiber und Stabilisator von Nachhaltigkeitskonzepten angesehen werden.[25] Auf diese Weise findet rückwirkend wiederum eine Stärkung der Motivation statt, die zu Kompetenzstreben führt (Verbesserung der *Motivations-/Kompetenzrelation*). Folgerichtig werden die Akteure eine Autorisierung (Ausstatten mit Rechten zur Umsetzung, vgl. Kap. 1) einfordern, durch die weiterer Nutzen generiert werden kann. Ist der Einstieg in den Kreislauf gelungen, kann eine automatische Verstärkung der Effekte antizipiert werden.

---

23 Lützkendorf 2007, S. 370 ff. Nachhaltige Gebäude werden ausführlich beschrieben durch die Kriterienkataloge der Zertifizierungssysteme zur Nachhaltigkeit wie DGNB, LEED, BREEAM, CASBEE. International sind Umfang und Inhalt der Kriterien unterschiedlich.

24 Lorenz & Lützkendorf 2005, S. 12 mit eigenen Ergänzungen.

25 Welchen Nutzen sich Akteure von Gebäuden versprechen und inwiefern eine Wertsteigerung durch Nachhaltigkeit am Objekt stattfindet, wird im Fortgang diesen Kapitels dargestellt. Der Werteffekt ist ein wichtiger Aspekt für die Entscheidungsfindung, jedoch nicht zwangsweise maßgeblich (vgl. Milgrom 1992, S, 35). Weitere Aspekte werden in Kapitel 7 diskutiert.

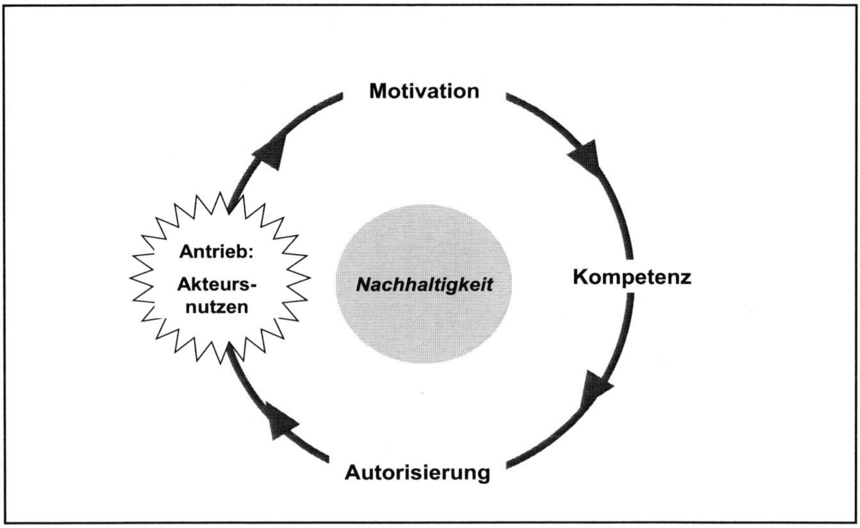

Abb. 3: Wesentliche Aspekte der Umsetzung von Nachhaltigkeit durch Akteure[26]

Hinter den Immobilienprojekten, die bisher unter Aspekten der Nachhaltigkeit realisiert wurden, steht eine hohe Erwartungshaltung der beteiligten Akteure. Basierend auf Erfahrungen mit Nutzern und bauphysikalischen Erkenntnissen verspricht man sich durch die Umsetzung einer Nachhaltigkeitsstrategie einen oder mehrere (ökonomische) Vorteile gegenüber konventionell geplanten und durchgeführten Immobilienprojekten. Je nach konkreter Projektierung haben sich bestimmte Stärken herauskristallisiert, die fallweise eine hohe oder weniger hohe Ausprägung finden können (vgl. Tab.1). Hier werden wesentliche renditewirksame Chancen genannt, die einerseits durch die Eigenschaften des Gebäude selbst, andererseits durch die Prozesse der Planung und des Managements realisiert werden können. Vielfach stehen die Merkmale untereinander in Verbindung oder bewirken Abhängigkeiten; beispielsweise ist eine geringe Mieterfluktuation eine Folge anhaltender Marktattraktivität, was wiederum unter anderem in der Nutzungsflexibilität begründet liegt. Insgesamt können stabile und moderate Betriebskosten (A) zu positiver Rentabilität (B) und einem beständig hohen Marktwert (C) führen. Damit beeinflussen sich die drei Kategorien A, B und C gegenseitig. Allerdings muss eingeräumt werden, dass bisher keine empirischen oder sonstigen Analysen existieren, die zweifelsfrei belegen, dass nachhaltige Gebäude in Deutschland gernerell wirtschaftlich vorteilhafter sind als jene herkömmlicher Bauart. Immerhin bestehen zumindest darüber gesicherte Erkenntnisse, dass sie energiebilanziell sparsamer und ressourcenschonender

26 Eigene Darstellung.

sind,[27] was letztlich einen enormen Einfluss auf die Betriebskosten und in weiterer Konsequenz auf die Werterhaltung hat. Inwieweit sich die soziale Dimension auf die wirtschaftliche Vorteilhaftigkeit auswirkt, konnte noch nicht bilanziell nachgewiesen werden.

	Merkmale Gebäude & Prozess	**Effekte**
A	Geringer Instandhaltungsaufwand während der Nutzungsphase.	**Stabile und moderate Betriebskosten.**
	Geringer Ressourcenverbrauch (Energie, Wasser/Abwasser).	
	Geringe Mieterfluktuation.	
B	Geringe Nachinvestitionen für neue Anlagen und Teile durch lange technische Lebensdauer der eingebauten Elemente.	**Konstante positive Rentabilität.**
	Beständigkeit des Mietzinsniveaus.	
	Förderungen und andere finanzielle Anreize.	
	Geringere Kapitalkosten durch vermindertes Investitionsrisiko (z. B. positives Objektrating).	
C	Erhöhung der Marktattraktivität durch Qualitäten.	**Beständig hoher Marktwert.**
	Erhöhung der Marktattraktivität durch Symbolwirkung (Zertifikate, Gütesiegel, Label).	
	Erhöhung der Marktattraktivität durch hohe Nutzungsflexibilität.	

Tab. 1: Mögliche renditewirksame Stärken nachhaltiger Immobilien[28]

---

27 Das EU-Forschungsprojekt *IMMOVALUE* beschäftigt sich mit der ökonomischen Dimension nachhaltiger Gebäude, fokussiert jedoch stark auf die wirtschaftliche Vorteilhaftigkeit durch alternative *energetische* Konzepte. Weitere Studien wurden ebenfalls mit diesem Schwerpunkt durchgeführt, beispielsweise durch *LEGEP* und *MINERGIE*, wobei jedoch ausschließlich Wohngebäude Gegenstand der Untersuchung waren.

28 In Teilen aus dem Englischen übersetzt nach Persram, Lucuik & Larsson 2007, S. 2 – stark überarbeitet mit eigenen Ergänzungen.

3.4 *Blockaden der Umsetzung von Nachhaltigkeit bei Immobilien*

Trotz dieser Vielzahl offensichtlicher Chancen nachhaltiger Gebäude für Mensch und Umwelt gehört ihre Realisierung bei Weitem noch nicht zur gängigen Praxis. Es wird vielerorts an konventionellen Techniken, Materialien und Zielsystemen festgehalten, obwohl bereits gesicherte Kenntnisse über nachhaltige und gleichzeitig individuell nutzenstiftende Alternativen vorhanden sind.

Gründe, warum heute oft nicht nachhaltig geplant und gebaut wird, sind ein häufig behandeltes Thema in den Medien. Nicht immer werden die Ursachen in Verbindung mit dem Produkt (hier dem Gebäude) gebracht, sondern statt dessen verallgemeinert.[29] Tatsächlich liegen der Problematik faktische Erkenntnisse und begründete Skepsis zugrunde – nicht nur vereinzelter Akteure sondern ganzer Akteursgruppen und Organisationen. Folgende Aspekte sind im Wesentlichen zu nennen:

- *Erhöhte Investitionskosten.* Zuschläge bei der Planung und Beratung wie auch bei der Realisierung nachhaltiger Baumaßnahmen sollten einkalkuliert werden. Die Höhe der Zuschläge ist jedoch vorab schwierig zu ermitteln; Erfahrungswerte belegen 0 bis 10 % der Gebäudekosten.
- *Unsicherheiten in Bezug auf das Kosten-/Nutzenverhältnis.* Ob und in welcher Zeitspanne sich die evtl. höheren Investitionskosten amortisieren, ist ex ante schwer abschätzbar. Es kann vielfach nicht beurteilt werden, welche Daten in die vorhandene Methodik der Wirtschaftlichkeitsrechnung einfließen sollten.
- *Unsicherheiten in Bezug auf neue Technologien und Methoden.* Nicht selten ist Nachhaltigkeit bei Gebäuden mit dem Einsatz von innovativen Techniken verbunden, die vergleichsweise wenig erprobt sind. Es besteht das Risiko der ineffektiven Handhabung und ungeeigneter begleitender Technik bzw. nicht absehbarer Konsequenzen für Betrieb und Bewirtschaftung.
- *Bedeutsamkeit und Folgenschwere.* Durch die Eigenarten von Immobilien (Standortgebundenheit, Langlebigkeit, Kapitalmenge) können bereits kleine Fehlentscheidungen erheblichen Konsequenzen nach sich ziehen. Man ist deshalb mit Innovationen und Trial and Error-Strategien eher zurückhaltend.

---

29 Medien gehen mit dem Thema der zögerlichen Verbreitung von Nachhaltigkeit stark populistisch um. Es wird unterstellt, dass eine Art psychische Blockade vorliegt, die personenbezogen aufzulösen sei (Reiffert 2009). Als Hemmnisse für nachhaltiges Handeln werden unter anderem genannt: Unsicherheit, Misstrauen, Verleugnung der Problematik, mangelnder Einfluss, Gewohnheit. Die Ausführungen beziehen sich hier auf die Jahresversammlung der American Psychological Association (APA) 2009.

- *Mangel an Spezialisten.* Nachhaltiges Bauen erfordert Spezialkenntnisse über die erstens nur wenige Akteure verfügen und die zweitens nicht so vermittelt werden, dass von Beginn an eine vertrauensvolle Zusammenarbeit möglich wird. Für die einschlägige Qualifizierung existiert in den meisten Berufen kein eindeutiger Titel. Das Angebot von Fortbildungs-Lehrgängen ist zunehmend unüberschaubar und läßt keine Rückschlüsse auf die Qualifizierung der Teilnehmer zu. Somit sind Spezialisten darauf angewiesen, sich einen "guten Ruf" zu erarbeiten.

Zusammenfassend wird aufgrund von Risikoaversion und Routine gern an bewährten Baustandards festgehalten (Anbieterseite). Tatsächlich kann aber auch nicht ausgeschlossen werden, dass die Zielgruppe (Nachfragerseite) mehrheitlich ihr charakteristisches Anforderungsprofil der vergangenen Jahre beibehält.

Dennoch ist die Popularität des Themas "Nachhaltiges Bauen" in allen Bevölkerungsschichten und Akteursgruppen derart gestiegen, dass solche Erklärungsmuster möglicherweise zu kurz greifen. Zwar können die vorstehend aufgeführten Gründe in vielen Einzelfällen zutreffen, jedoch erklären sie nicht das Entscheidungsverhalten von informierten und multidisziplinär ausgerichteten Organisationen (Unternehmen) sowie institutionellen und hochqualifizierten Fachkräften der Branche. Dieser Umstand bedarf einer genaueren Betrachtung.

3.5 Die Immobilie im Spannungsfeld der Akteure

Immobilien im Allgemeinen müssen als ein ausgesprochen komplexes Gut bezeichnet werden, da erstens umfangreiche Normen, bauliche Standards und gesetzliche Regelwerke vorliegen, zweitens eine große Menge von Akteuren an ihnen beteiligt ist oder Ansprüche an sie stellt (vgl. Kap. 5) und drittens durch das hohe in ihnen gebundene Kapital einschließlich enormer Transaktionskosten[30] ein strenger Erfolgsdruck auf Immobilien lastet, sodass im Versagensfall vergleichsweise schnell der Rechtsweg beschritten wird. Entsprechend dieser Konstellation treffen rivalisierende Erwartungen aufeinander. Diese sind in Art und Ausprägung differenziert gemäß des jeweiligen Leistungsbildes und der Rolle im Stakeholderverband (vgl. Kap. 9), was in erster Linie in der Mehrschichtigkeit der Nutzen- und Wertdimensionen von Immobilien begründet ist (vgl. Kap. 5). Ob Erwartungen einer Akteursgruppe erfüllt werden, hängt sehr eng mit dem Einsatz und den Arbeitsergebnissen anderer Akteursgruppen, die gegebenenfalls differierende Erwartungen hegen, zusammen.

---

30 Spars 2001, S. 26 ff.

Will man die Gründe für nicht nachhaltiges Planen, Bauen und Betreiben von Gebäuden eruieren, ist also eine Untersuchung des gesamten Netzwerks, vom einzelnen Akteur bis hin zur Gesamtheit der Anspruchsgruppen, unerlässlich.

Ein klassisches Dilemma im Miteinander der Akteure hat *David Cadman* mit dem *Teufelskreis der Immobilien* entwickelt. Stark pointiert wird veranschaulicht, wie Verantwortung für nicht nachhaltiges Entscheiden abgegeben wird, indem jeweils das Fehlverhalten anderer zur Ursache gemacht wird. Das Netzwerk der Akteure krankt unter anderem daran, dass die Vorteile nachhaltiger Immobilien für den einzelnen Akteur eine zu geringe Rolle spielen, als dass man bereit wäre, das Risiko höherer Investitionskosten in Kauf zu nehmen und neue Methoden auszuprobieren.

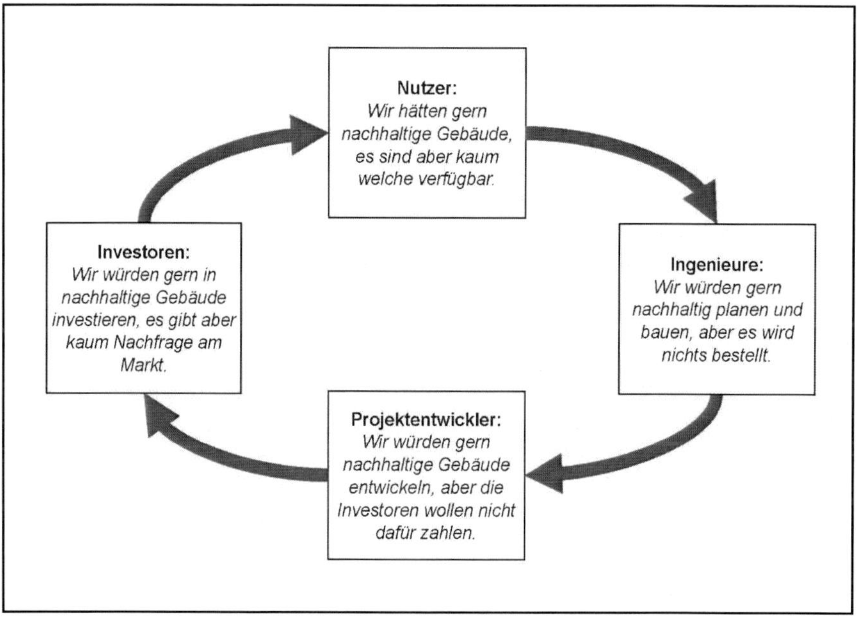

Abb. 4: Teufelskreis der Immobilien nach *Cadman*[31]

Im *Teufelskreis der Immobilien* werden die klassischen Rechfertigungsfloskeln von vier Akteuren: Investoren, Nutzern, Ingenieuren und Projektentwicklern skizziert (vgl. Abb. 4). Jeder gibt ein plausibles Argument an, warum er die Verbreitung nachhaltiger Gebäude nicht vorantreibt. Die Beweggründe stützen sich allesamt auf die angebliche Angebots-/Nachfragesituation, sind also durch den Markt determiniert.

31 Eigene Darstellung in Anlehnung an Cadman 2000; engl. "The Vicious Circle of Blame".

Die Argumentation der Akteure ist zumindest vordergründig stichhaltig. Sie orientiert sich ganz an der neoklassischen Lehre, die mit ihrem starren Modell des *Homo oeconomicus*, dem streng Nutzen maximierenden Entscheider, das Wirtschaften der Akteure dominiert (vgl. ausführlicher in Kap. 7).

Gebäude stellen demzufolge gleich in doppelter Hinsicht einen Streitfall dar: erstens werden Verantwortlichkeiten gern weiter geschoben während zweitens primär der eigene Gewinn und Nutzen verfolgt wird. Die Aufgabe einer Nachhaltigkeitssteuerung ist es, innerhalb dieses Geflechts eine einheitliche Strategie zur Umsetzung von Nachhaltigkeit zu implementieren, ohne die individuellen Erwartungen zu torpedieren. Es stellt sich die Frage, inwiefern Nachhaltigkeit als Selbstzweck in der Entscheidungsfindung der Akteure untergebracht werden kann oder ob sie lediglich ein Abfallprodukt ihres Machtgerangels ist und demzufolge eine Steuerung nur mittelbar möglich wäre.

Aber ist dieses Argumentationsmodell, das im Jahr 2000 entstand, auch heute noch aktuell – immerhin gibt es einige (wenngleich wenige) Marktführer mit proaktiver sozio-ökologischer Orientierung im Bau- und Immobiliengeschäft? Sind Grundzüge des Teufelskreises eventuell auch in Form anderer Verkettungen anzutreffen? Wie kann verhindert werden, dass überkommene Wertvorstellungen und tradierte Verhaltensmuster immer wieder durchdringen und sich festigen?

Den Teufelskreis auszuhebeln, eine Harmonisierung der Akteurserwartungen zu erreichen und nachhaltiges Entscheiden herbeizuführen, stellt sich als eine fundamentale Aufgabe dar, der in den folgenden Kapiteln nachgegangen wird.

4 Evidentes Akteursverhalten bei Immobilienentscheidungen

Um sich der Problematik nicht nachhaltiger Entscheidungen zu nähern, werden zwei Ansätze parallel vorangetrieben. Die Analyse der Immobilienakteure soll im vorliegenden Kapitel empirisch eingeleitet *und* später theoretisch untermauert werden.

Die Immobilienbranche verzeichnet wie andere Märkte auch in unregelmäßigen Abständen Zyklen mit wirtschaftlich starken und schwachen Phasen, deren Tiefpunkte Anlass zu lauten Forderungen nach Verhaltensänderung geben.

Spätestens seit der jüngsten Finanzkrise sind deutliche Diskrepanzen zu beobachten, wie mit dem Thema 'Nachhaltigkeit und Bauen' umgegangen wird. Die uneinheitliche Meinung der Branche in Deutschland ist gekennzeichnet durch:

- einerseits die verfügbaren Informationen und öffentlichen Forschungsausgaben zum Thema 'Nachhaltigkeit', das wachsende Interesse einzelner namhafter Unternehmen, die sich im Zusammenhang mit der Nachhaltigkeitsthematik in den Medien präsentieren und das werbewirksame Angebot nachhaltiger (zunehmend sogar zertifizierter) Gebäude

und

- andererseits das Auslaufen von Förderungen grüner Technologien[32] und Programme[33] und die fortgesetzten Zurückhaltung insbesondere von gewerblichen Wohnungsunternehmen sowie Privatleuten und Eignern kleiner Portfolios, ihre Bestände ökologisch und sozialverträglich zu modernisieren.

32 Nach den Förderrichtlinien vom 12.07.2010 werden Investitionen in die Nutzung erneuerbarer Energien durch das Bundesamt für Wirtschaft und Ausfuhrkontrolle (BAFA) nur noch stark eingeschränkt gefördert.

33 Rebhan 2010.

Ob es sich bei diesen Eindrücken nur um eine vorübergehende Stagnationsphase handelt, die es auf dem Weg zu einer nachhaltigen Entwicklung zu überbrücken gilt und wie jede neue Denkrichtung eine gewisse Zeit benötigt, um in der Gesellschaft verbreitet Anklang zu finden, ist nicht eindeutig feststellbar. Dass nachhaltiges Handeln und Entscheiden jedenfalls kein Zufall ist, sondern unter bestimmten Präferenzen und Erwartungen erfolgt, wird nachstehend zunächst mittels empirischer Untersuchungen eruiert.

4.1 Allgemeine Hinweise zu den Umfragen

Die Realitäten der bau- und immobilienwirtschaftlichen Praxis in Bezug auf nachhaltiges Planen, Bauen und Betreiben werden nachstehend *quantitativ* anhand von Umfragen ergründet. Als diesbezüglich gängige Beurteilungskriterien sind die Objektivität, die Reliabilität sowie die Validität anzusehen.

Bei der Recherche zu nachhaltigem Entscheidungsverhalten fiel auf, dass bereits eine Vielzahl von empirischen Untersuchungen in der jüngeren Vergangenheit (etwa seit 2007) durchgeführt wurde, die sich mit dieser Thematik beschäftigen. Die Zielrichtung solcher Umfragen war recht homogen – zum großen Teil ging es darum, Wissen und Handlungsbereitschaft von Investoren national wie international zum Thema 'nachhaltige Immobilien' abzufragen. Obwohl andere Akteursgruppen sehr selten die Zielgruppe der Studien sind, kann hierzu ein Beispiel angeführt werden.

Die Umfragen wurden von unterschiedlichen Instituten entwickelt und durchgeführt und legen in der Regel nicht die Randbedingungen, unter denen die Umfrage erfolgte, offen. Entsprechend kann die Gütequalität im Bereich Reliabilität und Objektivität nur bedingt nachvollzogen werden. Auch ist die korrekte Vorgehensweise gemäß den allgemein üblichen Standards für empirische Studien stellenweise anzuzweifeln.[34]

Zwar sind die zugrunde liegenden Messmodelle nicht absolut deckungsgleich mit der hier behandelten Forschungsaufgabe, wodurch die Gültigkeit der Aussagen für die Hypothesenfalsifikation nicht lückenlos gegeben ist. Dennoch erscheint es vorteilhaft, auf einige ausgewählte Erhebungen zurückzugreifen, anstatt im Rahmen dieser Arbeit eine eigenständige Umfrage zu initiieren, da

- der Vergleich mehrerer Umfragen interessante Ergebnisse verspricht, da verschiedene Inhalte und Perspektiven vertreten sind und Ergebnisse verifiziert werden können (ähnlich einer Metadaten-Analyse);
- durch Umfragen aufeinander folgender Jahre Trends ablesbar sind;
- durch fremd organisierte Umfragen sich andere und zusätzliche Fragen

34 Für Standards der empirischen Forschung vgl. beispielsweise Mayer 2006.

aufdrängen, die nicht intendiert waren und das Gesamtbild abrunden;

- die empirische Analyse nur ein Baustein in der Argumentationsführung ist und nicht als Kern dieser Arbeit aufgefasst werden soll;
- Akteure in Entscheidungspositionen mit Umfrageersuchen geradezu überschüttet werden und der (verwertbare) Rücklauf entsprechend immer geringer zu werden droht.

4.2 Anforderungen und Bedingungen

Empirische Untersuchungen sind sehr speziell auf eine bestimmte Fragestellung ausgerichtet. Sie können immer nur einen Teil der Realität abbilden und gelten je nach Topic nur für ein recht kleines Zeitfenster. Vor diesem Hintergrund ist nicht jede veröffentlichte Umfrage geeignet, hier für die wissenschaftliche Argumentation herangezogen zu werden. Für die Auswahl der Referenzen wurden folgende Bedingungen gestellt:

1. Inhalt und Form der Umfrage beschäftigen sich mit dem Thema 'Nachhaltigkeit bei Immobilien' und wenden sich an Entscheider der Branche.
2. Grundgesamtheit und Stichprobe beziehen sich auf Deutschland. International erhobene Daten sind nur eingeschränkt brauchbar, da insbesondere der deutsche Standard bei der Gebäudequalität durch die Energieeinsparverordnung (EnEV) und die dezidierte Baugesetzgebung wesentlich höher ist als in anderen Industrieländern, insbesondere höher als in den USA.
3. Der Erhebungszeitpunkt liegt nicht länger als drei bis vier Jahre zurück. Damit sind Umfragen ab dem Jahr 2007 verwendbar. Meinungsbilder der Akteure zum Thema Nachhaltigkeit entwickeln sich durch Berichte in den Medien sehr schnell.
4. Der Rücklauf betrug mindestens 15 %, sofern angegeben. Je höher die Rücklaufquote, desto zuverlässiger sind die Ergebnisse. Aufgrund der zentralen Stellung der Begriffe 'Nachhaltigkeit', 'Grün' oder 'Umwelt' bereits im Titel und der einleitenden Fragen ist der inhaltliche Schwerpunkt der Studien schnell erkennbar. Hiernach richten sich auch die Adressaten der Umfrageunterlagen, wenn sie sich für oder gegen die Teilnahme entscheiden. Sofern keine Verpflichtung zur Teilnahme besteht, wie beispielsweise bei Dachorganisationen, die damit Strategien und Leistungsbereitschaft kontrollieren, bleibt der Rücklauf oftmals sehr gering. Es stellt sich die Frage, warum dies so ist. In den Ergebnisberichten wird neben knappen zeitlichen und personellen Ressourcen immer wieder auch die Sorge der Entscheider vermutet, sich selbst zu diskreditieren. Es liegt der Verdacht nahe, dass gerade Adressaten, die beim

Thema Nachhaltigkeit in der Immobilienwirtschaft schlecht abschneiden, nicht gewillt sind, sich an der Befragung zu beteiligen. Insofern kann bei der großen Masse der nicht antwortenden von weniger nachhaltig agierenden Akteuren ausgegangen werden – eine Schlussfolgerung, die bei der endgültigen Ergebnisbewertung unbedingt zu berücksichtigen ist.

5. In die Auswahl wurden Umfragen bis zum Zeitpunkt der Veröffentlichung *Ende 2010* aufgenommen.

4.3 Der Umfragenkatalog

Nach den oben definierten Randbedingungen werden folgende Umfragen für die Auswertung herangezogen (vgl. Tab. 2):

	Hrsg.	Jahr	Titel	Zielgruppe	Stichprobe	Rücklauf
1	Degi	2009	Grüne Immobilienfonds	Immobilienfonds offen / geschlossen in Deutschland	75	53,3 %
2	DZ Bank Research	2009	Immobilienbranche auf dem Weg zur Nachhaltigkeit	Durch die DZ Bank gecoverte deutsche Immobilienunternehmen (alstria, conwert, colonia, DIC, Deutsche Euroshop, Deutsche Wohnen, Fair Value REIT, GAGFAH, Hamborner, IVG, Patrizia, TAG Immobilien)	12	100 %
3	Ernst & Young Real Estate GmbH	2009	Nachhaltige Bewertung - Steigert Nachhaltigkeit den Wert von Immobilien?	Deutsche Investoren	k. A.	k. A.
4	Ernst & Young Real Estate GmbH	2008	Ist Zertifizierung für Sie ein Thema?	Deutsche Investoren, Fondsmanager, Mieter	60	k. A.
5	Heinze GmbH	2009	Trendstudie 2009–2015. Architekten / Innenarchitekten. Objektbezug: Wohnungsbau	Architekten und Planer aus Deutschland mit durchschnittlich 5-6 MitarbeiterInnen	373	k. A.
6	Jones Lang Lasalle	2007	Global Trends in Sustainable Real Estate: An Occupier's Perspective.	Gewerbliche Nutzer international	ca. 400	k. A.

7	Maastricht University	2010	Environmental Performance – A Global Perspektive on Commercial Real Estate	Internationale börsennotierte Immobilienunternehmen und nicht gelistete Immobilienfonds	688	ø 29 %, (u.a. aus Deutschland 25 %, aus Niederlande und Schweden sogar je 83 %)
8	Roland Berger Strategy Consultants	2009	Nachhaltigkeit im Immobilienmanagement	Manager von Immobilienportfolios aus Deutschland, Österreich, Schweiz (Immobiliengesellschaften, Immobilienfonds, CRE Management)	40	k. A.
9	Roux Deutschland	2008	Der Einfluss von Nachhaltigkeitszertifikaten auf den Marktwert von Immobilien	Interviews mit Fach- und Führungskräften der Immobilienwirtschaft in Deutschland	128	k. A.
10	Union Investment	2009	Nachhaltiges Vermögensmanagement institutioneller Anleger 2009	Institutionelle Anleger in Deutschland	1.585	16,2 %

Tab. 2: Studien und Umfragen zum Thema 'nachhaltiges Bauen/nachhaltige Investments'[35]

4.4 Zur Prüfung anstehende Hypothesen

Hypothese I: Nachhaltigkeit wird generell ein hoher Stellenwert bei unternehmerischen Entscheidungen beigemessen, wobei bestimmte Akteursgruppen die Vorreiterrolle übernehmen.

Die Ergebnisse der eingesehenen Umfragen bestätigen diese These überwiegend. Nachhaltigkeit wird aktuell je nach Studie von knapp 60 bis 76 % der Befragten als entscheidungsrelevant erachtet (DEGI Research 2009, DZ Bank Research 2009, Ernst & Young Real Estate GmbH 2009).

Problematisch erscheint jedoch: Bei den Umfragen wird zwar die Einschätzung der Befragten zum allgemeinen Stellenwert der Thematik eingeholt, eine Konkretisierung, was unter Nachhaltigkeit in Bezug auf die Unternehmenstätigkeit zu verstehen ist, erfolgt jedoch nicht – die Interpretation bleibt dem Befragten selbst überlassen. Es wird aber deutlich, dass a priori die ökologische und soziale Dimension der Nach-

35 Eigene Darstellung.

haltigkeit impliziert ist oder vonseiten der Befragten in diesem Sinn gedeutet wird. So wird ein nachweislich energieeffizientes Gebäude bei 30 % der Befragten bereits als 'grün' eingestuft (DEGI Research 2009). Auch ein einheitliches Verständnis davon, wodurch beispielsweise nachhaltige Investments gekennzeichnet sind, scheint weder aufseiten der Meinungsforscher noch bei den Befragten zu existieren (Union Investment 2009) (siehe dazu auch Hypothese IV).

In Bezug auf die Verantwortlichkeiten für Nachhaltigkeit bei Gebäuden zeichnet sich ein unbefriedigendes, wenngleich vorhersehbares Ergebnis ab. Bei den Planern fühlen sich 88 % der Befragten in der Rolle der wichtigsten Akteure, wenn es um nachhaltiges Bauen geht, gefolgt von 87 %, die den Bauherren bzw. Eigentümern und etwa 50 %, die dem Bund die Hauptverantwortung zuschieben (Heinze GmbH 2009). Der umgekehrte Schluss, dass Nachhaltigkeit entsprechend bei fast allen Projekten hohe Bedeutsamkeit genießt, ist deshalb jedoch nicht möglich. Das Ergebnis besagt lediglich, *falls* nachhaltiges Bauen das Projektziel ist, *dann* fühlen sich in erster Linie Architekten angesprochen, dies umzusetzen, erwarten aber Unterstützung seitens des Auftraggebers/Bauherrn und der öffentlichen Hand. Demgegenüber werden in der Architektenbefragung Finanzierer und Kreditinstitute als untergeordnet verantwortlich für die Umsetzung von Nachhaltigkeit erklärt; nur ca. ein Drittel der Befragten sieht diese Akteursgruppe in der Pflicht.

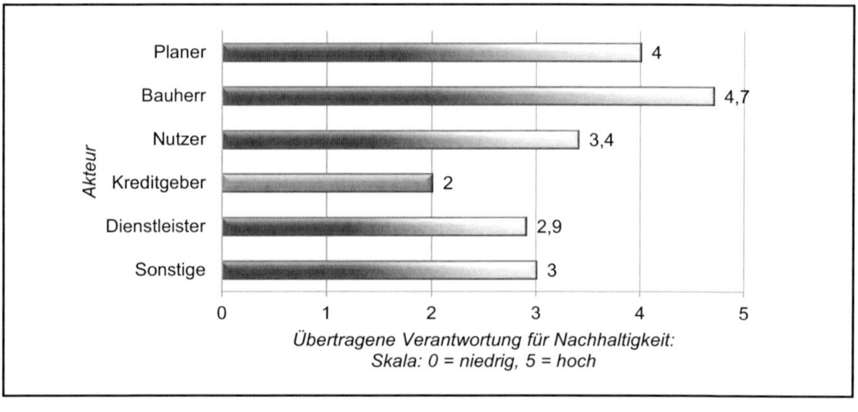

Abb. 5: Als Verantwortungsträger benannte Akteure für nachhaltige Immobiliengestaltung[36]

Ein konformes Bild zeichnen weitere Studien (vgl. Abb. 5), in denen die Befragten um ihre Einschätzung gebeten wurden, welcher Akteursgruppe die höchste Verantwortung für die Durchsetzung und Umsetzung von Nachhaltigkeitsstrategien zugewiesen wird. Kreditgebern wird allenthalben die geringste Verantwortung für nachhaltig ausgerichtete Immobilienentscheidungen zugesprochen. Das korrespondiert

36 Roland Berger Strategy Consultants 2010.

mit den Erfahrungen branchenübergreifender Unternehmensvertreter, die Finanzinstitute nur selten als förderlich für die Umsetzung von Nachhaltigkeit erleben[37] – eine Erkenntnis, die im Zusammenhang mit der Akteursanalyse noch von großer Bedeutung sein wird und hoher Aufmerksamkeit bedarf. Vor dem Hintergrund der Einflussnahme auf die gesamte Projektierung ist diese Frage besonders kritisch. Träger von Verantwortung für nachhaltige Ausrichtung sind nicht unbedingt identisch mit jenen Akteuren, die über allgemein hohe Entscheidungskompetenz verfügen. Auch sagt die Darstellung nach Abbildung 5 nichts aus über die Wichtigkeit des Themas für die einzelnen Akteursgruppen.

Weitere Literatur liefert in Ergänzung dazu die Auffassung, dass auch der Politik eine zentrale Rolle bei der nachhaltigen Gestaltung des Sektors Bauen und Wohnen zugeschrieben werden muss.[38]

Im internationalen Kontext ist zu beobachten, dass der Stellenwert nachhaltiger oder umweltbezogener Themen bei Akteuren mit der Größe des Unternehmens steigt.[39]

Hypothese II: Entscheider erkennen den besonderen Nutzen und Wert nachhaltiger Immobilien für die Zukunft.

Wird bereits der Stellenwert von Nachhaltigkeit zum gegenwärtigen Zeitpunkt von mindestens zwei Dritteln der Befragten als recht hoch eingestuft, so trifft dies besonders für die absehbare Zukunft zu. Ein Bedeutungszuwachs bei der Kaufentscheidung wird von ca. 80 bis 88 % der Befragten innerhalb der nächsten 5 Jahre erwartet (Ernst & Young Real Estate GmbH 2008).[40]

Für die befragten Unternehmen ergibt sich durch die nachhaltige Ausrichtung ihrer Gebäude oder ihres Portfolios die Hoffnung auf die Verbesserung des Images, der Vertriebschancen am Markt und des Risikomanagements (z. B. Verringerung des Mietausfallwagnisses). Im Zuge der nachhaltigen Ausrichtung eines Gebäudes oder Portfolios wird eine Fülle von Informationen zusammengetragen, die insgesamt für die Steuerung der Planung und Bewirtschaftung im Rahmen der Risikominimierung und Wertstabilität vorteilhaft sind (Union Investment 2009). Der direkte ökonomische Nutzen wird bei den Investoren als zweitrangig eingestuft (Union Investment 2009). Höhere Renditen versprechen sich nur 6 % der Befragten[41] (DEGI Research 2009).

37 Schaltegger, Windolph & Harms 2010, S. 37.

38 Beschorner et al. 2005, S. 109 ff.

39 Kok et al. 2010.

40 Dazu in Ergänzung vgl. auch Kok et al. 2010.

41 mol 2009.

Vielmehr werden nachhaltige Gebäude zunehmend als strategische Ressource mit langfristigem Werterhalt gesehen, eine Denkweise, die immer noch stark auf den Shareholder Value abzielt (Roland Berger Strategy Consultants 2010). Zwar werden auch Ressourcen- und Klimaschutzaspekte als Begründung für nachhaltiges Bauen genannt, dahinter steckt aber real die Zielsetzung der Energie- und Betriebskosteneinsparung.

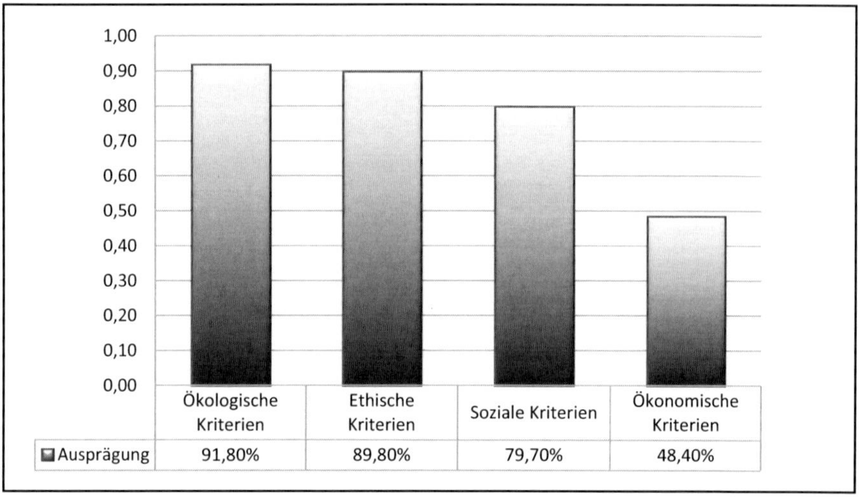

Abb. 6: Profil der Antworten auf die Frage: *"Mit welchen Kriterien wird das Thema Nachhaltigkeit überwiegend in Verbindung gebracht?"* [42]

Die Ergebnisse der Fragen zur strategischen Bedeutung nachhaltiger bzw. grüner Gebäude bei den Investoren projizieren umfrageübergreifend ein durchweg positives Bild. Auch bei den Nutzern setzt sich dieser Eindruck fort. Innerhalb der nächsten zwei Jahre, davon gehen 72 % aus, wird Nachhaltigkeit ein kritischer Faktor für die Ankaufsentscheidung werden (Jones Lang LaSalle 2007). Als Hauptgründe werden die sich entwickelnden Energiepreise und die politisch getriebenen Abgaben auf CO_2-Emissionen genannt. Offensichtlich sind für gewerbliche Nutzer nicht die sozialen, sondern die ökonomischen Aspekte wichtigstes Entscheidungskriterium.

Für den Wohnungsbau divergieren die Aussagen der Veröffentlichungen stark.[43] Während Projektentwickler und freie Wohnungsunternehmen in der Rolle des Investors tendenziell Nachhaltigkeit noch als untergeordnetes Kriterium sehen und sich an kurzfristigen wirtschaftlichen Aspekten orientieren und traditionellen Nachfragekriterien folgen, beginnt offensichtlich auch bei solchen Immobilienunternehmen langsam

42 Union Investment 2009.

43 Kriese & Scholz 2009 accepted, S. 8 ff. Die Studie bezieht sich auf mehrere andere Quellen mit internationaler Ausrichtung. Aber auch für Deutschland kann ein ähnlicher Trend beobachtet werden: Gothe, Busse & Holl 2007.

ein Umdenken. Diese Entwicklung setzt gerade erst ein und ist noch unbeständig. Einige kommunale Wohnungsbaugesellschaften zeigen jedenfalls, dass nachhaltige Wohngebäude nicht auf Rendite verzichten müssen.[44]

Hypothese III: Zwischen dem Stellenwert der Nachhaltigkeit und ihrer Umsetzung besteht eine deutliche Diskrepanz.

Die Ergebnisse der Umfragen bestätigen diese These. Die Diskrepanzen offenbaren sich beispielsweise beim Vergleich der Antworten zum Stellenwert der Nachhaltigkeit (vgl. Hypothese I) und der tatsächlich im Portfolio enthaltenen nachhaltigen Immobilien, die nur 25,8 % ausmachen, obwohl knapp 60 % das Thema bei der Ankaufsprüfung für wichtig bzw. sehr wichtig halten (DEGI Research 2009).

Bei den Immobilienunternehmen fällt die Diskrepanz noch größer aus: Während 82 % der Befragten das Thema Nachhaltigkeit und Energieeffizienz zukünftig für wichtig oder sehr wichtig halten, wird es bei 70 % kaum oder gar nicht mit Nutzern, Käufern oder Verkäufern diskutiert.

Die gewerblichen Nachfrager selbst scheinen nach eigenen Aussagen aber durchaus motiviert zu sein, entsprechende Anforderungen und Bedingungen zu stellen (Jones Lang LaSalle 2007). Erstens bemängeln 93 % der befragten Nutzer in Europa, dass zu wenige nachhaltige Gebäude und konsequent umweltschonende Lösungen am Markt angeboten werden, zweitens wären 62 % bereit, bis zu 10 % höhere Kosten zu akzeptieren, 8 % der Befragten würden sogar über 10 % Kostenaufschlag hinnehmen. Solche Aussagen werden auch von anderen Umfragen gestützt. Eine Bereitschaft zu höheren Mieten bis zu 4,5 % wird von immerhin 86 % der Befragten genannt (Roland Berger Strategy Consultants 2010). Allerdings scheint dieser Trend abzunehmen. Nutzer werden zukünftig immer weniger bereit sein, für nachhaltige Flächen Aufschläge hinzunehmen (vgl. Abb. 7).

44 Als Beispiel sei hierzu die Stadt Freiburg im Breisgau angeführt. Gothe, Busse & Holl 2007, S. 11.

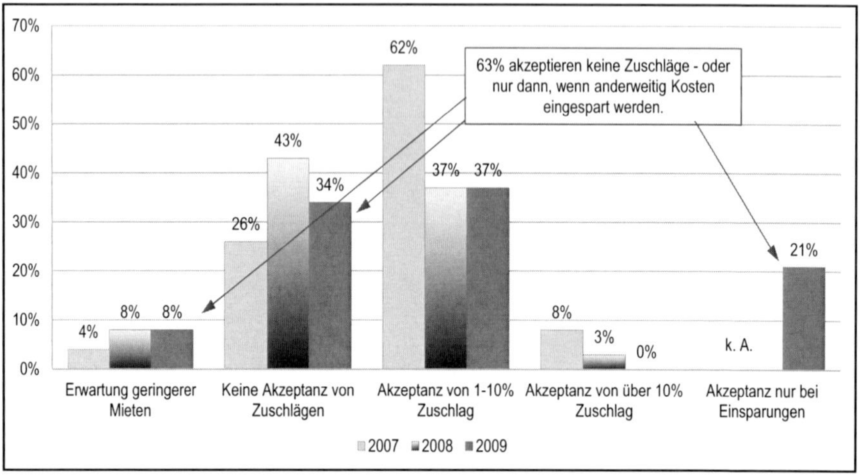

Abb. 7: Bereitschaft der Nutzer, Aufschläge für nachhaltige Mietflächen hinzunehmen[45]

Leider ist die Verlässlichkeit der Nutzer-Aussagen fraglich. Viele Investoren machen die Erfahrung, dass höhere Mieten sogar für nachhaltigkeitszertifizierte Gebäude kaum realisierbar sind (vgl. dazu auch Hypothese VI).[46] Dies gilt explizit für Deutschland, wo der bauliche Standard generell sehr hoch ist. Trotzdem geben 73 % der Investoren an, ca. 9 % höhere Realisierungskosten für nachhaltige und zertifizierte Objekte zu akzeptieren (Roland Berger Strategy Consultants 2010), obwohl sie offenbar nicht damit rechnen, die Renditen durch höhere Mieten gewährleisten zu können.[47] Nachhaltigkeit gewinnt möglicherweise erst in einer Langzeitbetrachtung als Werttreiber an Bedeutung.

Noch eine weitere Unregelmäßigkeit kann festgestellt werden. In der globalen Studie der Maastricht Universität zur Umwelt-Performance von gewerblichen Immobilien werden die Fragebögen für die Kategorien *Management & Policy* und *Implementation & Measurement* getrennt ausgewertet.[48] Es zeigt sich, dass die Ergebnisse aller Nationen (Europa, Australien, USA) zwischen beiden Kategorien einen signifikanten Unterschied zulasten der Kategorie *Implementation & Measurement* aufweisen. Dabei ist noch herauszustellen, dass es sich bei den eingegangenen Antworten sehr wahrscheinlich um die eher gut aufgestellten Property Investment Funds in Sachen Nachhaltigkeit handelt. Dieser sogenannte *Green Talk*, bei dem Manager sich nach

---

45 Jones Lang LaSalle 2008.

46 Immobilienmanager 2009.

47 Aufgrund der geäußerten Bereitschaft der Investoren, Zuschläge für nachhaltige Gebäude zu akzeptieren, kommen die Herausgeber der Umfrage zu der Schlussfolgerung, insgesamt ergäbe sich ein zusätzliches Investitionspotenzial von ca. 13 Mrd. Euro pro Jahr für Deutschland. Eine solche Prognose erscheint äußerst gewagt. Vielmehr ist damit zu rechnen, dass die zu kalkulierenden Mehrkosten anderweitig eingespart werden, z. B. bei Ausstattung und Außenanlagen oder in anderen Geschäftszweigen des Unternehmens.

48 Kok et al. 2010.

außen gern umweltbewusst und sozial präsentieren, weil sie es für modern und wirtschaftspolitisch opportun halten, ist offenbar international verbreitet. Investoren sprechen über Nachhaltigkeitsmanagement, können aber in weniger als 20 % der Unternehmen Daten für Energie- und Wasserverbrauch oder CO_2-Emissionen ihrer verwalteten Gebäude nennen.[49] Angesichts dessen muss es angezweifelt werden, ob es sich um energie- und verbrauchseffiziente Gebäude handelt; von nachhaltigen Immobilien kann erst recht nicht gesprochen werden.

Fazit: Das Bestreben, nachhaltige Immobilien zu konzipieren und nachzufragen, ist vorhanden, es wird aber noch nicht strikt in die Tat umgesetzt.

Die eingangs festgestellte erfreulich hohe Sensibilität für nachhaltige Immobilien ist durch diese Erkenntnisse stark infrage gestellt, da sich in nahezu jeder Studie unplausible Ergebnisse herauskristallisieren. Die Reliabilität der Antworten in Bezug auf Hypothese I ist also in weiten Teilen anzuzweifeln.

Hypothese IV: Charakteristika und Interdependenzen der Nachhaltigkeitsdimensionen in Bezug auf die Immobilienwirtschaft sind nicht bekannt oder werden unterschätzt.

Die Ergebnisse der Umfragen bestätigen diese These. Auffällig ist zunächst, dass nachhaltiges Bauen auf Umweltaspekte im Allgemeinen und Energieeinsparung im Besonderen reduziert wird. Die soziale Dimension wird immerhin in dem populären Begriff *Grüne Immobilie* respektive *Green Building* integriert, womit alle Belange von Mensch und Umwelt abgedeckt werden sollen. Ca. 90 % der Befragten bringen ökologische und ethische Kriterien mit Nachhaltigkeit in Verbindung (womit zumindest zwei Dimensionen der Nachhaltigkeit grundsätzlich einfließen), während ökonomische Kriterien an letzter Stelle stehen. Nur 48 % der Befragten ordnen sie der Nachhaltigkeit zu (Union Investment 2009). Häufig kann davon ausgegangen werden, dass im Vorfeld der Umfragen und in der Einleitung der Fragebögen gar keine Begriffsbestimmung vorgenommen wurde (vgl. dazu auch Hypothese I), so dass die Befragten von unterschiedlichen Grundvoraussetzungen ausgegangen sind.

Weitreichender offenbart sich das mangelnde Verständnis für die Zusammenhänge der Nachhaltigkeitsdimensionen und ihrer Chancen. Immer noch wird in einigen Unternehmen die Entwicklung einer Nachhaltigkeitsstrategie von einer guten immobilienwirtschaftlichen Bilanz abhängig gemacht (DZ Bank Research 2009), d. h. erst wenn am Ende des Geschäftsjahres Geld "übrig" ist, soll in nachhaltige Projekte investiert werden.[50] Die Auswertung der Maastricht University-Studie weist klar darauf hin, dass viele Immobilieninvestoren sich des Wertschöpfungspotenzials durch energieeffiziente Gebäude noch nicht bewusst sind.[51] Union Investment konstatiert sogar,

49 Kok et al. 2010.

50 Leitschuh 2009, S. 67.

51 Kok et al. 2010.

dass 75 % derjenigen Anleger, die nachhaltige Investments nicht berücksichtigen, in ihnen eine Kostenbelastung oder Renditebremse sehen (Union Investment 2009). Die soziale Dimension der gebauten Umwelt wird tendenziell unterschätzt.[52]

Demnach ist der ökonomische Nutzen durch soziale und umweltgerechte Konzepte im Bewusstsein noch nicht angekommen, was durchaus von den Befragten bestätigt wird. 37 % von ihnen fühlen sich schlecht informiert, gerade einmal 26 % verfügen nach eigenen Angaben über einen durchschnittlichen Kenntnisstand zum Thema 'nachhaltige Investments' (Union Investment 2009).

Hypothese V: Der Teufelskreis der Immobilienwirtschaft [53] ***wird überbewertet. Der Markt regelt Angebot und Nachfrage nachhaltiger Immobilien absehbar selbst.***

Die Ergebnisse der Umfragen sind nicht eindeutig. Zunächst vermitteln die Studien den Eindruck, dass bei fast allen Akteuren in Deutschland ein Gespür für das Thema 'nachhaltiges Bauen' geweckt wurde, das sicherlich in naher Zukunft zunehmen wird und mit Kenntnissen untermauert werden muss. Die bisher diffuse Wahrnehmung nicht nur der Notwendigkeit, sondern auch der Vorteilhaftigkeit von nachhaltigen Investitionen und Investments wird mit wachsendem Kenntnisstand der Akteure und steigenden Energiepreisen in eine aktive Nachfrage münden. Ein Grund dafür, dass Nachhaltigkeit eher als Zukunftsthema denn als gegenwärtige Strategie gesehen wird, liegt wohl in der Unsicherheit und Unerfahrenheit der Akteure im Umgang mit der Thematik (vgl. Hypothesen I und IV). Schlussfolgernd könnte eine Strategie zur Durchbrechung des Teufelskreises lauten, die Entwicklung abzuwarten, da Nachhaltigkeit sich von allein durchsetzen wird.

Bei näherer Betrachtung der Untersuchungen lassen sich allerdings Hindernisse ausmachen, die möglicherweise nicht allein durch den Markt beseitigt werden können – zumindest nicht in einem Tempo, das der Dringlichkeit der Thematik gerecht würde.

Zwar erkennen einzelne Akteure wie die Planer ihre Zuständigkeit, Nachhaltigkeit beim Bauen zu forcieren, sehen aber auch, dass die Thematik vom Verhalten anderer Akteure abhängt, an dem es derzeit noch hapert (Heinze GmbH 2009). Letztlich ist die Rolle des Vorreiters auch immer die mit dem größten Risiko, nämlich sich im Wettbewerb zu disqualifizieren. Es erscheint daher ineffektiv und unsolide, die Pionierarbeit der Verbreitung von nachhaltigem Planen, Bauen und Betreiben zwei bis drei Akteursgruppen zu überlassen, die Kohäsionskräfte im Teufelskreis eigenständig (d. h. ohne übergeordnete Koordination) zu verringern.

---

52 Kriese & Scholz 2009 accepted, S. 12.

53 Vgl. hierzu Kap. 2. Der Teufelskreis der Immobilienwirtschaft beschreibt, wie verschiedene Akteursgruppen argumentieren, um nachhaltiges Planen und Bauen nicht zu realisieren. Dabei wird die Verantwortung immer auf die jeweils andere Akteursgruppe abgewälzt.

Als ein weiteres Hindernis der Marktdynamik ist im Wohnungsbau das *Nutzer-Investor-Dilemma* zu sehen (DZ Bank Research 2009). Die aktuelle Gesetzgebung, so wird häufig argumentiert, hindere Eigentümer an der sinnvollen energetischen Sanierung ihrer Gebäude, da sie die wirtschaftlichen Interessen der Eigentümer blockiere.[54] In vielen Fällen ist es schwierig, eine adäquate Erhöhung der Mieten im sanierten Wohnungsbestand durchzusetzen. Entsprechend findet keine Sanierung statt oder aber nur in minimalem Umfang, der in die Duldungspflicht der Mieter fällt und möglichen Mietminderungen aus dem Weg geht. So reduzieren sich die Vorteile der Sanierung für alle Beteiligten: der Umwelt, den Eignern und den Nutzern, die eben nicht in den Genuss verbesserten Komforts kommen.

Das entscheidende Hindernis für ein endgültiges Sprengen des Teufelskreises dürfte jedoch der allenthalben lückenhafte Kenntnisstand über die Chancen nachhaltigen Bauens und nachhaltiger Investments sein. Etwa drei Viertel der Befragten schätzen die Kosten, und damit verbunden auch die Renditen, gegenüber konventionellen Anlagen als schlechter ein (Union Investment 2009). Insgesamt wird Nachhaltigkeit von Managern oft nicht als wirtschaftlich vorteilhaft betrachtet. Andererseits besteht seitens der Nutzer ein gewisses Interesse (vgl. Hypothese II). Um Interesse in konkrete Nachfrage zu wandeln, bedarf es eines gezielten Marketings und Anschauungsobjekte mit Erfahrungswerten. Leider liegen die Realisierungsphasen von Immobilien bei mehreren Jahren inklusive einer nennenswerten Vorlaufzeit, sodass die Gefahr besteht, die sich entwickelnde Nachfrage könnte zwischenzeitlich stagnieren oder abebben.

Hypothese VI: Rating- und Zertifizierungssysteme sind zukünftig entscheidungsrelevant, da sie überproportionale Nutzenmehrung signalisieren.

Die Auswertung der Umfragen im Hinblick auf die Nachhaltigkeitszertifizierung steht hier stellvertretend für mehrere Gütesiegel, die im Zusammenhang mit nachhaltigem Bauen und nachhaltigen Investments angeboten werden.

Auch in Bezug auf Zertifizierung und andere Bewertungssysteme sind die Ergebnisse der Umfragen nicht einheitlich, tendieren aber dazu, der Zertifizierung zumindest auf absehbare Zeit (ca. fünf Jahre) eine hohe Bedeutung einzuräumen (Roux Deutschland GmbH 2008). Verschiedene wissenschaftliche Untersuchungen, die in den angelsächsischen Ländern durchgeführt wurden, bescheinigen zertifizierten Gebäuden einen nennenswerten Vorteil bei der Vermietbarkeit und den Kaufangeboten, wobei durchschnittliche bis zu 7 % höhere Mieten realisierbar sind (DZ Bank Research 2009). Diese Margen können für Deutschland jedoch nicht als Richtschnur angesetzt werden, da sich der bauliche Standard konventioneller Gebäude im Vergleich zu zertifizierten Objekten hier nicht in vergleichbarem Maß unterscheidet. Immerhin werden Zertifizierungsobjekten zukünftig höhere Chancen am Markt einge-

54 Vgl. beispielhaft für viele Götze 2011 und Greenbuilding 2011. Weitere Ausführungen dazu im Rahmen der Beschreibung von Akteurskonflikten in Kap. 9.

räumt, wenngleich ihre Bedeutung für die Nachhaltigkeit im engeren Sinn als gering erachtet wird (Roland Berger Strategy Consultants 2010). Aufwand und Kosten des Zertifizierungsprozesses stehen danach nicht in einem akzeptablem Verhältnis zu ihrem Nutzen.

Hierzulande sind die Meinungen zu ökonomischen Gewinnen aufgrund von Gütesiegeln gespalten. 45 % der Befragten gehen davon aus, dass die Wertsteigerung zertifizierter Objekte sich zukünftig besser entwickeln wird als bei nicht zertifizierten, während 55 % der Befragten gerade diese Ansicht nicht teilen (Ernst & Young Real Estate GmbH 2009). Allerdings wird umgekehrt mehrheitlich erwartet, dass fehlende Gütesiegel zu Wertabschlägen führen werden, worin der Grund liegen könnte, dass 75 % der Umfrageteilnehmer dennoch bereit sind, höhere Planungs- und Realisierungskosten zu akzeptieren (Roux Deutschland GmbH 2008).

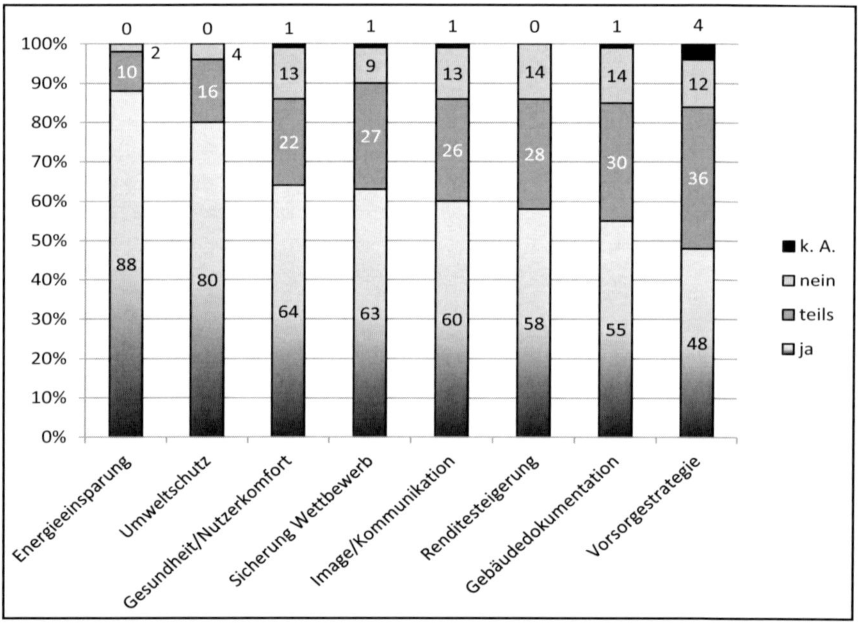

Abb. 8: Profil der Antworten auf die Frage: *"Sind die folgenden Aspekte ein Anlass oder Grund für Sie, eine Immobilie zertifizieren zu lassen?"* [55]

Die noch geringe Verbreitung von Zertifizierungsgesuchen – nur 29 % der befragten Investoren halten zertifizierte Objekte im Bestand (Ernst & Young Real Estate GmbH 2008) – wird sich erwartungsgemäß durch das seit 2009 erhältliche *Deutsche Gütesiegel Nachhaltiges Bauen (DGNB)* allmählich ändern. Über die Hälfte der Investoren und auch mehr als die Hälfte der Nutzer beabsichtigen, zukünftig bei Entscheidungen einem Zertifikat deutliche Beachtung zu schenken (Ernst & Young Real Estate GmbH

55 Roux Deutschland GmbH 2008.

2008). Man befürchtet nicht nur Einbußen bei Wert und Performance, sondern auch beim Image (DEGI Research 2009). Es verwundert aber kaum, dass der Stellenwert nachhaltiger Gebäude (und ihrer Zertifizierung) insgesamt bei Investoren nur dadurch signifikant steigerbar wäre, dass zwischen 5 und 10 % höhere Mieten am Markt erzielbar wären (Roux Deutschland GmbH 2008), was in Deutschland derzeit nicht der Fall ist.

Einige Ökonomen gehen jedoch davon aus, dass Nachhaltigkeitszertifikate langfristig immer weniger gebraucht werden. Es werden sich durch die bereits zertifizierten Objekte neue und höhere Standards entwickeln,[56] die erstens politisch eine allgemeine Anpassung der Gesetze und Normen und zweitens marktlich eine erhöhte Erwartung der Nutzer nach sich ziehen. Einen solchen Zustand könne man in Deutschland bereits in ca. 10 Jahren erreichen.

Ohnehin überzeugt, dass es auch in Zukunft einen Markt für Immobilien ohne Gütesiegel geben wird (Roux Deutschland GmbH 2008), sind immerhin noch 60 % der Befragten. Dies dürfte sicherlich auch eine Frage der Art der Nutzer-Zielgruppe sein.

Wie Abbildung 8 illustriert, wird dem Zertifizierungsprozess zugute gehalten, dass in erster Linie energetische und andere ökologische und in zweiter Linie soziale Aspekte Berücksichtigung finden, was letztlich gegenüber dem Nutzer (im Sinne von Nachfrager, Mieter) zu Wettbewerbsvorteilen am Markt führen kann. Nach Meinung von (nur) 60 % der Befragten geht damit einher auch die Verbesserung des Images. Dass folglich auch die Rendite gesteigert werden kann, wird von 58 % der Befragten erwartet.

Anhand der Studien lässt sich schließen, dass der hohe Qualitätsanspruch, den die Zertifizierung verspricht, nicht vollständig von der Praxis erkannt und gewürdigt bzw. nicht nachgefragt wird. In Bezug auf Sinn und Zweck solcher Systeme gibt es offenbar Zweifel.

4.5 Zwischenfazit

Die Umfragen bestätigen unisono, dass nachhaltiges Planen und Bauen ein aktuelles Thema in der Branche ist. Damit sind die übereinstimmenden Merkmale der Studien auch bereits erschöpfend beschrieben. Sowohl beim Verständnis des Themas 'Nachhaltigkeit' wie auch bei Umsetzung und Nutzenerwartung zeigt sich die Branche sehr heterogen. Dies ist nicht nur auf internationaler Bühne der Fall, sondern bereits innerhalb Deutschlands feststellbar. Ein uneinheitliches Bild ist zudem innerhalb der Akteursgruppen und akteursgruppenübergreifend auszumachen.

56 Immobilienmanager 2009.

Somit kann konstatiert werden, dass zumindest eine hohe Aufmerksamkeit der Fachwelt besteht, was als sehr positives Signal zu werten ist. Unter einer solchen Voraussetzung lassen sich Strategien leichter verbreiten. Die Ausgangsbasis ist vielversprechend, allerdings hat die Thematik bisher nur vereinzelt Eingang in das operative Geschäft gefunden. Einige mögliche Gründe hierfür wurden im Zuge der obigen Umfragenauswertung bereits angedeutet. Weiteres wird die theoretische Analyse im Fortgang dieser Arbeit ergeben.

Interessante Fragen, die sich im Zuge der Recherche zu den Umfragen darstellen, sind:

- Warum werden gerade Investoren bei Umfragen besonders ins Visier genommen?
- Wie tendieren mutmaßlich jene Adressaten der Umfragen, die sich gegen eine Teilnahme entschieden haben?
- Wie verhalten sich mittlere und kleine Unternehmen der Immobilienbranche – wie stehen sie zum Thema 'nachhaltiges Bauen'?
- Inwieweit bildet sich in den Umfragen wirklich die geschäftliche Einstellung und Motivation stellvertretend für das Unternehmen ab oder handelt es sich eher um die private und persönliche Meinung des Befragten?

Diesen Fragen wird sich durch die Analyse in den folgenden Kapiteln genähert werden.

Als Zwischenfazit lässt sich zusammenfassend feststellen, dass das Nachhaltigkeitsbewusstsein in der Immobilienbranche wächst, aber von noch relativ geringem Einfluss auf unternehmerische Entscheidungen ist. Die Befunde der empirischen Analyse machen insgesamt deutlich, dass es dringend geboten scheint, Instrumente zur Stärkung und Verbreitung einzusetzen.

Weiterhin fällt auf, dass die Investoren und Finanzierer bei Umfragen die bevorzugte Zielgruppe sind. Andere Akteursgruppen treten nur vereinzelt in Erscheinung oder werden überhaupt nicht befragt. Diese Beobachtung ist für die Entwicklung und die Funktionsweise eines Steuerungskonzeptes der Nachhaltigkeit von großer Bedeutung.

Eben wurde eruiert, wie Akteure mit dem Thema Nachhaltigkeit bei Gebäuden in der Praxis umgehen und beabsichtigen, dies in naher Zukunft zu tun. Das nächste Kapitel ist nun der Frage zugedacht, welch grundsätzlicher Art die Interessen von Akteuren an Gebäuden eigentlich sind. Daraus soll abgeleitet werden, wie der formulierte Nachhaltigkeitsanspruch tatsächlich eingebunden werden kann und sollte.

5 Nutzen- und Wertdimensionen von Gebäuden

Ob sich eine Strategie in der Praxis durchsetzen lässt, ist in erster Linie eine Frage der damit verbundenen erkennbaren *Werthaltigkeit* für die Akteure. Der Wert ist subjektiver Art und maßgeblich verantwortlich für die Motivation der Akteure zur Umsetzung von Nachhaltigkeit. An dieser Stelle wird bewusst auf eine ausführliche Darstellung der Inhalte des Wertebegriffs verzichtet, der meist einhergeht mit der Diskussion um den *Nutzen*. In der wissenschaftlichen Literatur finden sich zahllose Werke, die sich der Bedeutung dieses Themas gewidmet haben.[57] Je nach Epoche, politischem Umfeld und Wissenschaftsbereich sind differenzierte und immer wieder abgewandelte oder ergänzte Erklärungen anzutreffen, so dass die Begriffe Nutzen und Wert letztlich als unbestimmt charakterisiert werden müssen. Für die vorliegende Fragestellung reicht es aus, sich darüber zu verständigen, dass Nutzen und Wert materieller und immaterieller, monetärer wie nonmonetärer Art sein können. Im Verständnis der Nachhaltigkeitstheorie können sie ökonomische, ökologische und/ oder soziale Bedürfnisse befriedigen.

Nutzen und Wert von Gebäuden sind im Folgenden immer gemeinsame Bezugsgrößen.

Die theoretische Analyse startet nun mit der Frage nach den Zielen, die Akteure tatsächlich verfolgen, wenn sie sich an einem Bau- oder Immobilienprojekt oder dessen Bewirtschaftung beteiligen. Sie orientieren sich dabei an dem zu erwartenden Nutzen und Wert.

---

57 Tatsächlich ist nicht der Nutzen entscheidungsbestimmend, sondern der *Erwartungswert des Nutzens* (Dyckerhoff 1994). Wertesysteme, Nutzenmessung und streng rationales Handeln stehen nach Braun (vgl. Braun 1976) in einem engen Zusammenhang. Dies formierte den Prozess der Entscheidungsfindung der lezten Jahrzehnte auch in der Immobilienbranche (vgl. DeLisle 1994). Bei Simon (vgl. Simon 1993) findet sich die Überzeugung, dass Menschen den Nutzen immer unter Aspekten der *Vernunft* definieren und verfolgen, die ihrerseits engen Begrenzungen unterliegt.

5.1 Nutzen- und Wertdimensionen von Akteuren mit direktem Gebäudebezug

Um eine Zuordnung von Akteurszielen zu bestimmten Nutzen- und Wertdimensionen vornehmen zu können, ist zunächst zu betrachten, welchen Sinn und Zweck das Gut 'Gebäude' heute eigentlich erfüllt. Bevor die Sicht auf die individuellen Akteursziele intensiviert werden kann, muss das Objekt an sich in seiner Bestimmung untersucht werden, also seinen möglichen Nutzen und Wert für das Individuum und die Unternehmung offenbaren.

Unter diesem Aspekt ergeben sich im Wesentlichen folgende Nutzen- und Wertdimensionen, die für die Akteure in unterschiedlichen Ausprägungen relevant sind (vgl. zusammenfassend Abb. 9):

1. Funktion & Gebrauch
2. Signalwirkung
3. Wirtschaftsleistung
    a) Marktwert
    b) Ertrag

5.1.1 Funktion & Gebrauch

Gebäude sind bauliche Anlagen, die der Raumbildung dienen. Die Notwendigkeit von mehr oder weniger geschlossenen Räumen ergibt sich zunächst historisch aus dem Bedürfnis des Menschen nach Schutz vor Unbilden des Wetters und Angriffen von Tieren. Ferner war und ist die Sicherung des Eigentums von Gegenständen gegen Diebstahl eine wichtige Funktion von Gebäuden. Aus dieser Zweckdienlichkeit ergeben sich Forderungen nach Stabilität, Dichtigkeit gegen Wind, Kälte, Wasser und Abschließbarkeit. Die Erfüllung dieser Anforderungen definierte traditionell die Gebrauchstauglichkeit eines Hauses.

Die Schutzfunktion kann als die elementare Eigenschaft von Gebäuden gesehen werden, da sie bis heute das Hauptkriterium ihrer Tauglichkeit darstellt. Sie korrespondiert mit den Grundbedürfnissen des Menschen.[58]

Mit fortschreitender Zivilisation trat zunehmend das Bedürfnis nach Privatsphäre hinzu. Räume dienen nicht mehr ausschließlich der Abschottung gegen problematische äußere Einflüsse, sondern nun auch dem Rückzug zur Wahrung und Entfal-

58 Vgl. die 2. Stufe der *Maslowsche Bedürfnispyramide*, erstmals veröffentlicht in Maslow 1943.

tung der Persönlichkeit. Das Recht auf Unverletzlichkeit der Wohnung ist heute im Grundgesetz verankert und schließt neben der Sicherung des Eigentums auch die Persönlichkeitsrechte der Bewohner ein.

Äquivalent verhält es sich im gewerblichen Bereich, wo noch ein weiterer Faktor hinzukommt. Je nach Nutzungsart spielt der Schutz des Umfeldes, der Nachbarn und der Umwelt eine wichtige Rolle. Durch Tätigkeiten und Vorgänge wie beispielsweise Produktionsprozesse können Emissionen entstehen, die für Dritte belastend sind (Stäube, Gerüche, Lärm). Abgeschlossene Räume helfen, solche von Menschen induzierten Störungen zu mindern. Abschottung ist in diesen Fällen keine Frage des eigenen Schutzes sondern dient dem Schutz anderer.

Die Nutzen- und Wertdimension 'Funktion & Gebrauch' von geschlossenen Räumen ist für jedes Individuum von Relevanz – allerdings betrifft sie nicht jeden Akteur in Bezug auf jedes Gebäude. Oftmals bedienen verschiedene Objekte unterschiedliche Nutzenaspekte eines Akteurs. Auch eine Kombination von Nutzenaspekten in einem einzigen Gebäude ist möglich.

Der Gebrauchswert von geschlossenen Räumen stand traditionell in direktem Zusammenhang mit der Eigentumsbildung. Gebäude wurden in der Regel durch diejenigen gebaut, bewohnt und genutzt, denen sie gehörten. Sie wurden in ihrer Größe so bemessen, dass sie ihre Funktion für den Bewohner erfüllen konnten und dieser in der Lage war, sie zu bewirtschaften. Dieser Sachverhalt trifft heute zumindest auf deutsche Verhältnisse so nur noch in Ausnahmefällen zu. Viele Projekte entstehen, obwohl kein Eigenbedarf der Raumbildung besteht. Selbstnutzer sind im Wohnungsbau nach einer Analyse von *Haus & Grund* Anfang 2008 nur ca. 43 % der Haushalte. Bei den Unternehmen liegt die Eigentumsquote bei 60 % (Marktstudie von *Colliers Property Partners* 2005). Während Deutschland damit bei den Wohnungsnutzungen hinter anderen Industrieländern zurückbleibt (Durchschnitt Europa ca. 60 %), ist die Quote im gewerblichen Bereich höher (Großbritannien 40 %, USA 30 %). Aus diesen statistischen Daten geht nicht hervor, ob das Eigentum allein aufgrund von räumlicher Zweckdienlichkeit erworben oder errichtet wurde. Immerhin sind heute die meisten Nutzungsarten (außer in der Regel Sondernutzungen) als Mietobjekt zu haben. Es mag also Gründe geben, kein Selbstnutzer zu sein. Somit sind noch weitere Nutzen- und Wertdimensionen von Gebäuden zu nennen.

5.1.2 Signalwirkung

Bestimmte Gebäude verfügen über das Potenzial, Aufmerksamkeit in der Gesellschaft zu erregen, was sich Eigentümer und Nutzer strategisch zunutze machen können. Das Gebaute hat dann möglicherweise den Charakter einer Werbebotschaft. Unternehmen, die in einer Immobilie mit Signalwirkung ansässig sind, weisen damit unter Umständen auf Eigenschaften hin wie Beständigkeit, Einfluss/Macht, Innovationsfreude etc. Das Gebäude wird zum Marketinginstrument der Corporate

Identity. Hierbei spielen Architektur, Standort, Größe und Ausstattung der Immobilie eine besondere Rolle, aber auch der sogenannte gute Ruf des Projektentwicklers oder Architekten.

Im privaten Umfeld verhält es sich ähnlich. Gebäude werden auch als Statussymbol gesehen und können bestimmte Wirkungen erzielen, auf die Eigentümer und Bewohner besonderen Wert legen. Hierzu mögen gehören: finanzieller Stand oder gesellschaftspolitische Einstellungen wie Tradition, alternatives Leben, Aufgeschlossenheit gegenüber Technologien. Die Präferenzen verschiedener Lebensstilgruppen[59] bilden sich unter anderem bei der Wahl und Gestaltung von Gebäuden ab. Die Signalwirkung von Immobilienprojekten wird selten bewusst, sondern vielmehr intuitiv empfunden.

In der Regel werden Objekte allerdings nicht allein auf Grund der Nutzen- und Wertdimension 'Signal' erstellt und betrieben; diese Dimension dürfte überwiegend eine sekundäre Zielsetzung bei der Erstellung und dem Betrieb von Gebäuden sein[60] – insbesondere, da andere bauliche Anlagen ohne raumbildende Funktion mit vergleichsweise geringem Aufwand errichtet werden können (z.B. Landschaftsbauwerke, Fahnenmasten und Denkmäler).

5.1.3 Wirtschaftsleistung

Bis vor einigen Jahren ließ sich in der Literatur noch die Überzeugung finden, Gebäude hätten im betriebswirtschaftlichen Sinn keine eigene Wirtschaftlichkeit und würden dementsprechend keinen aktiven Beitrag zum Betriebsergebnis leisten.[61]

Tatsächlich sind es in erster Linie pekuniäre Gründe, aus denen Gebäude gehalten werden, ohne sie selbst zu nutzen im Sinne von *bewohnen/sich aufhalten*. Dahinter steckt die Erwartung von monetären Gewinnen in der Gegenwart (z. B. durch Miet-/Pachteinnahmen) und in Zukunft (z. B. durch Wertsteigerung). Vor diesem Hintergrund wird nicht mehr von 'Gebäuden' sondern von 'Immobilien' gesprochen, was ökonomisch impliziert, dass nicht die ureigene Zweckdienlichkeit (vgl. 'Funktion & Gebrauch') von primärem Interesse ist, sondern handelbare Rechte und vermögensbildende Werte. Immobilien sind für die Wirtschaftssubjekte im Hinblick auf die Kosten und geldwerten Nutzenwirkungen von Bedeutung.[62]

---

59 Unter Bezugnahme auf das Modell der Lebensstilgruppen 'Sinus-Modell' von *Sinus Sociovision.*

60 Ausnahmen bilden einige Sondernutzungen. Sie werden sogar primär aufgrund ihrer Signalwirkung erstellt und betrieben. Hierbei handelt es sich beispielsweise um Sakralbauten und Wohngebäude des Hochadels – aber auch um zentrale politische Versammlungsstätten wie den Deutschen Bundestag im Reichstagsgebäude in Berlin.

61 Nixdorf 1983, S. 12–14 Der Autor nimmt einen sehr begrenzten Standpunkt in Bezug auf Nutzen und Wert von Gebäuden ein. Dies kann nicht allein der Tatsache zugeschrieben werden, dass die Veröffentlichung bereits über 25 Jahre zurückliegt.

62 Pfnür 2002, S. 5–7.

Eine juristische Definition existiert nicht, jedoch geht der Begriff 'Immobilie' insofern sinngemäß über den Begriff 'Gebäude' hinaus, dass "*Grundstücke und grundstücksgleiche Rechte inklusive ihrer Bebauung und dazu gehörenden feststehenden Anlagen*" bezeichnet werden (vgl. §§ 93–97 BGB)[63]. In Ableitung aus dem Lateinischen handelt es sich schlicht um ein *unbewegliches Sachgut.*

Heute werden Gebäude und ihr Grund und Boden durchweg als Wirtschaftsgut betrachtet. Selbst Akteure als Selbstnutzer identifizieren die ökonomischen Aspekte ihres Objektes. Eigentumsbildung dient unter anderem der Absicherung bei Krediten und der Bildung von stillen Reserven, bei Privatleuten ebenso wie bei Unternehmen (umgangssprachlich 'Tafelsilber'). Hierin liegt unter anderem die oben erwähnte Tatsache begründet, dass Gebäude häufig nicht zum Zweck der eigenen räumlichen Nutzung (im Sinne von Funktion & Gebrauch) angeschafft und gehalten werden, sondern als Tausch- und Handelsgut.

Die wirtschaftlich orientierte Nutzen- und Wertdimension ist nicht bei allen Stakeholdern mit gleichem Schwerpunkt ausgebildet. Je nach Unternehmen gelten beispielsweise verschiedene Definitionen von 'Profit'.[64] In vereinfachter Form wird hier die Gesamtrendite, der *Total Return* eines Investments über zwei Faktoren definiert: *Marktwert* und *Ertrag.*

a) Marktwert

Der Marktwert wird gemeinhin wie folgt definiert:

"Der Marktwert wird durch den Preis bestimmt, der in dem Zeitpunkt, auf den sich die Ermittlung bezieht, im gewöhnlichen Geschäftsverkehr nach den rechtlichen Gegebenheiten und tatsächlichen Eigenschaften, der sonstigen Beschaffenheit und der Lage des Grundstücks oder des sonstigen Gegenstands der Wertermittlung ohne Rücksicht auf ungewöhnliche oder persönliche Verhältnisse zu erzielen wäre." [65]

Er stellt also den hypothetisch zu erzielenden Preis dar, den eine Immobilie zum Stichtag T_X bei einer Transaktion maximal einbringen könnte. Hieraus können Nutzenerwartungen insofern resultieren, dass über eine mögliche (Markt-)Wertänderungsrendite im Zuge von Transaktionen Gewinne erzielt werden. Insbesondere durch Veränderungen des Realzinses und Entwicklung des Wirtschaftswachstums können Immobilien Preissteigerung erfahren. In diesem Sinne wird der Marktwert also als Maßeinheit gebraucht, um eine Nutzen- und Wertdimension monetärer Art auszudrücken.

---

63 Diese Definition wird auch in der Immobilienwirtschaft vertreten: vgl. beispielhaft Voigtländer et al. 2009, S. 1.

64 Bryson & Lombardi 2009 Die Ausführungen des Autors werden nicht konkret auf Immobilien bezogen, können aber vergleichbar für Unternehmen gelten, die mit Immobilien geschäftsmäßig zu tun haben.

65 § 194 BauGB.

Ob ein neues oder bestehendes Gebäude jemals in der Lage sein wird, seinen Marktwert günstig zu entwickeln, hängt entscheidend von externen Faktoren ab, wie der allgemeinen Situation am Teilmarkt, der Regionalpolitik, der Standortentwicklung etc.[66] Allerdings sind die sogenannten Buy-and-Hold-Strategien, die monetären Nutzen aus dem Substanzwert des Gebäudes ziehen sollen, zunehmend weniger attraktiv. *Wellner* nennt folgende Gründe:[67]

- anhaltend niedrige Inflationsraten
- geänderte Besteuerung
- Wiedervereinigung und bauliches Überangebot durch Sonderabschreibung Ost
- Geburtenrückgang
- Nachfragerückgang, z. B. bei Büroflächen durch Wirtschaftsflaute
- Zunehmende Fokussierung der Nachfrager auf die Qualität der Gebäude (neben dem Standort)
- neue zeitgemäße Energiekonzepte (getrieben durch Energie-Preise)
- internationaler Konkurrenzdruck durch die dort höheren Renditen

Trotz vorgenannter Aspekte bleibt dennoch festzustellen, dass die nominelle Wertsteigerung durchaus Wertschöpfungspotenzial bieten kann, gerade auch durch das im Vergleich zu vielen anderen Assets günstige Risiko/Rendite-Profil von Immobilien. Freie Grundstücke werden unter Umständen gerade deshalb bebaut, um ihren Verkehrswert[68] zu erhöhen. Durch den anschließenden Verkauf erhofft man sich die Abschöpfung des größtmöglichen Entwicklungsgewinns, der aus dem Wertzuwachs (resultierend aus der Nutzbarmachung des Grundstücks mit gegebenenfalls einer Aufwertung der Lage), der wirtschaftlich günstigen Erstellung und der letztlich höherpreisigen Bereitstellung von Nutzflächen besteht – also der Zusammenführung von Standort, Projekt und Kapital.[69] Die Hoffnung auf solche Wertsteigerungen ist naturgemäß spekulativ.[70] Dennoch erscheint sie nicht zuletzt aufgrund der steuerfreien Realisierung nach Ablauf einer gesetzlichen Haltefrist (Spekulationsfrist) attraktiv.

66 Bei einer solchen Betrachtung spielt das betreffende Grundstück eine wichtige Rolle. Durch eine sich positiv entwickelnde Lagegunst steigt der Nutzen für den Eigentümer, sodass die Wertentwicklung in besonderem Maß vom Standort – nicht allein von den Gebäudeeigenschaften – abhängt.

67 Wellner 2003, S. 224–227.

68 Die Begriffe Verkehrswert und Marktwert werden hier synonym verwendet. Eine Unterscheidung der Definitionen ist für das Verständnis der Thematik an dieser Stelle unerheblich.

69 Schleiter 2000, S. 139 f.

70 Schick 2004 und Dobberstein 2000, S. 15.

b) Ertrag

Hierbei handelt es sich um den geldwerten Nutzen durch den Betrieb eines Gebäudes, die *Cashflow-Rendite*, beispielsweise aus laufenden Mieterträgen. Unter dem *Cashflow* wird verstanden *"... [der] in der Periode aus eigener Kraft erwirtschaftete Überschuss der Einnahmen über die Ausgaben, der aus der ordentlichen Geschäftstätigkeit resultiert. Er stellt damit die Selbstfinanzierungs-, die Schuldentilgungs- und die Gewinnausschüttungskraft der Unternehmung dar."* [71]

Der Cashflow ist gegenwartsbezogen und bemisst den konstanten Geldfluss. Er ist dadurch für die nahe Zukunft recht gut prognostizierbar, was im Ergebnis von erheblichem Einfluss auf die Bewertung (Rating) des Objektes ist.[72] Durch einen stabilen Cashflow mit guten Prognosen wird auch der Marktwert im Sinne von a) profitieren, da bei Transaktionsabsichten die Nachfrage absehbar positiver ausfällt und der zu erwartende Erlös steigt.

Die Entwicklung des Marktwertes hängt in hohem Maße von den gegenwärtigen und zukünftigen Ertragsaussichten ab. Dennoch sind in der Nutzen- und Wertdimension 'Wirtschaftsleistung' die Faktoren 'Marktwert' und 'Ertrag' gesondert darzustellen. Im Zuge der Untersuchung von Interessen und Motiven der Akteure werden sich verschiedene Blickwinkel offenbaren, die eine Unterteilung sinnvoll erscheinen lassen.

5.2 Nutzen- und Wertdimensionen von Akteuren mit indirektem Gebäudebezug (Sonstige)

Es wurde bereits angedeutet, dass neben den Nutzen- und Werterwartungen, die an Gebäude direkt gestellt werden (I. Funktion & Gebrauch, II. Signalwirkung, III. Wirtschaftsleistung) weitere Zielsetzungen vorstellbar sind, die die Akteure in Verbindung mit Leistungen rund um eine Immobilie verfolgen. Sie werden als 'Sonstige' bezeichnet.

Zahlreiche Akteure rund um das Planen, Bauen und Betreiben von Immobilien sind im Rahmen eines Dienstvertrags tätig, den sie in der Regel durch (unterstützende) Leistungen für andere Akteure erfüllen, deren Inhalt jedoch nicht unmittelbar mit dem Immobilienprojekt im Zusammenhang stehen muss. Hier wird nicht ein festgelegtes Ergebnis in Form eines Bauwerks geschuldet (z. B. handwerkliche Arbeit bei Bauunternehmern oder das Gebäude als geistige Leistung bei Architekten), sondern die

71 Jagenburg 2001, S. 102.

72 Trotz 2004, S. 81.

Erbringung einer Dienstleistung als *vertragsgemäßes Bemühen.*[73] Beratende Tätigkeiten jeglicher Art (Gutachter, Steuerberater, Wirtschaftsprüfer etc.) fallen in diese Kategorie. Ihr Nutzen und Wert resultiert nur sekundär aus dem Gebäude, jedoch primär aus dem Honorar zur Unterstützung anderer Akteure. Ihr Bezug zur Immobilie ist daher indirekter Natur. Jedoch können auch Akteure ohne jegliches Vertragsverhältnis mit Objektbezug Vorteile aus Wert und Nutzen eines Gebäudes ziehen. Nutzen und Wert sind in solchen Fällen sehr subjektiv einzuordnen (beispielsweise bei Nachbarn, Passanten, den Medien) und tendieren eher in Richtung der Effekte aus der Signalwirkung wie oben beschrieben.

Ein indirekter Gebäudebezug kann auch dann vorhanden sein, wenn Akteure von altruistischen Motiven angetrieben werden. Nutzen- und Wertgenerierung erfolgt hier auf Basis sozialer Verantwortung oder durch ideologische Beweggründe. Es handelt sich dabei nicht um monetäre Aspekte, sondern um das Erreichen einer *inneren Zufriedenheit*, die sich in Hilfsbereitschaft oder Streben nach Fairness gegenüber anderen Akteuren äußert.[74] Solche Aspekte stehen ebenfalls in besonderer Verbindung zur Nutzen- und Wertdimension 'Signalwirkung' – können doch Gebäude auf ideologische Motive zurückgehen und durch symbolische Attribute am Bau Gestalt annehmen. Hier soll gegebenenfalls Dritten gegenüber signalisiert werden, dass Planung, Bau und Nutzung des Objektes 'höheren' Zielen dient.

Schließlich ist noch ein weiterer Beweggrund denkbar, den Akteure mit der Projektierung von Gebäuden verbinden könnten. Jüngste Forschung auf dem Gebiet der Spieltheorie hat ergeben, dass der Mensch zusätzlich zur eigenen Nutzenmehrung auch die Stellung seiner Konkurrenten im Blickfeld hat, wenn er Entscheidungen trifft.[75] Es ist denkbar, dass er auf seine eigene Nutzen- und Wertverbesserung zu verzichten bereit ist, wenn dadurch dem vermeintlich unfairen Mitbewerber ebenfalls ein Bonus entgeht. Hier wird sogar der Verzicht auf eigenen Gewinn für den Nutzen- und Wertverlust anderer in Kauf genommen. Das deutsche Baurecht kennt dafür den Begriff 'Neidbau'. Dass es sich hierbei nicht um eine abstruse Annahme handelt, beweist das Bürgerliche Gesetzbuch, das mit dem sogenannten Schikaneverbot gem. § 226 BGB solchen Zielsetzungen klare Grenzen setzt.

---

73 Jagenburg 2001, S. 502 f.

74 Andreoni spricht im Gegensatz dazu von "Warm Glow Giving", wenn er feststellt, dass selbst ethisch und ideologisch motiviertes Verhalten selten wirklich uneigennützig ist (Andreoni 1989 und in Ergänzung Andreoni 1990). Ob die Schaffung und Unterhaltung von Gebäuden wahrhaft altruistisch oder aber durch den Wunsch nach Selbstbestätigung und Prestige begründet ist (Reziproker Altruismus), lässt sich nur schwer beurteilen. Zudem sind auch ökologisch und sozial bewusste Menschen mit einschlägig ausgeprägtem Wertesystem nicht frei von sozio-ökonomischen Verführungen und Zwängen (Rogall 2002, S. 145). Weber (Weber 1976, S. 12) fasst beide Pole dahin gehend zusammen, dass soziales Handeln verschiedene Bestimmungsgründe haben kann: zweckrationale (z. B. durch die erwartete Reaktion des Gegenübers), wertrationale (z. B. durch Glauben an ethischen Eigenwert), traditionelle (z. B. durch Gewohnheit) und affektuelle (z. B. durch Emotionen). Neuere Ansätze der Verhaltensökonomie gehen inzwischen davon aus, dass wirklich gemeinnützige Beweggründe nicht nur möglich, sondern sogar verbreitet sind (Fehr & Schmidt 2000).

75 Ockenfels 2000, S. 169.

Insgesamt muss festgestelle werden, dass für Akteure eine Vielzahl von Beweggründen existiert, sich an Planung, Bau und Betrieb von Gebäuden zu beteiligen. Oftmals liegen die wahren Absichten im privaten Bereich und sind damit für Außenstehende nicht erkennbar. Infolgedessen handelt es sich um akteursspezifische Umstände, die einer separaten Betrachtung bedürfen.

Bei Akteuren, die *indirekt* aus Immobilien Nutzen ziehen, liegt die Vermutung nahe, dass sie über eine andere Motivation zur Umsetzung von Nachhaltigkeit verfügen als Akteursrollen mit *direkter* Nutzen- und Werterwartung durch das Gebäude. Dementsprechend sind gegebenenfalls andere Instrumente zu ihrer Steuerung erforderlich, wenn Nachhaltigkeitsstrategien erfolgreich umgesetzt werden sollen.

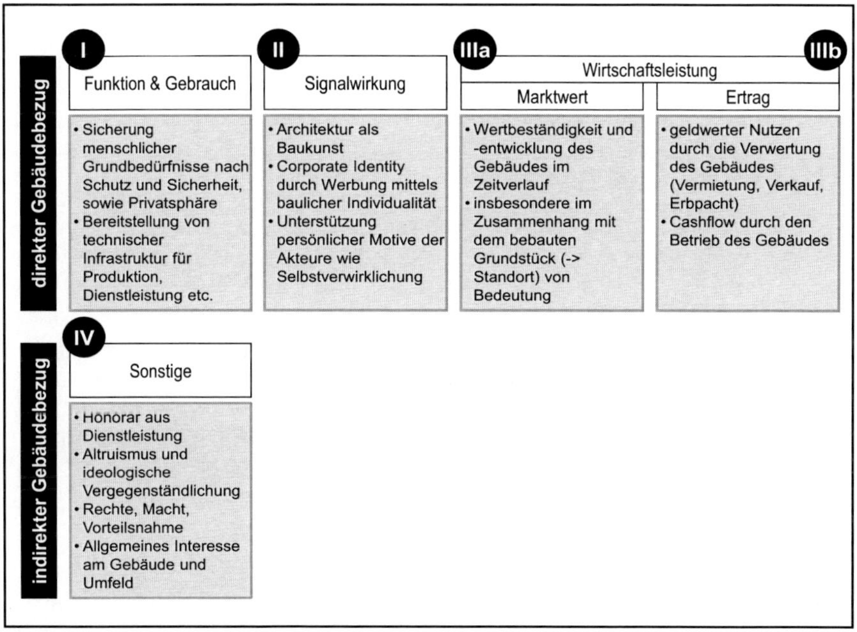

Abb. 9: Nutzen- und Wertdimensionen von Gebäuden[76]

Nutzen- und Wertdimensionen von Akteuren mit indirektem Gebäudebezug zeichnen sich nicht durch eine gebäudetypische Charakteristik aus; es könnte sich auch um völlig andere Güter handeln. Ähnliche Aspekte würden beispielsweise auch für den Fahrzeugbau genannt werden können. Aus diesem Grund wird diese Dimension in den folgenden Kapiteln untergeordnet behandelt und findet nur stellenweise Erwähnung.

76 Eigene Darstellung.

5.3 Querbezüge der Nutzen- und Wertdimensionen

Viele Akteure dürften gleichzeitig an mehreren Nutzen- und Wertdimensionen von Gebäuden Interesse haben (vgl. Abb. 9). Die Querverbindungen sind vielschichtig, unterliegen aber einer Struktur und bedingen sich wechselseitig.

Zuweilen ist eine klare Abgrenzung schwierig; die Übergänge zwischen den Dimensionen sind fließend. Insbesondere die Signalwirkung schwingt bei vielen der aufgeführten Aspekte mit:

- *Funktion & Gebrauch:* Gerade Selbstnutzer verfolgen mit einem Bauvorhaben auch das Ziel der Selbstverwirklichung und Selbstdarstellung durch Individualität in der Gestaltung und Ausstattung.
- *Marktwert und Ertrag:* Gebäude und ihre Architektur können Teil des Marketings sein, wenn Eigentümer oder Nutzer auf eine bestimmte Außenwirkung abzielen.
- *Sonstige Nutzen- und Wertdimensionen:* ideologisch und altruistisch motivierte Projekte sind nicht unbedingt uneigennützig initiiert. Es ist umstritten, ob im Geschäftsleben überhaupt Entscheidungen von Menschen getroffen werden, die für den Entscheider selbst nicht in irgendeiner Form von Nutzen wären und/oder eine Wertverbesserung versprechen. Eigennütziges Verhalten stellt seit *Adam Smith* ein Grundprinzip der freien Marktwirtschaft dar.[77] Somit besteht zumindest die Vermutung, dass vordergründig soziale Beweggründe über die in Gebäuden manifestierte Signalwirkung dem Initiator zu Ansehen und Prestige verhelfen sollen. Letztlich kann damit wieder eine Verbesserung der ökonomischen Nutzen- und Wertdimension einhergehen.

Auch die Verkettung der beiden Dimensionen 'Funktion & Gebrauch' und 'Wirtschaftsleistung' ist eng und von großer Bedeutung für die Akteure. Einerseits ist eine nutzer- und standortadäquate räumliche Gestaltung für eine gute Wirtschaftsleistung grundlegend, da ansonsten die mangelnde Nachfrage der Flächen zu vermindertem Ertrag und langfristig zu einem geringen Marktwert führt. Der Gebrauchswert ist hier die Basis für den Tauschwert. Andererseits ist ein bestimmter wirtschaftlicher Erfolg nötig, um die Bereitstellung der Flächen funktional zu halten und den Ansprüchen der Nutzer über längere zeitliche Phasen zu genügen.

Im Zuge von Planung und Erstellung eines Gebäudes wird besonderes Augenmerk auf die zu erwartende Wirtschaftsleistung gelegt, um günstig Fremdkapital einwerben zu können. Eine gelungene Raumbildung definiert sich dabei unter anderem über die Drittverwendungsfähigkeit, d. h. eine flexible Gebäudestruktur für unterschiedliche

77 Kube 2007, S. 1, siehe ebd. auch Fußnoten.

Nutzungsarten, um im Falle eines sich ändernden Bedarfs einen anderen Teilmarkt erschließen zu können.

Auch die Nutzen- und Wertdimension der Signalwirkung kann verblassen, wenn Mängel bei der Raumbildung bestehen, weil die Gebrauchstauglichkeit und Funktionalität vermindert ist.

Doch worauf beruhen diese Abhängigkeiten strukturell?

Die Nutzen- und Wertdimensionen aus direktem Gebäudebezug (Funktion & Gebrauch, Signalwirkung und Wirtschaftsleistung) und aus indirektem Gebäudebezug (Sonstige) lassen sich organisationstheoretisch unterscheiden in *Sachziele* und *Formalziele*,[78] (vgl. Tabelle 3).

Demnach ist davon auszugehen, dass Gebäude nur ein einziges Sachziel erfüllen, das aus Funktion & Gebrauch, im Gegensatz zu einer Fülle von Formalzielen (vgl. Tab. 3). Dennoch ist das Sachziel notwendige Bedingung für das Erreichen auch nur eines einzigen Formalzieles. Umgekehrt sind Formalziele nicht zwangläufig notwendige Bedingung für die mögliche Erfüllung des Sachzieles, fördern aber eklatant dessen Ausprägung. Falls dieser Umstand bei der Projektierung von Immobilien verkannt oder seine Bedeutung unterschätzt wird, führt dies letztendlich womöglich zum vorzeitigen Exit oder negativen Renditen, sicherlich aber zu Konflikten unter den Stakeholdern.

Ob ein Sach- oder ein Formalziel verfolgt wird (oder gegebenenfalls beide), wird bestimmt durch den Typus des Akteurs. Entscheidungen werden dahingehend gefällt, dem akteursspezifischen Zielsystem zu entsprechen.

	Sachziel	***Formalziel***
Beschreibung	Intention zur Realisierung eines Outputs (z. B. eines Gutes oder einer Dienstleistung), der Gegenstand der Projekttätigkeit ist. Der Endzustand ist mittels konkreter Merkmale definiert (Art, Menge, Qualität). Das Vorhandensein eines Formalziels ist für das Sachziel nicht zwingend erforderlich.	Nominale Größe zur Beschreibung des Sachziels. Definiert Anforderungen an das Sachziel – oftmals als betrieblicher Erfolg in Form ökonomischer Betrachtungen (Wirtschaftlichkeit, Umsatz, Rendite). Das Formalziel kann nur durch Verfolgen des Sachziels erreicht werden.
entspricht Nutzen- und Wertdimension	• Funktion & Gebrauch	• Signalwirkung • Wirtschaftsleistung • Sonstige

Tab. 3: Unterscheidung von Sach- und Formalziel in Bezug auf Gebäude[79]

78 Laux 2005, S. 35, in den Grundzügen zurückgehend auf Kosiol 1972, S. 54.

79 Eigene Darstellung.

Die verschiedenen Erwartungen, die Akteure an Gebäude üblicherweise stellen, wurden erläutert und definiert als *Nutzen- und Wertdimensionen von Gebäuden.* Sie können aus direktem Gebäudebezug stammen wie Funktion & Gebrauch, die Signalwirkung und die Wirtschaftsleistung – oder aus indirektem Gebäudebezug herrühren. Der direkte oder indirekte Zusammenhang bildet Konsequenzen für die Motivation und die Autorisierung zur Umsetzung von Nachhaltigkeit ebenso wie für die Interaktion der Akteure im Netzwerk. Das Verfolgen unterschiedlicher Nutzen- und Wertdimensionen durch die Akteure, ihre Bedingungen und Konsequenzen sind bei der Nachhaltigkeitssteuerung unbedingt zu berücksichtigen. Hierauf basieren die Präferenzen bei Entscheidungsprozessen und Handlungsoptionen.

Anhand der vorstehenden Analyse über Aufgaben und Zwecke von Gebäuden kann erahnt werden, dass verschiedene Typen von Akteuren bestimmte Nutzen- und Wertdimensionen – auch mehrere gleichzeitig – verfolgen.

Es ist also an der Zeit sich der Analyse der Akteure zu widmen. Ihre Typisierung und Charakterisierung soll nun im folgenden Kapitel erörtert werden. Hierauf basierend wird ein idealtypisches Akteursmodell entworfen.

6 Akteure und Akteursmodell

Im gesamten Lebenszyklus entsteht in unregelmäßiger Abfolge der Bedarf nach Planungs- und Bauleistungen, die nur praktisch umsetzbar sind, wenn parallel dazu Finanzierungs- und Versicherungsleistungen garantiert werden können. Hinzu kommt gegebenenfalls fachliches Know-how von Juristen, Sachverständigen und anderen Beratern.

Doch die Liste der Akteure erschöpft sich nicht in Leistungen, die direkt mit der Erstellung und Veränderung von Gebäuden zu tun haben. In den üblicherweise längsten Phasen des Lebenszyklus, der Nutzung und Bewirtschaftung, treten weitere Akteure hinzu. An vorderster Stelle sind Nutzer und Betreiber zu nennen. Sie werden wiederum ergänzt um jedwede Dritte wie Besucher, Passanten, Beobachter etc., die unter Umständen die Nutzer von morgen repräsentieren und somit ein zunächst unkonkretes, aber erkennbares Interesse für die Immobilie zeigen. Nicht zuletzt sei auch die Akteursgruppe der diffus erscheinenden sogenannten *Gesellschaft* zu nennen, die als Mitbürger, Nachbarn oder Architekturinteressierte ihre bauliche Umgebung wahrnehmen. Medien und ihre Vertreter prägen insbesondere diese Gattung.

Eine weitere Akteursgruppe, die von übergeordneter Bedeutung für Gebäude und ihre Entwicklung ist, wird von den Institutionellen[80] dargestellt. Ihnen sind Behörden, Gesetzgeber und Prüfinstitute zuzuordnen.

6.1 Bedeutung und Definitionen des Akteursbegriffs

Die Gesamtheit der Akteure bzw. Akteursgruppen in dem hier verstandenen Sinn ist gleichzusetzen mit der anglifizierten Form 'Stakeholder' und wird definiert als:

---

80 *Institutionelle* (i. w. S. Staatsrechtliche Einrichtungen der Körperschaften des öffentlichen Rechts) sind nicht mit *Institutionen* zu verwechseln wie sie die Neue Institutionenökonomik versteht. Die NIÖ-Theorie rankt sich diesbezüglich um verschiedene Formen von *Regelsystemen*, die bestimmte Ordnungen durchsetzen und Interaktionen zwischen Wirtschaftspartnern absichern (vgl. Kap. 7).

> *"Person, group or organization that has direct or indirect stake in a building or a building-project because it can affect or be affected by actions, objectives, and policies that occur in connection to it"* [81]

Diese Beschreibung erfordert die Einbeziehung und Berücksichtigung einer umfangreichen Menge von Akteuren. Sie geht dabei deutlich über verbreitete Definitionen der Wirtschaft hinaus, bei der in der Regel die Beteiligung auf die *unternehmerische Wertschöpfung* begrenzt wird.[82] Wie in Kapitel 5 gezeigt wurde, dienen Gebäude darüber hinaus jedoch weiteren Zwecken. Es wird vorgeschlagen, die Konnotation des Akteursbegriffs auf zwei Eigenschaften zu konzentrieren: die *Einflussnahme* und den *Nutzen* – jeweils unter Bezugnahme auf eine Immobilie bzw. dessen Projektierung. Stakeholder im immobilienökonomischen Verständnis des deutschen Sprachgebrauchs wären dann zu verstehen als:

> *Individuen und Gruppen, die Einfluss auf die Planung, Bereitstellung, Bewirtschaftung und Verwertung von Immobilien haben und/oder direkten oder indirekten Nutzen aus ihrem Bestand oder ihrer Veränderung ziehen.*

Tabelle 4 liefert eine Aufstellung der Akteure, die im Laufe des Lebenszyklus einer Immobilie Einfluss auf die Ausgestaltung eines Projektes ausüben oder zumindest ausüben könnten. Inwiefern dies tatsächlich geschieht, hängt von den Eigenarten des Objektes, seines Standortes und den Motiven der Akteure ab.

81 In Anlehnung an BusinessDictionary, 2009.

82 Figge 2002, S. 5. 'Nutzen' wird als Synonym des Wertebegriffs gebraucht. Üblicherweise wird nach dem *Wert* gefragt, den ein Akteur für die Unternehmung liefern kann, nicht nach dem *Nutzen* i.e.S.

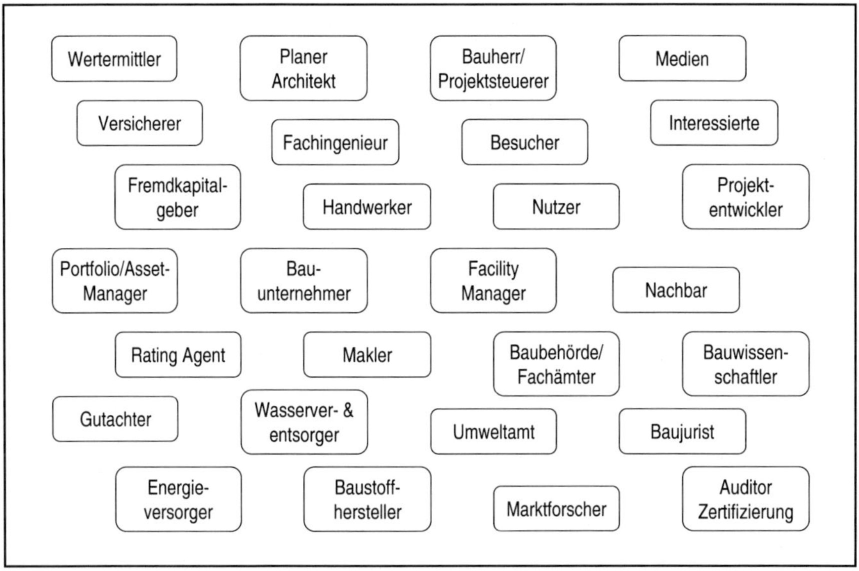

Tab. 4: Liste ausgewählter Akteure der Bau- und Immobilienbranche[83]

Die Übersicht erhebt nicht den Anspruch auf Vollständigkeit (was unter Umständen eine Frage der ortsüblichen Benennung und Abgrenzung von Arbeitsgebieten ist), kann aber dazu dienen, von der Bandbreite der Berufe und Tätigkeitsfelder rund um Immobilienprojekte einen Eindruck zu geben.

6.2 Ursachen von Akteurskonstellationen im Gebäudelebenszyklus

Über den Lebenszyklus einer Immobilie hinweg treten Akteure in immer wieder neuen Konstellationen in Erscheinung. Oftmals werden aber auch bereits aktiven Partnern einfach neue Leistungsbereiche zugeordnet, sodass sich der Einfluss dieses Akteurs vergrößern oder auch verkleinern kann. Die fachlich notwendige Zusammensetzung ändert sich mit Anlass und Aufgabe; dabei sind Unterschiede auch durch den Projektumfang (Größe des Objekts und der anvisierten Maßnahme) und der gewünschten Professionalisierung vorgegeben. Bei kleineren, insbesondere privaten Immobilien kann davon ausgegangen werden, dass die Zahl der beteiligten Akteure kleiner ist, die Entscheidungswege kürzer sind und die Kommunikation persönlicher wird.

83 Eigene Darstellung.

Das Geflecht der Akteure ist durch folgende Umstände bedingt:[84]

1. Im Laufe der Lebensdauer eines Gebäudes kommen Akteure hinzu, während andere ausscheiden. Es kann sich dabei handeln um
   - einen bloßen Austausch von gleichen Akteuren (z. B. neuer privater Eigentümer),
   - völlig neue Akteure innerhalb der Akteursgruppe (z. B. Immobiliengesellschaft anstatt privater Eigentümer) oder
   - die Transformation bestehender Akteure in eine andere Gruppe (bisherige Eigentümer werden beispielsweise durch Sale & Leaseback zu Mietern).
2. Wer die starken Einflussnehmer bei Immobilienprojekten sind, lässt sich schwer identifizieren. Manche Beteiligte wirken anonym im Hintergrund (Politik, Medien, Mutterkonzern).
3. Status, Handlungs- und Einflussmöglichkeiten der Akteure werden durch ihr gegenseitiges Vertragsverhältnis bestimmt, das ebenfalls projektbezogen, aber auch branchenüblich differenziert gestaltet sein kann.

Anhand dieser Überlegungen wird deutlich, dass eine allgemeingültige Darstellung von Akteurskonstellationen selbst zu bestimmten Anlässen im Lebenszyklus nicht möglich ist. Die Vielzahl von Besonderheiten, die durch das Gebäude, das Umfeld, den Markt, die baulichen und sonstigen Anlässe bestimmt werden, ist unüberschaubar und macht die Gruppierung originär.

84 Lützkendorf & Barthel 2008, S. 18. Die Aufstellung wurde erstmals im Rahmen eines Forschungsprojektes veröffentlicht, an dem die Autorin maßgeblich beteiligt war. Die Zitation entstammt ihrem eigenen Wortlaut.

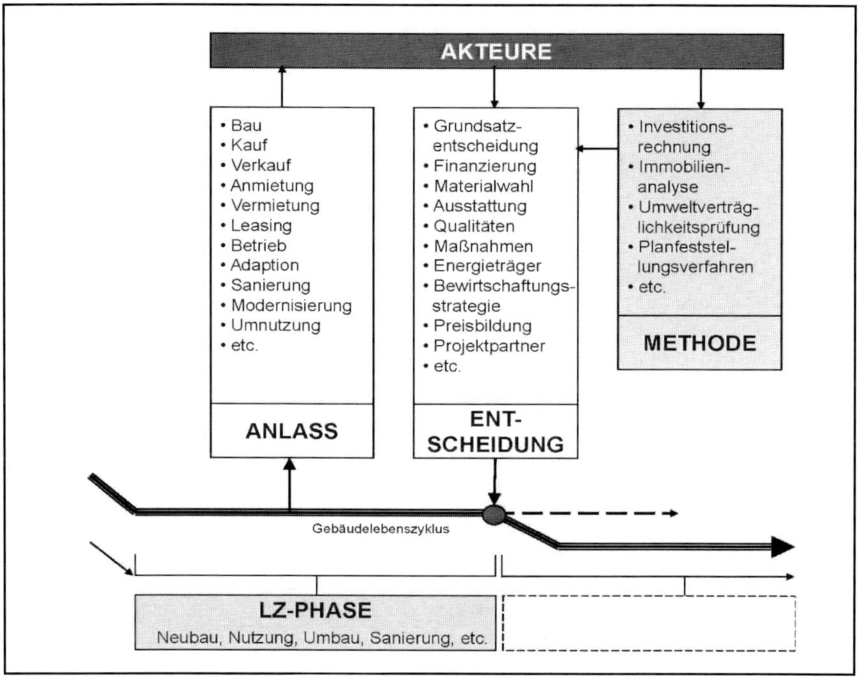

Abb. 10: Umgang mit Entscheidungsanlässen im Lebenszyklus eines Gebäudes (Schema)[85]

Funktion und Konsequenzen von Akteurshandlungen folgen jedoch einem Schema. Abbildung 10 beschreibt modellhaft, welche Anlässe in verschiedenen Lebenszyklusphasen auftreten können.

Anlässe gehen in der Regel vom Bedarf des Eigentümers oder einem mangelhaften baulichen Zustand aus. Sie können aber auch eine vorgesehene Transaktion sein (Verkauf, Vermietung etc.), eine bauliche Veränderung (Modernisierung, Umbau) oder eine sich betriebswirtschaftlich anbietende Maßnahme (Umschuldung, handelsrechtliche Änderung beim Eigentümer). Schließlich sind Einwirkungen von außen denkbar, die zum Handeln zwingen (gesetzliche Auflagen außerhalb des Bestandschutzes, höhere Gewalt wie Blitzeinschlag, Brandstiftung). Auf das Gebäude wirken sich somit Anlässe aus, die

- durch Änderung der Verfügungsrechte,
- durch Alterung/Entwicklung der Gebäudesubstanz,

85 Eigene Darstellung. Die Abbildung wurde von der Autorin erstmals im Rahmen eines Forschungsprojektes (vgl. Lützkendorf & Barthel 2008, S. 16) veröffentlicht.

- durch Änderung beim Eigner bzw. seiner Unternehmensstruktur,
- durch Eingriffe von dritter Seite

bestimmt sein können. Der Anlass wird in der Regel von einem oder mehreren Akteuren initiiert, determiniert und auch abgehandelt, d. h. nach Analyse der Situation und Ausloten möglicher Alternativen werden Entscheidungen getroffen. Zur Entscheidungsfindung bedienen sich die Akteure verschiedener Methoden, die das erhoffte Ergebnis stützen oder eine völlig offene Frage eindeutig beantworten sollen. Die Wirkung auf den Lebenszyklus des Gebäudes kann moderat oder einschneidend sein; fallweise ist damit eine Neuausrichtung der Funktion der Immobilie verbunden oder nur eine Verlängerung der technischen oder wirtschaftlichen Lebensdauer, je nach Absichten der Handelnden.

6.3 Die Prägung der Akteursentscheidung

Wie Entscheidungen gebildet werden und auf welche Aspekte dabei zurückgegriffen wird, ist seit Langem ein viel beachtetes Thema in Ökonomie, Soziologie und Psychologie. Ihm liegt die Analyse des Individuums im Hinblick auf seine Persönlichkeit und situative Umgebung zugrunde. So sind Akteursanalysen Voraussetzung und Begründung für das Verständnis von in Handlungen umgesetzte Entscheidungen.

Sich den Entscheidungsstrukturen von Akteuren zu nähern, erfordert zunächst eine dezidierte Betrachtung der Einfluss nehmenden Parameter. Entscheidungen entspringen einer Mischung aus natürlichen (genetisch, biologisch) und kulturellen Prägungen, die als *Subjektivität* begriffen wird.[86] Parameter, die die Entscheidungsfindung des individuellen Akteurs beeinflussen, sind seine soziale Rolle und sein Status in der Gesellschaft, seine Kenntnisse und Kompetenzen und die naturgegebene Intuition jeweils unter situativen Stimmungen.

6.3.1 Rolle und Status

Eine besondere Schwierigkeit bei der Untersuchung liegt darin begründet, dass jeder Akteur prinzipiell in verschiedenen *Rollen*, auch mehreren gleichzeitig, anzutreffen sein kann.[87] Nicht die Zugehörigkeit zu einer bestimmten Akteursgruppe (im Sinne von Berufsgruppe) prägt sein Handeln, sondern seine Rolle. Es geht um die *soziale Rolle*, die ein Individuum innerhalb einer Gruppe einnimmt.

86 Siebenhüner 2001, S. 186 ff.

87 Lützkendorf& Klingele 2007, Abs. 2.

Als Beispiel sei der Fall gesetzt, dass ein Fremdkapitalgeber, explizit eine Bank, beschließt, eine neue Zweigstelle zu eröffnen. In einem anderen Fall ist die Bank für ein Wohnungsunternehmen in Bezug auf die Finanzierung von Modernisierungsmaßnahmen beratend tätig. In einem dritten Fall wurde die Bank nach einem geplatzten Kredit Eigentümerin einer Immobilie und möchte diese veräußern.

Alle drei Beispielfälle setzen die Bank in eine jeweils andere Situation der Leistungserbringung und Zielsetzung. Dennoch bleibt sie dem Finanzsektor zugeordnet, da ihr Kerngeschäft unverändert ist und als Richtungsgeber für jede Unternehmensstrategie fungiert. Darüber hinaus sind Unternehmungen denkbar, die sektorübergreifend wirken, wie Projektentwickler mit Generalübernehmerfunktion. Sie wären teilweise dem Immobilien- und teilweise dem Bausektor zuzuordnen. Üblicherweise werden solche Sparten allerdings gesellschaftsrechtlich und steuerlich voneinander getrennt, sodass im Einzelnen wiederum eine klare Abgrenzung möglich sein sollte und Akteursrollen eindeutig charakterisiert werden können.

Definition und Bedeutung von Akteursrollen sind in der soziologischen Rollentheorie erforscht worden. Jedes Individuum befindet sich konstant in einer oder mehreren Rollen, die sein Verhalten und seinen Umgang mit anderen Gesellschaftsmitgliedern charakterisieren. Die Rolle(n) eines Menschen bestimmt bzw. bestimmen, welchen Gruppen er angehört, auf welche Ziele sich sein Handeln richtet und welche Vorgehensweisen er zur Zielerreichung wählt.[88] Nicht zuletzt wird die Rolle von persönlichen Werten bestimmt. Wie Menschen und Organisationen funktionieren, nach welchen Leitlinien sie handeln und nach welchen Zielen sie streben, richtet sich nach den Werten,[89] die ihnen zu eigen sind. Werte sind nicht nur monetärer Natur, sondern in vielen Fällen auch nicht monetäre (ideelle) oder sogar symbolhafte Größen. Es handelt sich um einen der grundlegenden Parameter zur Bestimmung einer Rolle mit entsprechender Verhaltensbegründung.

Die Summe aller Rollen, die ein Individuum innehat, seine *Rollenkonfiguration*, macht seine Persönlichkeit aus und legt Handlungsmuster fest – während in Abgrenzung dazu der soziale *Status* bestimmt, wo ein Individuum im sozialen Raum relativ zu anderen Individuen steht.[90] Anders ausgedrückt: der Status bezeichnet den Rang zwischen zwei oder mehreren Individuen. Die Statuszugehörigkeit ergibt sich weniger aus Wesen und Autobiografie einer Person selbst als vielmehr aus den Wertmaßstäben der umgebenden Gesellschaft.[91] Auch hier sind es Normen und Werte, die maßgeblich den Stand eines Akteurs bestimmen. Zwar fußt der soziale Status auf erworbenen wie auch auf zugeschriebenen Eigenschaften, jedoch ist es die den Akteur umgebende Gesellschaft, die bestimmt, wie diese Eigenschaften bewertet werden. Eine solche Bewertung wird unter anderem anhand von Titel, Besitz, Schul-

88 Bohrhardt 2009 definiert wie folgt: "*Soziale Rolle meint alle auf eine spezifische Position bezogenen Verhaltenserwartungen*", wodurch deutlich wird, dass eine Rolle letztlich durch das menschliche Verhalten charakterisiert wird. (Der Quelle entn. am 28.03.2010).

89 Freeman & Gilbert 1991, S. 22.

90 Rehbinder 2003, S. 44 ff.

91 Rehbinder 2003, S. 38 f.

bildung und Beruf vorgenommen. Demzufolge kann sozialer Status auch z. B. durch Vermögen im Laufe der Zeit erworben werden oder verloren gehen.

Rolle und sozialer Status stehen in Interaktion miteinander. Status ist an bestimmte Rollen gebunden. Rollenverlust kann zu Statusverlust führen.

Aus der Rollentheorie ergibt sich die Beobachtung, dass die überwiegende Zahl von Rolleninhabern in bestimmten Situationen ähnlich agiert, sie also bei übereinstimmenden Rollenbildern in vergleichbaren Entscheidungssituationen bestimmte Muster in ihren Vorgehensweisen und Überlegungen zeigen. Diese Ergebnisse sind in der soziologischen Forschung weitgehend unbestritten.

Rollen bezeichnen nicht nur die Eigenschaften des Rollenträgers, sondern sind auch mit Erwartungen des Gegenübers verbunden, denn Rollenverhalten wird nicht nur von Individuen aufgrund von Lebensumständen ausgeübt, es wird auch von anderen anhand der Wahrnehmung spezifischer Merkmale wie Familienstand, Bildungsgrad, Berufswahl, Geschlecht und Alter erwartet und vorausgesetzt, da entsprechende Erfahrungen mit anderen Trägern solcher Rollen bestehen. Demzufolge ist das Individuum an sich nicht in der Lage, eine Rolle neu zu definieren, es kann sich lediglich darüber hinwegsetzen.[92]

Durchaus ist nicht immer gegeben, dass Rolle und Identität beim Rollenträger übereinstimmen.[93] Beides kann dann divergieren, wenn etwa ethische Verhaltensgrundsätze dem geschäftlich gebotenen Verhalten entgegenstehen, beispielsweise bei kaufmännisch erforderlichen Mieterhöhungen in einem Mietobjekt, das überwiegend von sozial schwachen Gruppen bewohnt wird. Ob ein Individuum dem typischen Rollenverhalten nur durch Erwartungen von außen, Normen und gesellschaftlichen Regeln entspricht[94] – also scheinbar rollenkonform agiert – ist nicht immer klar erkennbar, aber für die formulierte Forschungsanweisung durchaus erheblich. Die Erfüllung der Rolle ist dann absehbar unsicher (*Intra-Rollenkonflikt*). Mit welchen Konsequenzen dies im Geschäftsverkehr verbunden ist und wie soziale Kontrolle (Sanktionierung durch die Projektpartner bzw. die Gesellschaft) in dieser Hinsicht funktioniert, wird im Zuge der Betrachtung von Konflikten im Akteursgefüge zu zeigen sein.

Ein weiterer Konflikt droht durch die Übernahme verschiedener Rollen zur gleichen Zeit, beispielsweise die des Beraters und des Vermittlers. Akteure, die in ihrer Eigenschaft als Makler für einen Kunden auch als Berater in Planungsfragen konsultiert werden, könnten versucht sein, Empfehlungen auszusprechen, die mit ihren Immobilienangeboten deckungsgleich sind, um zum Kaufvertragsabschluß zu gelangen, woraus sich letztlich ihr Provisionsanspruch ergibt. Der stärker werdende Wettbewerb hat unter anderem zur Folge, dass Akteure ihren Tätigkeitsbereich erweitern und Leistungsgebiete abdecken, die sonst von anderen Akteuren besetzt wurden. Auch das Bedürfnis der Kunden, "alles aus einer Hand" zu ordern, unterstützt den Trend, dass Akteure ihre berufliche Ausrichtung erweitern und dadurch unter Umständen in

92 Bohrhardt 2009. Der Quelle entn. am 28.03.2010.

93 Schimank 2002, S. 131 ff.

94 Rehbinder 2003, S. 138.

mehreren Rollen tätig sind, die nicht immer zielkongruent sind. Die Rollenkonfiguration eines Akteurs kann demnach im Einzelfall zu Entscheidungskonflikten führen.

Konfliktpotenzial ist durch gegenläufige Werte und Ziele in bestimmten Situationen vorprogrammiert. Man spricht von *Inter-Rollenkonflikten*. Der Akteur muss in solchen Fällen ambiguitätstolerant handeln, d. h. einer der Rollen den Vorzug geben, sofern es nicht möglich ist, einen Kompromiss zu bilden. Tabelle 5 stellt beispielhaft verschiedene Schwerpunkte im Zielsystem bei zwei unterschiedlichen Rollen dar, die bei einem Akteur zu gleicher Zeit erwachsen können. Es handelt sich hierbei um einen Eigentümer, der die Vermietung seiner Immobilie anstrebt und zur Erhöhung seiner Vermarktungschancen in die Rolle des Nutzers schlüpft. Aus der Nutzerperspektive ergeben sich teilweise andere Entscheidungsfaktoren als aus Eigentümersicht. Eine gewisse Rollendistanz ist also erforderlich, um im Sinne anderer Akteure nutzenorientiert entscheiden zu können.

		Nutzerfunktion/-sicht	Eigentümerfunktion/-sicht
Ökonomische Ziele	Finanzwirtschaftliche Ziele	← Kostenoptimierung →	
		← Finanzwirtschaftliche Flexibilität →	
		← Risikominimierung →	
		* Minimierung der Mietkosten	* Minimierung der Entwicklungs-/Verwaltungskosten
		* Minimierung der Betriebskosten	* Kapitalrentabilität
		* Finanzieller Handlungsspielraum	* Rendite je Objekt/lfd. Erträge
			* Veräußerungsumsatz
			* Verkauf nicht betriebsnotwendiger Immobilien
			* Werterhaltung/Wertsteigerung
	Leistungswirtschaftliche Ziele	← Flächeneffizienz/-produktivität →	
		← Zielorientierte Immobilienproblemlösung für Kunden/Nutzer →	
		* Qualität der Objekte	* Effektive und effiziente Bereitstellung der Immobilien
		* Qualität der Infrastruktur	* Effektive und effiziente Verwertung der Immobilien
		* Sicherung von Standorten für das Kerngeschäft	
		* Flexibilität bzgl. Markt-/Nutzeranforderungen	
		* Effektive /effiziente Bewirtschaftung	
Nicht ökonomische Ziele	Soziologische Ziele	← Städtebauliche Anforderungen →	
		← Gesellschaftliche Verantwortung →	
		← Architektonische Anforderungen →	
		* Sicherung attraktiver Arbeitsplatzbedingungen	
		* Verwendung umweltgerechter Baumaterialien	
	Psychologische Ziele	← Prestige →	
		← Nutzerzufriedenheit →	
		← Nutzerbindung →	
		← Image →	

Tab. 5: Beispiel eines immobilienwirtschaftlichen Zielsystems nach Heyden[95]

Die innere Haltung eines Akteurs zu seiner Rolle kann ein Ansatzpunkt sein, um Veränderungen in einem tradierten System zu initiieren.

Ausgehend von den oben dargestellten Ausgangspunkten, dass

- Akteure mit gleichen Rollenbildern in bestimmten Situationen auf ähnliche Weise handeln *und*

95 Heyden 2005, S. 45.

- die Identitäten von Akteuren und ihre Rollen stellenweise nicht übereinstimmen (Intra-Rollenkonflikt) sowie
- Akteure durch die Erfüllung verschiedener Rollen unterschiedliche (auch gegensätzliche) Motivationen und Sichtweisen erleben (Inter-Rollenkonflikt),

ergeben sich Ansatzpunkte für die Implementierung von Nachhaltigkeitsstrategien, da das Verhalten von Akteuren bis zu einem gewissen Grad prognostizierbar und zu vermuten ist, dass Handlungsmuster der Akteure prinzipiell aufgebrochen werden können. Im immobiliengeschäftlichen Umfeld sind die zugrunde liegenden Werte vieler Akteure in erster Linie ökonomischer Natur und es gilt, ihnen ökologische und soziale Wertmaßstäbe unter Beibehaltung persönlicher Präferenzen gleichrangig zuzuordnen.

Die hohe Bedeutung der Rollen, die Akteure im Rahmen eines Projektes übernehmen, wurde oben dargelegt und bedarf einer konkreteren Betrachtung. Dazu ist zu eruieren, welche Rollen üblicherweise anzutreffen sind. Beispielsweise untergliedert *Häkkinen*[96] eine recht überschaubare Menge an Rollen mit: *Owners, Users, Building Managers, Developers, Contractors, Designers* und *Manufacturers*. Der Schwerpunkt liegt hierbei auf den Rollen der technischen Akteure. Damit ist die Darstellung jedoch einseitig und unvollständig.

In Ergänzung zu der Akteursliste gem. Tabelle 4 wird nun eine Liste der hauptsächlichen Rollen vorgestellt, mit der die aufgeführten Akteure korrespondieren (vgl. Tab. 6).

Eigentümer & Bauherr	Planer & Erfüllungsgehilfe	Erbauer & Hersteller	Betrieb & Verwaltung
Finanzierer & Investor	Öffentliche Verwaltung	Nutzer	Betroffene Dritte & Öffentlichkeit

Tab. 6: Aufstellung von wesentlichen Akteursrollen[97]

Im Einzelnen sind die Rolleninhalte folgendermaßen zu verstehen:

1. **Eigentümer & Bauherr:** Inhaber von verbrieften Rechtstiteln an einem oder mehreren Gebäuden und dem dazugehörigen Grund- und Boden, die sich auf § 903 BGB gründen (dingliches Vollrecht) sowie Auftraggeber und Initiator zur Durchführung von baulichen Maßnahmen.
2. **Planer & Erfüllungsgehilfe:** Dienstleister zur Konzeption und techni-

96 Häkkinen, Huovila & Tattari 2002, S. 4 ff.

97 Eigene Darstellung.

schen Erstellung des Objektes als geistige Leistung[98] wie Architekten und Fachingenieure. Dazu gehören auch andere sach- und fachkundige Erfüllungsgehilfen,[99] an die üblicherweise Bauherrenaufgaben delegiert werden, z. B. Projektsteuerer.

3. **Erbauer & Hersteller:** Unternehmen und Betriebe der Bauwirtschaft zur Ausführung von Bauleistungen sowie zur Entwicklung, zur Herstellung und zum Vertrieb von Baustoffen und technischen Geräten und Teilen aller Art, die der physischen Erstellung und dem Betrieb von Gebäuden dienen.
4. **Betrieb & Verwaltung:** Dienstleister zur Organisation, Bewirtschaftung, Überwachung und Sicherstellung der mängelfreien Funktion von Bestandsgebäuden.
5. **Finanzierer & Investor**: Private und gewerbliche Fremdkapitalgeber.
6. **Öffentliche Verwaltung:** Verwaltungsbehörden und Institute zur Prüfung und Genehmigung baulicher und technischer Anlagen sowie öffentlich bestellte Gutachter.
7. **Nutzer:** Private und gewerbliche Bewohner und sonstige Verwender von Gebäuden.
8. **Betroffene Dritte & Öffentlichkeit:** Nachbarn, Medien und jegliche Personen, die ein Interesse an dem Gebäude bzw. dem Bauprojekt haben oder/und indirekt durch es betroffen sind.

Anzumerken ist, dass bei der Auswahl der beschriebenen Rollen eine Typisierung im Vordergrund stand, die bei der weitergehenden Analyse von Vorteil für die gegenseitige Abgrenzung sein wird. Wie bereits erwähnt können Akteure über eine Mischung der oben dargestellten Rollen verfügen. Untergruppierungen sind ebenfalls denkbar.

Es ist von besonderer Wichtigkeit, die Unterscheidung von Akteuren und Akteursrollen nachzuvollziehen. Diese beiden Begriffe dürfen nicht verwechselt oder synonym verwendet werden.

98 Bezugnehmend auf § 631 BGB (Werkvertragsrecht) und einschlägige Gerichtsentscheide.

99 Juristische Bezeichnung für den gesetzlichen Vertreter oder die Person, deren sich ein Schuldner zur Erfüllung seiner Verbindlichkeiten bedient. Grundlage ist in der Regel ein Vertragsverhältnis.

6.3.2 Kenntnisse, Kompetenzen und Methoden

Neben der Akteursrolle und dem Akteursstatus sind weitere Parameter für die Bestimmung des Ziel- und Wertesystems und der damit verbundenen Handlungsmuster relevant. Es handelt sich um die erlernten Fertigkeiten, vermittelte Sachkunde und berufsspezifische Praktiken.

Dabei sind die Art der Ausbildung, Berufserfahrung und darüber hinausgehende persönliche berufliche Interessen von Belang. Hierbei unterscheiden sich Akteure besonders bei interdisziplinär zusammengesetzten Teams oder bei Quereinsteigern. Selbst unter der Voraussetzung, dass übereinstimmende Berufsprofile bundesweit vergleichbar ausgebildet werden, ist dennoch ein Unterschied beim methodischen Vorgehen zur Lösung einer Aufgabe wahrscheinlich. Je nach Neigung und firmeninternen Gepflogenheiten wird ein Akteur die eine oder andere Methode zur Entscheidungsvorbereitung wählen.[100]

Der vermeintlich hohe Zeitaufwand wird von Praktikern immer wieder als Grund angeführt, warum bestimmte Methoden nicht angewandt oder nur in vereinfachter Form – und damit möglicherweise verfälscht – als Hilfsmittel, nicht jedoch als Entscheidungsgrundlage, herangezogen werden.[101] Aus Unkenntnis über die Folgen solcher Verkürzungen wird damit das Risiko eingegangen, dass die Methode in Bezug auf die konkrete Fragestellung nicht mehr taugt. Letztlich regiert die Maßgabe der zeiteffizienten Arbeitsweise, wobei ein gewisser Verlust der Ergebnisvalidität in Kauf genommen wird, jedoch zu bezweifeln ist, inwieweit den Anwendern die Tragweite bewusst ist.

Allein die Verfügbarkeit geeigneter Instrumente ist nicht ausreichend; vielmehr liegt die Problematik darin, ihre korrekte und der Fragestellung angemessene Anwendung in der Praxis zu verankern.[102]

Dabei ist die Berücksichtigung von Nachhaltigkeitsaspekten bei vielen Berufsgruppen noch gar nicht methodisch abgebildet worden.[103] Die Entwicklung und Verbreitung von Techniken, die der ökonomischen, ökologischen und sozialen Dimension der Nachhaltigkeit gleichermaßen Vorschub leistet, ist eine wesentliche Aufgabe für Wissenschaft und Bildungspolitik in allernächster Zeit. Nur so kann es gelingen, die

---

100 In diesem Zusammenhang sind auch die unterschiedlichen technischen Bedingungen am Arbeitsplatz zu sehen, wie die Ausstattung mit Hard- und Software.

101 Diese These wird durch eine Befragung unter fünf ausgewählten Akteuren der Immobilienbranche genährt, die die Autorin im Rahmen des Forschungsprojektes (vgl. Lützkendorf & Barthel 2008) durchgeführt hat. Dabei zeigte sich, dass Entscheider über wenig bis gar keine Kenntnis zu Techniken des nachhaltigen Bauens wie Lebenszykluskostenrechnung, Ökobilanzierung, Nutzerzufriedenheitsanalyse etc. verfügen und diese auch von ihrem Nachwuchs nicht erwarten.

102 Lützkendorf & Barthel 2008. Hier: Umfrage unter fünf Akteursgruppenvertretern.

103 Lützkendorf & Klingele 2007.

Akteurseigenschaften 'Kenntnisse und Kompetenzen' im Hinblick auf die erfolgreiche Umsetzung von Nachhaltigkeitskriterien zu modellieren.

6.3.3 Intuition und Stimmung

Methoden und Techniken sind erlernbar und folgen den Gesetzen der Logik. Doch ob sie überhaupt angewendet werden und in welcher Form, liegt letztlich im Ermessen des Individuums. Recherchearbeiten und Informationsgenerierung können beispielsweise sehr dezidiert und tiefgründig durchgeführt werden oder stichpunktartig und oberflächlich. Der kritische Umgang mit der Arbeitsaufgabe entzieht sich im Wesentlichen der Kontrolle des Auftraggebers. Er ist teilweise in der Persönlichkeit des Bearbeiters begründet, ist aber auch beeinflusst durch seine Stimmungslage. Personen tendieren unter dem Einfluss einer guten Stimmungslage eher dazu, Informationen schnell zu sondieren und sich mit wenigen Argumenten zufriedenzugeben, um ein schnelles Urteil zu fällen.[104] Dagegen suchen Personen in leicht gedrückter Stimmung nach mehr Informationen, verarbeiten diese systematischer und bewerten Argumente deutlich kritischer. Sie sind auch bereit, ihren ersten Eindruck im Nachhinein zu korrigieren und verfügen insgesamt über weniger Risikobereitschaft. Dabei ist der eigentliche Grund für die gute oder schlechte Stimmungslage für ihr Verhalten unerheblich. Von Bedeutung ist dabei, dass sich die Entscheider oft nicht ihrer Stimmungslage bewußt sind oder den Einfluss auf ihr Verhalten unterschätzen.

Übertragen auf die Umsetzung einer Nachhaltigkeitsstrategie (z. B. bei Immobiliengeschäften) bedeutet das, dass nachhaltige Entscheidungen eher unter dem Einfluss von negativen Erlebnissen getroffen werden wie beispielsweise vorangegangenen Verlustgeschäften, unter dem Eindruck schlechter Wirtschaftsprognosen oder in Zeiten persönlicher Instabilität.

Kreative Lösungen und Offenheit für Veränderungen werden damit allerdings unterbunden. Solche Eigenschaften erfordern dann grundsätzlich wiederum eher eine positive Stimmungslage. Für die Durchsetzung neuer Bautechnik oder vergleichsweise junger unerprobter Verfahren sind schlechte Stimmungslagen nicht förderlich.

Nachhaltige Gebäudekonzepte werden sich demnach weder in euphorischer noch in pessimistischer Marktlage durchsetzen können.

Stimmungen sind nach dem obigen Verständnis nicht nur direkter Einflussgeber auf die Art und Weise, wie Entscheidungen getroffen werden, sondern lenken auch die menschliche *Intuition*. Durch die Natur wurde der Mensch mit Möglichkeiten zur Entscheidungswahl ausgestattet, die nicht auf künstlich entwickeltem Modellverhalten beruhen und allgemein als *Intuition* bezeichnet werden (bei Tieren wird von *Instinkt*

---

104 Schwarz & Bohner 1990, S. 182 ff.

gesprochen). Landläufig werden Entscheidungen, die intuitiv getroffen werden, auch als *Bauchentscheidungen* bezeichnet.

Während methodisches Vorgehen auf verfügbare Informationen und logische Zusammenhänge angewiesen ist, geht Intuition noch über Normen, Kulturen und gute Ratschläge hinaus. Die Intuition kann vorwiegend durch eigene Erfahrung geprägt werden. Dennoch haben wissenschaftliche Untersuchungen gezeigt, dass auch die Intuition gewissen Regeln unterliegt:[105]

Weniger ist mehr

Je mehr Optionen zur Wahl stehen, desto schwieriger ist es, diese ohne technische Hilfsmittel zu vergleichen und zu bewerten; daher versucht der Mensch von Natur aus, sich auf eine überschaubare Auswahl zu konzentrieren und sein begrenztes Wissen als Chance zur schnellen Wahl zu nutzen. Anhand von psychologischen Experimenten konnte die Wissenschaft zeigen, dass die Trefferquote des Bauchgefühls vergleichbar gut ist wie eine vorweggenommene methodische Verarbeitung einer Fülle von Informationen. Das menschliche Gehirn verfügt offensichtlich über die Fähigkeit, sich trotz kognitiver Einschränkungen intelligent zu verhalten. So würde die Abarbeitung vieler Alternativen in einem Maße Zeit und Ressourcen in Anspruch nehmen, dass auf eventuelle Gefahren nicht schnell genug reagiert werden könnte. In einer komplexen Welt können durch einfache Faustregeln viele Situationen besser vorhergesagt werden als durch umfangreiche Regelwerke. Dieses Prinzip machen sich übrigens auch Suchmaschinen im Internet zunutze, indem durch Eingabe von wenigen Schlagworten eine erstaunliche Zahl brauchbarer Informationen bereits auf der ersten Seite der Linkliste ausgegeben wird.

Take-the-Best-Strategie

Bei der Entscheidung zwischen verschiedenen Optionen wird zunächst anhand des wichtigsten Kriteriums abgewogen. Falls sich im Ergebnis keine nennenswerten Unterschiede zeigen, wird das zweitwichtigste oder zweitbeste gewählt und erneut gegenübergestellt. Bei intuitiven Entscheidungen konzentriert sich der Akteur meist auf nur ein oder zwei herausragende Kriterien.

105 Gigerenzer 2007 und Becker 2003, S. 45 ff.

Die Rekognitionsheuristik

Intuition ignoriert Informationen, insbesondere dann, wenn sie dem Akteur neu oder komplex erscheinen. Stattdessen verlässt sich die Psyche auf Bewährtes.[106] Wiedererkennungen von Begebenheiten, bekannten Mustern und Strukturen, vertrauten Namen und Orten sowie Vorgehensweisen von erfolgreichen Menschen wird beim Entscheidungsprozess durch Intuition der Vorzug gegeben. Es handelt sich hierbei um schlichte Nachahmung und um unkritisches Vertrauen in bereits Erprobtes. Nach diesem Prinzip funktioniert unter anderem die Werbung. So kann die Kaufentscheidung für eine Immobilie möglicherweise durch Bauchgefühl getroffen oder beeinflusst sein, indem der Interessent bereits des Öfteren in den Medien über die erfolgreichen Aktivitäten des Projektentwicklers gelesen hat und dieser ihm dadurch als vertrauenswürdig und kompetent erscheint.

Die Nachahmungsstrategie verfolgt noch einen weiteren Zweck. Sie fördert den Zusammenhalt einer Gruppe und sorgt dafür, dass der Einzelne den Erwartungen entspricht, die aufgrund seiner Rolle durch die Gesellschaft an ihn gestellt werden. Damit sind wiederum Anerkennung und Status verbunden.

Grundsätzlich wird Intuition bzw. Bauchgefühl besonders durch Assoziationen (Signale) angesprochen, die von Gütern wie auch Menschen ausgehen können, ohne dass konkrete Nachweise vorliegen, die die assoziierten Eigenschaften untermauern.[107] Da es bezweifelt werden muss, dass Menschen in der Lage sind, gänzlich ohne Gebrauch ihrer Intuition Entscheidungen zu treffen,[108] sollte es auch Aufgabe einer Strategie zur Implementierung von Nachhaltigkeit in der Immobilienwirtschaft sein, die Kognition der Akteure einzubinden. Wenn Nachhaltigkeit nicht in Bauchentscheidungen als Einflussgeber vorkommt, kann sie schwerlich durch die Vermittlung neuer Methoden und Kompetenzen durchgesetzt werden.

Politischen und marktwirtschaftlichen Entscheidern muss klar sein, dass die menschliche Intuition zu jedem Anlass von Relevanz ist und niemals gänzlich ausgeschlossen werden kann.[109]

106 Dobberstein 2000. Psychologische Faktoren sind bei Entscheidungen der Immobilienwirtschaft nicht zu unterschätzen.

107 Für weitere Erklärungen zur Funktion von menschlicher Intuition siehe Kap. 7 zur Thematik der Neurowissenschaften.

108 FAZ 2009. Investitionsentscheidungen in der Immobilienwirtschaft werden nach wissenschaftlichen Untersuchungen zu 24 % aufgrund von Intuition getroffen.

109 Nicht jede Handlung entspringt einer bewusst oder unbewusst bzw. intuitiv getroffenen Entscheidung und einer Absicht. Der Vollständigkeit halber sei hier noch reflexartiges Verhalten genannt, das einem Automatismus gleicht. Es reagiert umgehend auf einen direkten Impuls, wie z. B. aufmerksames Zuhören beim Aufruf des eigenen Namens. Handlungen durch Impulsgeber sind bei geschäftlichen Entscheidungen auf strategischer Ebene jedoch kaum vertreten und werden daher hier nicht weiter ausgeführt.

6.4 Das Dynamische Akteursmodell

Wie oben dargestellt, wird die Prägung eines Akteurs bestimmt durch Kenntnisse, Kompetenzen, Rollen und Status sowie Intuition und Stimmung. Die Komponenten dieser *Akteurskonfiguration* werden je nach Projekt und Anlass neu zusammengesetzt und unterliegen auch zeitlichem und gesellschaftlichem Wandel. Sie können daher als *dynamisch* bezeichnet werden. Durch sie werden Präferenzen gebildet und Werte und Ziele der Akteure geformt, die wiederum jede Entscheidung zu jedem Anlass entsprechend prägen. Die so gefärbte Entscheidung führt letztlich zu einschlägigem Handeln. Bei der Akteurskonfiguration sind Parallelen zur Bedürfnispyramide nach *Maslow* erkennbar. Die physiologischen Grundlagen sind auf der Basis angeordnet. Alle weiteren Ebenen repräsentieren eine stärkere Prägung von Persönlichkeit und orientieren sich zunehmend an kulturellen und sozialen Aspekten in der Gesellschaft.

Der eigentliche Antreiber für jegliche Handlungen ist somit im Wesen des Akteurs zu suchen, das sich in situ als Rollenbild zeigt, Qualifikation und Erfahrenes abruft und mit dem gesellschaftlichen Status koordiniert. Gemäß oben dargestelltem Sachverhalt ergibt sich ein *Dynamisches Akteursmodell*, veranschaulicht in Abbildung 11.

Grundsätzlich darf nicht ausgeschlossen werden, dass situationsbedingt weitere Parameter die Entscheidung beeinflussen,[110] wie besondere Umstände und Zwänge, die durch das Umfeld an den Akteur herangetragen werden und die Werte und Ziele, die sich aus seinem Status und seinen Rollen ergeben, mitbestimmen: die *Institutionen*. Das hohe Einflusspotenzial der Institutionen ist noch dezidiert zu untersuchen.

110 Die Betrachtung beschränkt sich auf Entscheidungsfragen aus dem geschäftlichen Bereich. Bei privaten Entscheidungsanlässen sind ggf. andere Parameter von stärkerer Relevanz.

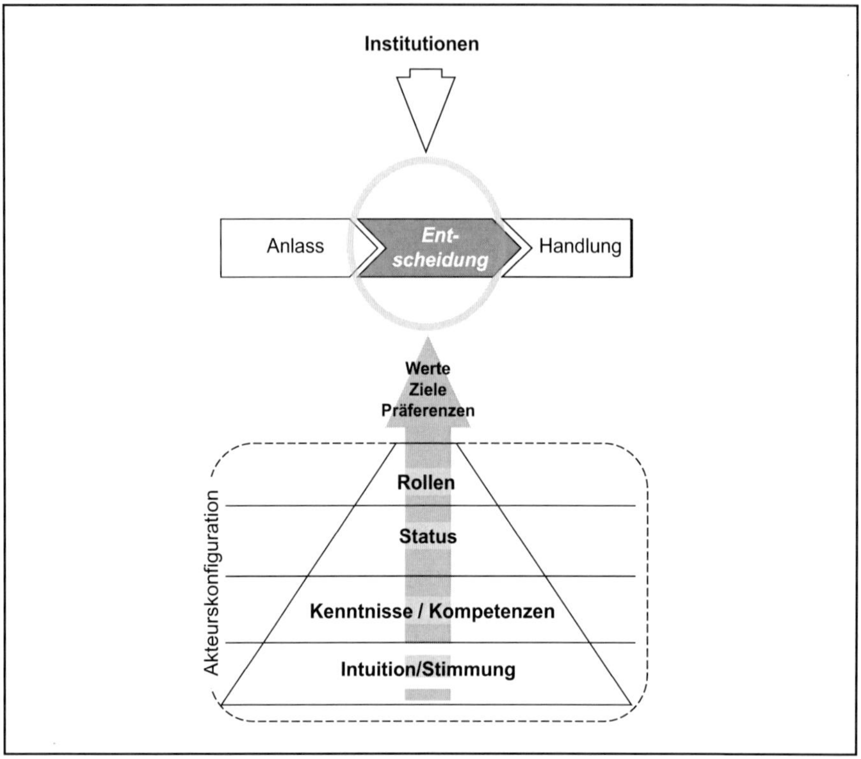

Abb. 11: Dynamisches Akteursmodell[111]

Die sich aus Abbildung 11 ergebenden Eingangsfaktoren zur Entwicklung von Akteursentscheidungen sind ein Mischgebilde verschiedener Einflüsse, das sich nach bestimmten Regeln konstituiert und je nach Rahmenbedingungen unterschiedliche Schwerpunkte setzt. Zudem findet eine nicht zu unterschätzende Manipulation durch soziale Bindungen, also den Austausch mit anderen Akteuren statt. Solche Konsequenzen für das Verhalten des Einzelnen im immobilienwirtschaftlichen Netzwerk werden Gegenstand von Kapitel 9 sein.

6.5 Bedeutung des Akteursmodells für die Nachhaltigkeit

Ob sich Entscheiden an nachhaltigen Grundsätzen orientiert, ist zum großen Teil eine Frage der Persönlichkeit des Akteurs. Aspekte der Persönlichkeit, d. h. der Subjektivität, lassen sich in Parametern beschreiben.

111 Eigene Darstellung.

Anhand von kurzen Abstechern in soziologische, psychologische und kulturelle Lehrgebiete wurde das *Dynamische Akteursmodell* entworfen. Somit können Erkenntnisse gewonnen werden, wie die Akteurskonfiguration grundsätzlich aufgebaut ist und welche individuellen Randbedingungen für Entscheidungen prägend sind.

Angriffspunkte für eine grundsätzliche Verhaltensänderung zur Nachhaltigkeit wären demnach:

- die Ergänzung vorhandener Rollenbilder um Nachhaltigkeitsziele bei allen Akteuren;
- die Stärkung von Akteuren mit nachhaltiger Zielsetzung und gleichzeitig höherem Status zur Indoktrination anderer;
- die Stimulierung von Akteuren mit Inter- und Intra-Rollenkonflikten zur Anpassung ihrer Methoden und Handlungen für ein wertekongruentes Nachhaltigkeitsinteresse (Nachhaltigkeits-Motivation);
- die Erweiterung des gesellschaftlichen Bewusstseins (insbesondere dem aller Stakeholder) um die Zusammenhänge zwischen persönlichen Werten und Zielen und dem Nachhaltigkeitsanspruch (Nachhaltigkeits-Kompetenz).

Das Wissen um die Akteurskonfiguration und seinen Einfluss auf die Entscheidungsfindung ist elementar, um eine ganzheitliche Strategie für die Steuerung aller Stakeholder zu formen, was die Aufgabe von fortentwickelten Steuerungssystemen auf marktwirtschaftlicher wie politischer Ebene ist.

Nachdem wesentliche Bausteine im *Dynamischen Akteursmodell* verortet werden konnten und der Typus des Immobilienakteurs im Allgemeinen und seiner Rollen-Varianten im Besonderen vorgestellt wurde, soll anhand eines Exkurses ein Vergleich mit anderen Akteursstrukturen und -modellen vorgenommen werden, die in der – vornehmlich soziologischen – Literatur zu finden sind. Auf diese Weise werden die erarbeiteten Bausteine und Zusammenhänge untermauert und noch einmal überprüft. Einzelne Teilbereiche werden sich überdies für die nachfolgende Analyse von Akteursnetzwerken (Gruppen, Teams) als hilfreich erweisen.

6.6 Exkurs: Akteure und Strukturen in der Literatur

Der immobilienwirtschaftlichen Forschung ist der Umgang mit dezidierten Akteurs- und Rollenbildern noch verhältnismäßig fremd, ist doch ein gewisses Verständnis anderer Fachdisziplinen wie der Soziologie und Rechtssoziologie in Kombination mit der Volkswirtschaftslehre erforderlich. Dort sind jedoch bereits Ansätze zu Akteurshierarchien und Interdependenzen zu finden, die sich recht gut mit der Immobilienökonomie abgleichen lassen.

6.6.1 Akteursstrukturen nach Rogall

Der Aufgabe, Nachhaltigkeitsbewußtsein bei verschiedenen Akteuren zu erzeugen in dem Wissen, dass auf die unterschiedlichen Ziele der Akteure einzugehen ist, hat sich unter anderem *Holger Rogall* auf dem Gebiet der Rechtssoziologie gewidmet.[112] Für ihn sind Akteure alle Individuen und Gruppen, die einen wie auch immer gearteten Einfluss auf die Zukunftsfähigkeit eines Projektes haben. Dabei werden gemäß der fachlichen Ausrichtung jedoch Institutionen und Gruppen des öffentlich-rechtlichen Bereiches (Gemeinde- und Landesvertretungen, Gerichtsbarkeit, internationale Organisationen etc.) in den Fokus gerückt. Vertreter der Wirtschaft werden generell zusammengefasst – ein Versuch zur Bildung einer Liste aller Anspruchsgruppen erfolgt erst gar nicht.

Analog der erarbeiteten Nutzen- und Wertdimensionen (vgl. Kap. 5) differenziert auch *Rogall* nach *direkten* und *indirekten Akteursgruppen*. Allerdings wird hier als hauptsächliches Kriterium die unmittelbare oder mittelbare Möglichkeit zum Beschluss von Rechtsnormen verwendet. Rang und Ordnung der Akteure wird durch ihr Steuerungspotenzial definiert. Es fließt dabei nicht die Art des erwarteten Nutzens bzw. die primäre Zielsetzung des Akteurs ein, da dies aufgrund der ähnlichen Motivlage aller öffentlich-rechtlichen Akteursgruppen nicht als Unterscheidungsmerkmal taugen würde. Eine Übertragbarkeit auf die vorliegende Fragestellung ist daher begrenzt.

Dennoch findet – auf einer anderen Ebene – ein Bezug zu den spezifischen Interessen der Akteure statt. Es werden die Akteure in Abgrenzung zu den Institutionen, in denen sie wirken, betrachtet, was impliziert, dass ein Ringen stattfindet zwischen den *eigennutzorientierten Zielen* wie Einkommen, Ansehen und persönlichem Einfluss und den *inhaltlichen Zielen* wie Idealismus gegenüber der eigenen Aufgabe, Qualitätsstreben und fachlicher Überzeugung. Diese Überlegungen korrespondieren mit der Prinzipal-Agenten-Theorie, einem Teilgebiet der Neuen Institutionenökonomik,[113] die den Sachverhalt des Opportunismus und der asymmetrischen Informationsverteilung zwischen Auftraggeber und Auftragnehmer behandelt.

Um die Umsetzung der inhaltlichen Ziele sicherzustellen, ist es nach *Rogall* für die Akteure erforderlich, zunächst eine Reihe von eigennutzorientierten Zwischenzielen zu erreichen. So ist letztlich auch die Annäherung an das inhaltliche Ziel der Nachhaltigkeit möglich.

Instrumente von Politik und Recht, die beispielsweise eine Nachhaltigkeitsstrategie zur Umsetzung bringen wollen, sollten dies berücksichtigen. Hierin liegt ein eindeutiger Hinweis auf mögliches Steuerungspotenzial.

---

112 Rogall 2003; Rogall 2004.

113 Vgl. den Exkurs in Kap. 7.

6.6.2 Akteursstrukturen nach Schimank

Inhalt der Veröffentlichungen von *Uwe Schimank* sind unter anderem die soziologischen Akteursmodelle. Sie sollen vornehmlich die folgenden zwei Fragen beantworten:

1. Warum wird in einer konkreten Situation auf eine bestimmte Weise gehandelt?
2. Welche Wirkungen hat eben solches Handeln im Zusammenhang mit Handlungen anderer und anderem Handeln?

Frage 2 bezieht sich auf die Interaktionen der Akteure im Netzwerk und ordnet sich in die Thematik des Kapitels 9 ein. Näheres dort.

Frage 1 zielt in die gleiche Richtung wie die vorgenommene Entwicklung des *Dynamischen Akteursmodells*. Hintergrund ist die Suche nach Gründen, die das Entscheiden und Handeln von Akteuren bestimmen. Allerdings kommt *Schimank* aufgrund des fehlenden Bezugs zu einer praktischen Entscheidungssituation (wie beispielsweise die Initiierung eines Immobilienprojektes) nicht zu verschiedenen Akteursordnungen. Rang- und Statusverhältnisse werden nicht explizit thematisiert. Vielmehr findet eine Unterscheidung der Akteursmodelle statt, die auf einer theoretischen und stereotypen Ebene verbleiben, indem die bisherigen Modelle verschiedener Forschungsdisziplinen ergänzt werden. So wird hier unterschieden in:

Homo oeconomicus

Der Autor definiert das Modell des *Homo oeconomicus* treffend im allgemeinen Verständnis der Wirtschaftstheorie: *"Zusammengefasst ist das Handeln des Homo Oeconomicus [...] durch Zielverfolgung mittels in der Regel knapper Ressourcen, Kosten/Nutzen-Bilanzierung von Handlungsalternativen bei zumeist starker Diskontierung der Zukunft und die Wahl derjenigen Handlungsalternative, die den subjektiv erwarteten Nutzen bei abnehmendem Grenznutzen maximiert, charakterisiert."*[114]

114 Schimank 2002, S. 79.

Homo sociologicus

Dieses Akteursmodell wird stark durch Rollenbilder geprägt. Alle Akteurshandlungen geschehen im Bestreben nach Erwartungssicherheit und normativer Handlungsorientierung. Der Akteur befindet sich zwischen der Position des *Role Taking* (Erfüllung der sozialen Gruppenerwartung) und der Position des *Role Making* (eigenes Reagieren auf Komplikationen, die durch das Rollenhandeln entstehen).[115]

Emotional Man

Instinkte, Kognitionen und Emotionen sind die Antreiber des Emotional Man. Diese drei Eigenarten befähigen den Akteur quasi von Natur aus, sich innerhalb einer Situation zu orientieren und Handlungen zu wählen. Nur alle drei gemeinsam können zu einer angemessenen Reaktion auf Umstände führen, mit denen der Akteur konfrontiert wird und die für ihn oftmals völlig neu sind.[116]

Identitätsbehaupter

Der Identitätsbehaupter wird durch Aspekte angetrieben, die nicht durch die obigen Modelle abgedeckt sind. Er gibt seinem Handeln eine eigene Signatur, eine persönliche Identität innerhalb seiner Rolle, die nicht durch Normenkonformität oder Nutzenstreben erklärbar ist. Beispiele für Identitätsbehaupter sind Wissenschaftler, die nicht für Entlohnung oder Ansehen forschen, sondern aus einem inneren Antrieb heraus.[117]

Schimank konstatiert, dass in der Empirie keine Reinformen der umrissenen Modelle auftreten, sondern immer Mischformen, deren Mischungsverhältnisse essenziell für die Akteurshandlungen sind.

Auf dieser Basis fußt auch die Herleitung des *Dynamischen Akteursmodells*, das einen Zusammenschluss zwischen normativem Verhalten (im Sinne von Status und Rolle), individueller Nutzenverfolgung (gemäß der beschriebenen Nutzen- und Wertdimensionen) und naturgegebenen Verhaltensweisen (vergleichbar mit Intuition und Stimmung) beschreibt. Der Identitätsbehaupter als Modellvariante lässt wiederum Parallelen zu einigen der diskutierten Rollenbilder erkennen. Seine Verhaltensmaxime findet sich insbesondere bei den Nutzendimensionen aus indirektem Gebäudebezug.

---

115 Schimank 2002, S. 69.

116 Schimank 2002, S. 110.

117 Schimank 2002, S. 131.

6.6.3 Modell einer dynamischen Theorie ökonomischer Akteure

Andere Akteursmodelle verstärken den Blickwinkel auf das *Zusammenwirken* der Akteure als ausschlaggebendes Element von Handlungen. Ein solcher Schwerpunkt liegt unter anderem der *Dynamischen Theorie ökonomischer Akteure*[118] von *Bach et al.* zugrunde, die wiederum auf der Theorie der Unternehmung (*Theory of the Firm*[119]) aufbaut.

Demnach verfügt der individuelle Akteur über Fähigkeiten 1. Ordnung wie Lernfähigkeit, Realisationsfähigkeit (Durchsetzungsfähigkeit und Ausführungsfähigkeit) und Fähigkeiten 2. Ordnung wie spezifische Fähigkeiten zur Nutzung der Fähigkeiten 1. Ordnung. Da die Fähigkeiten akteursspezifisch sind, ist auch der sich daraus ergebende Handlungsraum entsprechend ausgerichtet und limitiert, um die eigenen *"Nutzenpositionen"* [sic] verfolgen zu können. Währenddessen entsteht durch die Interaktion mit anderen Akteuren ein Wechselspiel, das – im Falle einer Nutzenmehrung – *Akteure höherer Ordnung* hervorbringt.[120] Akteure können durch ihre Eigenschaften gleichzeitig mehreren Akteuren höherer Ordnung zugeordnet sein, indem sie gegenseitig den Nutzen verschiedener Gruppen verstärken.

Jedoch können sich Akteure höherer Ordnung verändern. Dies geschieht idealtypisch durch zwei mögliche Ursachen:

- Durch vertikale Koordination: Die Dominanz eines individuellen Akteurs über einen Akteur höherer Ordnung aufgrund seiner besonderen Fähigkeiten ist möglich und kann eine bewusste Form der Steuerung darstellen.
- Durch horizontale Koordination: Die Akteure sind in der Lage, sich wechselseitig anzupassen – ohne zugrunde liegende feste Strukturen und Hierarchien. Hierbei entsteht die Nutzengenerierung durch ein exemplarisches Netzwerk, das permanent im Wandel ist und sich selbst erprobt.

Akteure höherer Ordnung entstehen demnach entweder durch Kooperation oder durch Konkurrenz.

Auch bei der *Dynamischen Theorie ökonomischer Akteure* sind Parallelen zum erarbeiteten *Dynamischen Akteursmodell* ersichtlich. So gehen auch *Bach et al.* davon aus, dass jeder Akteur über ein Bündel an Eigenschaften und Fähigkeiten verfügt, das ihn prägt. Um seine Nutzenziele erfolgreich verfolgen zu können, ist er aber

118 Bach et al. 2002.

119 Jensen & Meckling 1976.

120 Bach et al. 2002, S. 7: *"Akteure höherer Ordnung entstehen und verändern sich durch gegenseitige Nutzenverstärkung [...]".*

auf andere Akteure angewiesen, die ihn einerseits unterstützen, andererseits auch steuern können. Die Abhängigkeit von anderen Akteuren bei der Durchsetzung der eigenen Nutzen- und Wertdimensionen wird deutlich hervorgehoben.

Die gesellschaftliche Bindung ist also immer ein wesentlicher Einflussgeber bei der Verfolgung von individuellen Zielen, möge sie in Form von Status und Rolle definiert sein, oder über Kooperation und Konkurrenz beschrieben werden. Im Immobilienstakeholdernetzwerk wird die Ordnung allerdings durch die Einflussstärke auf das Projekt und nach der Akteursrolle definiert (vgl. Kap. 8). Demnach richtet sich die Ordnungsstufe direkt oder indirekt am konkreten Projekt oder der Immobilie aus. Bei *Bach et al.* dagegen gibt es nur zwei Ebenen: den individuellen Akteur und den Akteur höherer Ordnung. Letzterer entwickelt sich aufgrund seiner nutzenstiftenden Eigenschaften für andere Akteure. Der Gegenstand des Nutzens, das Wirtschaftsgut, ist dafür nicht maßgeblich.

6.6.4 Rangdynamisches Positionsmodell nach Schindler

Der österreichische Psychoanalytiker *Raoul Schindler* hat bereits 1957 ein Modell veröffentlicht, das die Struktur und Dynamik von Gruppen zum Gegenstand hat. Die Gruppe als solche ist hier nicht auf die Generierung von Nutzen limitiert, sondern *"... entsteht aus einer verbindenden Aktivität"*.[121]

Die partizipierenden Akteure seien in vier charakteristische Positionen unterschieden:

Die Alpha-Position

Der Repräsentant einer Gruppe, ihr anerkannter Führer, vertritt die Alpha-Position. Er ist unabhängig, hat höchste Entscheidungskompetenz und bestimmt das Schicksal der Unternehmung.

Die Beta-Position

Beta-Vertreter finden sich in der Rolle des Sachkundigen und Beraters. Sie sind die Unterstützer der Alpha-Position und wirken zumeist im Hintergrund. Somit ist Beta eher indirekt mit der Gruppe verbunden, da sein Anschluss über die Alpha-Position verläuft.

121 Schindler 1957, S. 314.

Die Gamma-Position

Als Gamma werden diejenigen Mitglieder einer Gruppe bezeichnet, die in ihr mehr oder weniger anonym als breite Masse eintauchen, aber die eigentliche Leistung bzw. Aufgabe der Gruppe vollbringen. Die Persönlichkeit des Einzelnen tritt dabei nicht hervor. Gamma-Vertreter verfügen über wenig Einfluss auf das allgemeine Schicksal der Gruppe und äußern ihren Willen durch das Kollektiv, indem sie Alpha spiegeln. Gamma identifiziert sich in der Regel mit Alpha und wendet sich gegen Omega.

Die Omega-Position

Omega vertritt den Gegenspieler von Alpha und damit eine Art Randfigur. Er versucht die Macht von Alpha zu untergraben, verfügt aber nicht über dessen Einfluss und genügend Rückhalt aus der Gruppe. Omega-Vertreter bewirken durch ihren Opportunismus aber auch ein reaktives Verhalten der übrigen Gruppenmitglieder, was Alpha dazu bringt, seine Position zu stärken, was letztlich zu einer stabilen Gruppenidentifikation für Beta und Gamma führen kann. Jeder Einzelne projiziert verdrängte Anteile auf Omega, die er bekämpfen möchte und endet darin, einen Sündenbock zu finden. Scheidet Omega aus der Umgebung aus, wird nach einem neuen Vertreter gesucht.[122]

Die Definition der Akteure über Rollen und Status steht auch bei *Schindler* im Vordergrund. Handlungen werden demgemäß vorgenommen – unter Berücksichtigung und in Reaktion auf die Einwirkungen und Lenkungsmechanismen, die von außen auf die Gruppe treffen. Im *Dynamischen Akteursmodell* werden sie als *Institutionen* bezeichnet, im *Rangdynamischen Positionsmodell* handelt es sich um die Omega-Figur. Offenbar braucht es einen Antagonisten (Omega), um den Protagonisten (Alpha) zu stärken. Hierin lässt sich erahnen, dass der Zusammenhalt und mithin der Erfolg von Akteursbeziehungen nicht nur davon abhängt, inwieweit sich jeder Teilnehmer Nutzenmehrung verspricht, sondern auch, inwiefern man sich durch Kooperation erfolgreich gegen die nonkonformistischen Absichten anderer durchsetzt. Der Aufbau eines "Wir-Gefühls" kann für eine Gruppe also durch gemeinsame Ziele (Identifikation nach innen) wie auch durch einen gemeinsamen Kontrahenten bzw. Konkurrenten[123] oder eine gemeinsam zu bearbeitende Aufgabe (Identifikation nach außen) erfolgen.[124] Auch diese Beobachtung ist für die Steuerung von Akteuren zur Übernahme von Nachhaltigkeitsstrategien von Interesse.

---

122 Ellmauthaler 2003, S. 7 ff.

123 Es soll hier nicht der Ansicht gefolgt werden, dass sich Gruppen *immer* über einen gemeinsamen Gegner identifizieren und formieren. Jedoch besteht auch in Projektteams die Möglichkeit, dass heterogene Kooperationen den Leistungsoutput verbessern.

124 Wirnschimmel 1999, S. 102.

So werden auch durch *Schindler* bestimmte Rollen definiert, die Individuen in Konstellationen zueinander einnehmen. Jede dieser Rollen geht mit einer bestimmten Position im Gruppenverbund einher (Status) und bestimmt auf diese Weise die Funktion des Akteurs im Gruppengeschehen.[125] Damit verbunden ist bei *Schindler* immer eine Rangfolge, eine Hierarchie der Individuen untereinander.[126] Alpha-Positionen entsprechen Schlüsselrollen. Es handelt sich um Akteure, die über höchsten Einfluss im Netzwerk verfügen. Daneben existieren aktive Projektteilnehmer, die mit abgestuftem Mitspracherecht und geringerer strategischer Entscheidungsgewalt ausgestattet sind. Sie entsprechen in etwa der Gamma-Position. Die Beta-Position befindet sich in einer Sonderstellung. Sie begründet eine Stabsstelle etwas außerhalb des Stakeholderverbands; es besteht nur eine indirekte Nutzenerwartung aus dem Projekt, allerdings ein relativ hoher Einfluss auf strategische Entscheidungen durch Spezialwissen.

6.7 Barriere nachhaltigen Entscheidens: Inter- und Intrarollenkonflikte

Das *Dynamisches Akteursmodell* und der Exkurs in die akteurstheoretische Literatur haben gezeigt, dass das Individuum durch eine Vielzahl von Parametern geprägt wird, die sein spezielles Entscheidungsverhalten bestimmen. Grundlage dessen sind Werte und Ziele, die anhand der Persönlichkeit des Akteurs und seiner gesellschaftlichen Rolle herausgebildet werden. Doch selbst Akteure mit gleichen Rollen entscheiden in bestimmten Situationen möglicherweise unterschiedlich, da ihre Rollenkonfiguration insgesamt nicht kongruent ist oder andere Eigenschaften wie z. B. Status und Qualifikation verschieden sind. Hinzu kommen Einflüsse durch Dritte. Eine Prognose über das Ergebnis von Entscheidungen ist also nur bedingt möglich.

Inter- und Intrarollenkonflikte erschweren die Durchsetzung von Nachhaltigkeitsaspekten in Entscheidungssituationen erheblich. Bei Immobilienprojekten ist insbesondere die ökonomische Nachhaltigkeit nicht in jeder Rolle auf gleiche Weise erzielbar; sie wird gegebenenfalls sogar gänzlich anders verstanden. Beispielsweise kann die kurzfristige Ertragsorientierung eines Betreibers der anvisierten langfristigen Marktwertverbesserung eines Investors entgegen stehen oder umgekehrt. Bei der sozialen Nachhaltigkeit können sich Konflikte ergeben, indem Eigentümer anderen Aspekten folgen als Nutzer (Mieter). Falls sich beide Rollen im selben Akteur vereinen, müssen Kompromisse oder Prioritäten gesetzt werden. Auch die ökologische Nachhaltigkeit kann möglicherweise je nach Akteur und Rolle unterschiedlich betrachtet werden; hierzu sei auf die verschiedenen Grade der Nachhaltigkeit hinzuweisen (schwach,

125 Heigl-Evers & Ott 1999, S. 36.

126 Wirnschimmel 1999, S. 102.

kritisch, stark), die sich am Bauobjekt in einer Bandbreite manifestieren kann, die irgendwo zwischen dem bloßen Nachrüsten einer Wärmepumpe und der Realisierung eines autarken Nullenergiehauses rangieren kann. Rollenkonflikte führen dementsprechend schwerlich zu einer konsequent nachhaltigen Planung und Bauausführung.

Mit den Inter- und Intrarollenkonflikten handelt es sich um die erste identifizierte Barriere für nachhaltiges Planen, Bauen und Betreiben von Gebäuden.

Insgesamt ist festzustellen, dass die bisher veröffentlichten Strukturen und Typisierungen von Akteuren die spezifischen Nutzen- und Wertdimensionen nicht als relevant für Ordnung und Modellbildung anerkennen. Das *Dynamische Akteursmodell* schlägt hier eine neue Richtung ein, die auch im Fortgang weiter vorangetrieben wird. Nutzen und Werte werden als wesentliche Treiber für nachhaltigkeitsorientiertes oder konventionelles Entscheidungsverhalten angesehen.

Allein die Typisierung von Akteuren, wie sie soeben vorgenommen wurde, reicht jedoch nicht aus, Nachhaltigkeit in Entscheidungsstrukturen zu verankern. Eine Nachhaltigkeitsstrategie läßt sich nur dann implementieren, wenn die Grundlagen der Akteursentscheidung, die auch starken Einfluss auf die Akteursordnung (vgl. Kap. 8) ausüben, bekannt sind und in ein Umsetzungskonzept einfließen. Um zu nachhaltigen Gebäuden zu gelangen ist es unabdingbar, einige theoretische Grundlagen der Entscheidungstheorie und Ökonomik, die Verhaltensmuster und Präferenzen von Immobilienakteuren erklären, heranzuziehen. Dabei werden sich weitere Barrieren für nachhaltiges Planen und Bauen offenbaren.

7 Theoretische Grundlagen des Entscheidens

Welche Relevanz hat die Entscheidungstheorie innerhalb der Immobilienökonomik – und wie kann Nachhaltigkeit mit ihrer Hilfe strategisch verortet werden?

Das Fällen von Entscheidungen geschieht niemals zufällig. Es unterliegt komplizierten Prozessen der Vorbereitung und bezieht eine unbestimmte Zahl von Faktoren ein, die allein vom Entscheider ausgewählt[127] und gewichtet werden.

Welche akteursspezifischen Faktoren dabei eine Rolle spielen, ist im vorangehenden Kapitel beleuchtet worden. Konkret geht es nun darum, einige rahmensetzende und Einfluss nehmende Kräfte theoretisch zu erörtern, die zu bekannten Verhaltensmustern führen und im wesentlichen durch die Forschungstheorie gestützt werden – respektive zu klären, inwieweit der Nachhaltigkeitsgedanke darin bereits eingebunden ist.

Zur Einführung der Untersuchung um die theoretischen Zusammenhänge des Entscheidens bei Immobilienakteuren sei ein kurzer Abriß über die menschliche Physis vorangestellt; darin soll in Kürze erörtert werden, wie sich die Entscheidungsfindung im menschlichen Organismus äußert und welchen Einfluss physische Vorgänge auf das schlussendliche Handeln nehmen.

127 Zum Teil werden die Eingangsfaktoren nicht aktiv gewählt. Sie sind situationsbedingt vorhanden, werden aber nicht bewusst als solche wahrgenommen. Bei solchen Entscheidungsparametern spielt Intuition eine wichtige Rolle.

7.1 Physische Vorgänge des Entscheidens gemäß Erkenntnissen der Neuroökonomie

Zur Auseinandersetzung mit der Frage, warum nicht nachhaltige Entscheidungen sogar bei einschlägig qualifizierten Akteuren nicht nur möglich, sondern auch verbreitet sind, hilft die Beschäftigung mit dem physischen Entscheidungsprozess weiter, quasi der Produktionsstätte von Willensbildung und Präferenzen. Kernthema einer relativ neuen Forschungsrichtung, der *Neuroökonomie,* ist die Analyse der Aktivität menschlicher Organe im Zuge der Entscheidungsfindung.

Diese seit Ende des letzten Jahrhunderts insbesondere in Amerika vorangetriebene Wissenschaft bringt die Erkenntnisse und Theorien von Medizinern, Psychologen, Soziologen, Philosophen und Ökonomen zusammen, indem sie die Beobachtungen spielerischer Experimente und bisherige theoretische Modelle mit körperlichen Regungen – insbesondere des Gehirns – abgleicht. Dazu bedient sie sich neurowissenschaftlicher Messverfahren, die die Aktivität des menschlichen Nervensystems nachweisen. Mithilfe bildhafter Aufnahmen der Hirnregionen zu verschiedenen Zeitpunkten kann nachvollzogen werden, bei welchen Entscheidungsvorgängen welche Hirnregionen aktiviert werden und wo Parallelen zu anderen menschlichen Verfassungen (Gefühlsausbrüche, Routinetätigkeiten) festgestellt werden. Andere Methoden ergründen über Glucose- oder Sauerstoffverbräuche die Hinzuziehung von bestimmten Hirnbereichen, von denen bereits bekannt ist, für welchen psychischen und physischen Zustand sie ansonsten mitverantwortlich sind.

7.1.1 Erkenntnisse der Neurowissenschaft für die Ökonomie

Innerhalb der recht kurzen Zeit ihrer Existenz konnte die Neuroökonomie bereits beachtliche Erfolge bei der Zuordnung von Hirnarealen zu tatsächlichem Verhalten verbuchen. Eine wesentliche Erkenntnis ist dabei die Rolle der Emotionen beim Ausgang einer Entscheidung. Um beispielsweise für eine Entscheidung eine Vielzahl von Informationen auswerten zu können, die das menschliche Leistungsvermögen klar übersteigt, und um dennoch nicht handlungsunfähig zu sein, bedient sich das Gehirn sogenannter *somatischer Marker.*[128] Das sind Körpergefühle, die in ähnlichen Situationen bereits auftraten, gespeichert wurden und nun durch unbewusst wahrgenommene Anreize in Erinnerung gerufen werden. Entscheidungen, die blitzschnell gefällt werden müssen und für die keine Zeit und keine Kapazität besteht, Vor-/

128 Die *somatischen Marker* gehen zurück auf die Untersuchungen des portugiesischen Neurowissenschaftlers António Damásio und seiner Frau Hanna Damásio, beide Neurowissenschaftler in Kalifornien.

Nachteile und Konsequenzen eingehend zu sondieren, werden mittels somatischer Marker getroffen. Neurologen sind der Ansicht, dass auf dieser Technik die Intuition beruht, die für die sogenannten Bauchentscheidungen zuständig ist,[129] was voranstehend bereits im Rahmen des *Dynamischen Akteursmodells* gegenständlich war (vgl. Kap. 6). Nachweisen lässt sich der Rückgriff auf Emotionen durch die Aktivierung von Hirnregionen, die dem emotionalen Schaltkreis zugerechnet werden.

Testpersonen, bei denen durch Unfall solche Teile des Gehirns unbrauchbar wurden, die bekanntermaßen bei Gefühlsregungen aktiv sind, tun sich mit Entscheidungen offenbar deutlich schwerer. Andererseits konnten bei diesen Menschen vorteilhaftere Investitionsentscheidungen mit höheren Gewinnen beobachtet werden, da emotionale Eingangsparameter weitgehend ausgeschaltet waren und Entscheidungen auf streng em Kalkül beruhen.[130] Damit ist zu schlussfolgern, dass Emotionen in vielen Entscheidungssituationen ein mehr oder weniger notwendiges Attribut sind, in anderen möglicherweise hinderlich sein können. Inwiefern der Mensch darüber jedoch Kontrolle ausüben kann und die Hinzuziehung bewusst zu steuern in der Lage ist, steht in Frage.

7.1.2 Zukünftige Forschungsfelder der Neuroökonomie

Der besondere Vorteil neuroökonomischer Forschung liegt in ihrer Verlässlichkeit und Unvoreingenommenheit[131] – erstens gegenüber einem möglicherweise gewünschten Ergebnis seitens der Wissenschaftler. Während in Umfragen und Experteninterviews stellenweise Antworten gegeben werden, die mit der Anordnung und Formulierung der Fragen variieren oder aber einfach aus gesellschaftspolitischen Gründen opportun sind,[132] so sind zweitens die Untersuchungsergebnisse der Neuroökonomie unabhängig von eventueller Schönfärberei durch die Testpersonen. Umfragen wie die in Kapitel 4 ausgewerteten zur Bedeutung der Nachhaltigkeit in der Immobilienwirtschaft können keine Aussage treffen über den Wahrheitsgehalt und die Vollständigkeit der Antworten. Welche Rolle Nachhaltigkeit vordergründig spielt, ist ablesbar, aber hintergründig kaum verifizierbar.

Weiterhin kann die Neuroökonomie die Antworten und zu beobachtende Körperreaktionen der Befragten zueinander ins Verhältnis setzen und darüber zu Erkenntnissen über den Einfluss von Persönlichkeitsmerkmalen kommen, die bisher vielleicht nicht als relevant erachtet wurden. Es ist zu vermuten, dass biologische, emotionale und situative Prozesse einander bedingen.

129 Paetsch 2010, S. 29.

130 Shiv et al. 2005.

131 Camerer, Loewenstein & Prelec 2004, S. 573.

132 Das Thema 'Nachhaltigkeit' ist gesellschaftlich hochaktuell, wie zahlreiche Artikel der Printmedien über viele Lebensbereiche hinweg belegen. Persönliche und geschäftliche Auseinandersetzung mit nachhaltigem Leben und Wirtschaften gilt offenbar als zeitgemäß und sozialpolitisch angebracht.

Aufgrund ihres bereits heute erkennbaren schnellen Fortschritts ist davon auszugehen, dass die Neuroökonomie in der Forschungslandschaft absehbar einen wichtigen Platz einnehmen wird. Sie wird nicht nur die Verhaltensökonomie revolutionieren, sondern dadurch auch tiefgreifend die Betriebswirtschaftslehre (Marketing, Organisationstheorie) beeinflussen.

Für die hiesige Fragestellung kann das einen Durchbruch bedeuten. Dass Entscheidungsverhalten auf mehreren Bausteinen wie denen des *Dynamischen Akteursmodells* fußt, könnte womöglich anhand der Gehirntätigkeit nachvollzogen werden. Bereits heute ist ein Zusammenhang zwischen Status und Kaufentscheidungen durch die fMRT[133] messbar.[134] Auch die Intuition ist nachweislich in Form unbewusster emotionaler Signale bei fast allen Entscheidungssituationen vertreten.

In welchen Situationen Entscheider ökologischen und sozialen Aspekten bei Immobilienprojekten Präferenz einräumen, könnte eventuell anhand biochemischer Reaktionen nachvollzogen werden. Beobachtungen und Messungen in entsprechenden Entscheidungssituationen (möglicherweise in Kombination mit spieltheoretischen Experimenten) führen dann zu der Erkenntnis über die Funktionsweise des Entscheidungsverhaltens. Daduch wird einerseits nachvollziehbar, unter welchen Bedingungen nicht nachhaltige Entscheidungen getroffen werden. Um nachhaltige Entscheidungen zu induzieren, müssten also entsprechende Bedingungen vermieden werden. Andererseits könnten Akteure durch gezielte Stimuli zu strategischen (im Sinne von nachhaltigen) Handlungen bewegt werden, was bei genauer Kenntnis ihrer Reizmechanismen, möglicherweise sehr effektiv wäre. Auf diese Weise ließen sich Nachhaltigkeitsstrategien nicht nur in der Immobilienbranche vergleichsweise reibungslos durchsetzen.

7.2 Die Entscheidung in der ökonomischen Theorie

Das gegenwärtige Kapitel behandelt Themenbereiche, die bereits in der sozial- und wirtschaftswissenschaftlichen Theorie aufgegriffen wurden, die jedoch bisher wenig Eingang in die Immobilienökonomik fanden. Gegenstand der Ausführungen ist nun die Art und Weise, wie Individuen zu einer Entscheidung gelangen oder getrieben werden, um Handlungen vorzubereiten, die zielführend für die Generierung des gewünschten Nutzens aus Immobilien sind – und welche Hemmnisse im Verbund mit anderen Akteuren und dem Markt zu erwarten sind. Dahin gehend wird versucht, einige allgemeingültigen Erkenntnisse der Entscheidungstheorie, insbesondere der Verhaltensökonomik und auch der Spieltheorie heranzuziehen, um Muster im Akteursverhalten rund um das Wirtschaftsgut Immobilie offenzulegen und als Basis

133 Funktionelle Magnetresonanztomographie. Diese Messmethode des Sauerstoffgehaltes des Blutes in bestimmten Hirnregionen gehört zu den neueren bildgebenden Verfahren und kommt zunehmend zum Einsatz.

134 Erk et al. 2002.

für Lösungsansätze zur ganzheitlichen Implementierung von Nachhaltigkeitsstrategien zu nutzen.

7.2.1 Anlass und Impulsgeber von Entscheidungen

Das Treffen von Entscheidungen findet in der Regel aufgrund eines festgestellten Defizits, aufgrund sich ändernder Parameter einer Situation oder aufgrund eines Bedürfnisses statt. Es handelt sich um einen Prozess, der sich mit der Auswahl zweier oder mehrerer Alternativen beschäftigt, um eine bestmögliche Reaktion auf erlebte Veränderungen oder Verhaltensweisen, in Erwartung neuerlicher Veränderungen oder Verhaltensweisen, vorbereiten zu können. Eine Entscheidung ist im Prinzip das Formulieren einer Absicht. Sie dient dazu, ein bestimmtes Tun, eine Handlung, zu initiieren. Auch die Entscheidung, etwas zu unterlassen, stellt in diesem Sinne eine Handlungsvorbereitung dar.

Nicht immer findet Entscheiden bewusst statt. Die Mehrzahl der menschlichen Entscheidungen gründen auf Routine und Habitualisierung. *Man macht etwas, weil man es immer schon so gemacht hat oder weil andere es auch so machen.* In solchen Fällen werden zurückliegende Erfahrungen oder die Erfahrungen anderer verarbeitet und nicht hinterfragt (vgl. Kap. 6). Jedoch stellen sich gelegentlich Situationen ein, wo andere Aspekte eine Rolle spielen und neue Umstände dazu zwingen, bewusst nach einer Lösung zu suchen. Der Prozess der Entscheidungsfindung wird in Gang gesetzt.

7.2.2 Grundlegendes zur Entscheidungstheorie

Um möglichst adäquate Entscheidungen treffen zu können, hat die Entscheidungstheorie ein Modell entwickelt, das Grundlage eines methodischen Vorgehens ist. Wichtig zum Verständnis der stellenweise abstrakten Theorie ist, dass sie nicht auf einen bestimmten Typus des Entscheiders ausgerichtet wird; sie bleibt völlig frei von ethischen und kulturellen Wertvorstellungen. Stattdessen versteht sie sich als Leitfaden, die persönlichen Ziele und Werte des Entscheiders im Zuge des Prozesses anzuwenden und so zu einer subjektiv adäquaten Handlungslösung zu kommen.[135]

Das *Grundmodell der Entscheidungstheorie*[136] versucht, unabhängig von den spezifischen Eigenarten einer Situation, Entscheidungen und ihren Verlauf auf eine gemeinsame Grundstruktur zurückzuführen. Im Zuge der methodischen Anwendung werden in einer Matrix die erwogenen Alternativen den angestrebten Zuständen

135 Laux 2007, S. 3.

136 Laux 2007.

(beschrieben durch Ziele und Präferenzen des Entscheiders) gegenübergestellt und die Konsequenzen gegeneinander abgewogen.

Entscheidungen sind demzufolge niemals objektiv optimal, sondern bestenfalls subjektiv optimal – in der Praxis oftmals aber lediglich subjektiv zufriedenstellend. Aufgrund hoher Aufwendungen für Informationsbeschaffung und zeitlichen Zwängen wird das Zielsystem häufig nicht durch eine Maximalforderung definiert, sondern durch eine befriedigende Mindestgröße, nach deren Erreichen der Entscheidungsfindungsprozess abgebrochen wird.[137] Das traditionelle Modell der Entscheidungstheorie wird hier zugunsten des sinnvoll Machbaren relativiert.

Das Modell methodisch anzuwenden bedeutet, einen Prozess zu durchlaufen. Jeder Entscheidungsprozess beinhaltet in der Regel mehrere Phasen:[138]

1. Formulierung des Problems und Beschreiben der Situation, von der die Forderung nach einer Entscheidung ausgeht.
2. Präzisierung des Zielsystems, z. B. durch Beschreiben des erwünschten Endzustandes. Damit einher geht auch die Beschreibung der Prämissen und Randbedingungen sowie eventueller K.O.-Kriterien.
3. Ermittlung und Feststellung der Alternativen, die für eine Entscheidung in Frage kommen.[139] Gegenüberstellung der Aktionsmöglichkeiten und zu erwartender Konsequenzen einschließlich ihrer Eintrittswahrscheinlichkeiten.
4. Bewertung der Alternativen nach einem bestimmten Maßstab und den in Phase 2 festgesetzten Zielen. Die Alternativen werden in eine Reihenfolge gesetzt oder solange gegeneinander abgewogen bis nur noch eine Wahlmöglichkeit verbleibt.
5. Festlegung der relativ besten Alternative als Ausgangspunkt für weitere Entscheidungen oder Handlungen.

Diesem Ablauf wird vorwiegend im Geschäftsleben gefolgt.[140] Seiner strikten Beachtung kommt deshalb eine hohe Bedeutung zu, weil aus dem Ergebnis des Entscheidungsprozesses Konsequenzen erwachsen können, die eventuell nicht absehbar waren und dem anvisierten Ziel zuwiderlaufen könnten. Nicht das Treffen der Entscheidung ist meist das Problem, sondern die Abschätzung ihrer Wirkung im Vorfeld.

137 Laux 2007, S. 54 ff.

138 Sinngemäß nach Rohwer 2006, S. 8 (mit Überarbeitung) und Laux 2005, S. 32 ff. (ergänzt).

139 Genau genommen werden bereits hier erste Entscheidungen gefällt. In der Vorauswahl der Alternativen werden unter anderem Eingangsfaktoren bestimmt und Gewichtungen vorgenommen.

140 Nicht immer setzt eine Handlung eine Entscheidung voraus. Manche Handlungen erfolgen automatisch in direkter Reaktion auf einen Impuls wie z. B. Flucht bei Bedrohung, Aufmerksamkeit bei lauten Geräuschen etc. Solche Situationen sind jedoch nicht Gegenstand der hier geführten Betrachtung, die sich auf strategische Entscheidungen beschränkt.

7.2.3 Der Prozess der Entscheidungsfindung

Die Forschung in der Entscheidungstheorie ist weit fortgeschritten und beschreibt verschiedene Richtungen. Innerhalb dieser Arbeit kann leider nur auszugsweise auf die Bandbreite ihrer Inhalte eingegangen werden, soweit es zum Verständnis der wissenschaftlichen Argumentation geboten ist und sie dienlich sein kann, Entscheidungs- und Handlungsmuster derart zu steuern, dass die Forderung nach Nachhaltigkeit rund um die Immobilie erfüllt wird.

Wie Entscheider zu ihrer *besten* Wahlalternative gelangen, stellt schematisch Abbildung 12 dar.

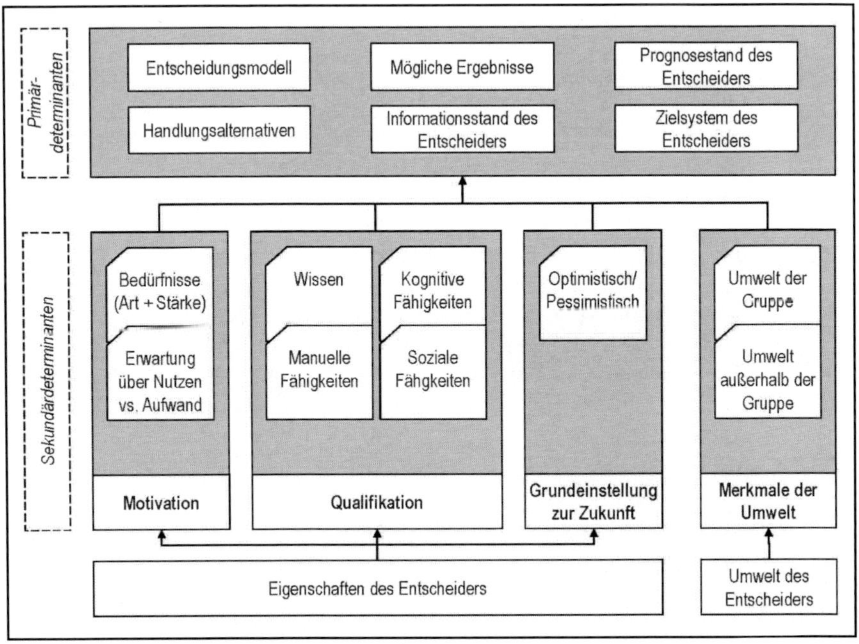

Abb. 12: Entscheidungssystematik gemäß Blickwinkel der Entscheidungstheorie nach *Laux*[141]

Während die Primärdeterminanten in vorbereitenden Entscheidungen (sogenannten Meta-Entscheidungen) bereits vorab kalkuliert wurden und das Bindeglied zwischen Entscheider und Entscheidungssituation darstellen, bilden die Sekundärdetermi-

141 Laux 2005, S. 67.

nanten den Entscheider in seiner Persönlichkeit und Eigenart ab. Das gesamte Paket ist für die letztliche Entscheidungswahl erforderlich – kein Baustein darf unberücksichtigt bleiben. Die Frage der Gewichtung der einzelnen Bausteine ist damit allerdings nicht geklärt und muss fallweise behandelt werden.

Die Entscheidungssystematik nach *Laux* verfolgt ein vergleichbares, aber nicht gleiches Ziel wie das *Dynamische Akteursmodell*; sie ist bestrebt, auf möglichst universeller Basis einen Überblick zu liefern einerseits über Kriterien, die Individuen aktiv im Zuge von Entscheidungen abarbeiten, und andererseits über die beeinflussenden Parameter, die den Individuen Grenzen der Entscheidungsfähigkeit setzen. Herangehensweise und Orientierung der beiden Modelle sind jedoch unterschiedlich.

Die Systematik nach *Laux* liefert stellenweise Hinweise darauf, wo Nachhaltigkeitsaspekte als Schwerpunkt zumindest mittelfristig implementiert werden können. So könnte innerhalb jedes Bausteins eine Untersuchung vorgenommen werden, wie verbreitet Nachhaltigkeitsthemen in den einzelnen Segmenten bereits sind.

Jedoch treten folgende ungeklärte Aspekte bei der Entscheidungssystematik hervor, die vermuten lassen, dass sie als Grundmodell für ein methodischen Vorgehen zur Implementierung einer ganzheitliche Nachhaltigkeitsstrategie nicht geeignet wäre.

- Die aufgeführten Bausteine der Sekundärdeterminanten sind recht klar gegeneinander abgrenzbar und vermitteln den Eindruck akteursspezifisch fixe Eigenschaften darzustellen. Tatsächlich sind diese stetig im Wandel und je nach Entscheidungssituation anders zu gewichten. Nach den Erkenntnissen der vorangehenden Kapitel unterliegen Akteure permanenten Veränderungen in ihren Erwartungen, Bedürfnissen und Fähigkeiten und wägen Präferenzen stetig neu ab. Sie stehen außerdem unter dem Einfluss ihres Umfelds (bei *Laux* bezeichnet als Umwelt), was hier nicht in Form einer Wechselbeziehung abgebildet wird. Das System ist somit statisch und nicht angemessen.
- Das System suggeriert die Gleichzeitigkeit aller Abläufe – jeweils bei Primär- wie auch bei Sekundärdeterminanten. Um mittels Meta-Entscheidungen aus einzelnen Kriterien Entscheidungsmodell und Zielsystem zu formen, die ihrerseits dann für die Hauptentscheidung eingesetzt werden, findet aber in Wirklichkeit ein rekursiver Prozess unter Einbeziehung *aller* Determinanten statt. De facto entwickelt der Akteur im Zuge des Meta-Prozesses auch die Sekundärdeterminanten weiter, die ihrerseits dann den Primärdeterminanten eine neue Richtung verleihen können und umgekehrt. Bei einem rekursiven Prozess stellt sich irgendwann die unbequeme Frage nach der originalen Gestalt der Bausteine, die Bestandteil der Ur-Entscheidung waren, quasi dem ersten Meta-Prozess. Spätestens hier würde die Untersuchung jedoch ins Philosophische abdriften, weshalb der Gedanke nicht weiter verfolgt wird. Das System liefert keine Antwort auf die Konstellation der Ur-Entscheidung.
- Unspezifische persönliche Entscheidungsparameter werden der diffusen

Klassifikation *Grundeinstellung zur Zukunft* zugeordnet. Leider ist damit die *Grundeinstellung zur Gegenwart* ausgeschlossen worden, die ebenso entscheidungsrelevant wäre. Auch wird nicht definiert, welche Merkmale den Begriff *Grundeinstellung* beschreiben. Dieser Baustein ist damit gleichzeitig inhaltsleer und überfrachtet, muss er doch alles aufnehmen, was die Geisteswissenschaften wie Soziologie und Psychologie zur Entscheidungsfindung diagnostiziert haben (Intuition, persönliche (Lebens-) Erfahrung, kulturelle Eigenarten und Umgangsformen etc.).

Die Entscheidungssystematik nach *Laux* beschäftigt sich offensichtlich mit einer Ausgangsfrage, die von der Aktivität des Entscheiders ausgeht. Individuen, die entscheiden, tun dies hiernach bewusst und aktiv: *"Woran richtet der Akteur Entscheidungen aus?"*

Das *Dynamische Akteursmodell* dagegen erkennt die einzelnen Entscheidungsparameter als Determinanten und Verbindlichkeiten. Der Entscheider kommt unter der Vielzahl der gegebenen Parameter, dem Umstand seiner Person, seinem Umfeld und seiner Situation geradezu automatisch zu einer einschlägigen Entscheidung. Die Ausgangsfrage beruht folglich auf der Voraussetzung der Passivität des Entscheiders: *"Wodurch werden Entscheidungen des Akteurs gelenkt?"*

	Entscheidungssystematik nach *Laux*	**Dynamisches Akteursmodell**
Ausgangsfrage	Woran richtet der Akteur Entscheidungen aus?	Wodurch werden Entscheidungen des Akteurs gelenkt?
Orientierung	aktiv	passiv
Formation der Parameter	statisch	dynamisch

Tab. 7: Gegenüberstellung zweier Entscheidungssysteme[142]

Anschaulich – wenngleich etwas überspitzt – hat es *Duesenberry* formuliert:

> *"Economics is all about how people make choices. Sociology is about why they don't have any choices to make."*[143]

142 Eigene Darstellung.

143 Duesenberry 1960, S. 233.

Die Lösung liegt wohl in der Vermittlung beider Denkrichtungen. Die tradierte Ökonomie allein ist sicherlich nicht in der Lage, mit dem Anspruch der Nachhaltigkeit umzugehen, fordert dieser doch unter anderem die Einbeziehung zusätzlicher Werte (neben den monetär orientierten auch soziale und ökologische) und die Anerkennung von Steuerungsmechanismen durch das Umfeld, was einer Überarbeitung der bisherigen Leitbilder bedarf.

Inwieweit dieser Prozess bereits vorangeschritten ist, soll eine kurze Analyse der ökonomischen Theorien zeigen.

7.2.4 Relevanz und Brauchbarkeit vorhandener Systemtheorien für eine Nachhaltigkeitsstrategie

Wie sich die Stellung des Akteurs innerhalb der ökonomischen Theorie entwickelt hat, veranschaulicht Abbildung 13 anhand der Neoklassik, Umweltökonomie und Neue Institutionenökonomik. Sie stellen jeweils den Akteur und seine Präferenzen in den Mittelpunkt ihres Modells. Wesentliche Inhalte ranken sich um die Frage, wie er seine Bedürfnisse befriedigt und seinem Nutzenanspruch nachgeht, wobei jeweils einige Begleitumstände eine andere Gewichtung erhalten oder überhaupt neu als Bedingung eingeführt werden. Der Akteur entscheidet aktiv und – innerhalb eines gewissen Spielraums – gemäß seiner Präferenzen frei. Dass diese Freiheit nur scheinbar existieren kann, hat erstmals die Neue Institutionenökonomik herausgestellt. Nun werden soziale Einflüsse anerkannt, beispielsweise zwischen Prinzipal und Agent, was zu der Notwendigkeit von Steuerungsmaßnahmen führt, um letztlich ein positives Gesamtergebnis der Unternehmung zu erzielen. Zu den Steuerungsmaßnahmen gehören von außen eingeführte Regeln (Gesetze), aber auch Anreize und Selbstbindungsmaßnahmen wie Verträge. Für den Bau- und Immobiliensektor sind Bau- und Umweltämter zuständig, die Interessen der Allgemeinheit an dem öffentlichen Gut 'Umwelt' zu vertreten.

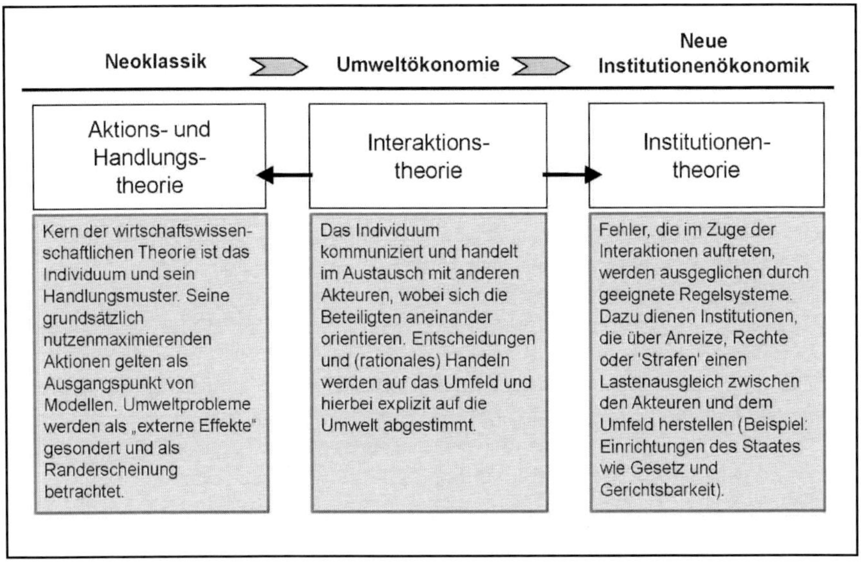

Abb. 13: Stellung des Akteurs in der Systemtheorie nach *Homann*[144]

Nachdem Umweltbelange in der Neoklassik nicht entscheidungsrelevant waren, sondern als externe Effekte zwar registriert wurden aber keinen Korrekturbedarf auslösten, findet durch die Umweltökonomie endlich eine Einbindung in das System statt.

Gemäß der Lehre der Umweltökonomie wird die Umwelt zu einem handelbaren Gut, das beispielsweise durch Zertifikate erworben oder veräußert werden kann (in der Literatur bekannt als das Tauschprinzip nach *Coase*).[145] Die natürlichen Ressourcen werden zu diesem Zweck monetarisiert, also in das bestehende Wirtschaftssystem integriert. Das Bestreben, öko-effiziente Güter (auch in Form von Immobilien) zu produzieren, erfordert die Zuordnung einer quantifizierbaren Einheit, um eine Vergleichbarkeit mit Kosten und Nutzen herstellen zu können. Als Instrumente, die den Gebrauch der natürlichen Ressourcen begrenzen, werden Steuern und Abgaben (in der Literatur als *Pigou-Steuer* bekannt) vorgeschlagen.[146] Dazu gehören beispielsweise Ausgleichszahlung der Flächenversiegelung bei Neubauten. Sie werden seitens der Bauwilligen in die Wirtschaftlichkeitsrechnung integriert und bilden einen von vielen Aspekten der Finanzierbarkeit des Projektes.

144 Homann & Meyer 2009, S. 23 ff., mit eigenen Ergänzungen.

145 Balks 1995, S. 10.

146 Lee 2004, S. 11 ff.

Zahlreiche Forschungsansätze kritisieren diese Instrumente jedoch als ineffizient, unpraktikabel und ethisch zweifelhaft – so sollten Regulierungsmaßnahmen doch reale Verhaltensmuster wie Moral, Macht und Habitus berücksichtigen.[147] Inwiefern solche Beurteilungen zutreffen und wo die Chancen dieser Instrumente liegen, wird im Weiteren noch ausführlich diskutiert (vgl. Kap. 10).

Allein Umweltbelange in ökonomische Prozesse einzubeziehen zwecks wirkungsvoller Akteurssteuerung führt leider nicht weit genug, um das Ressourcenproblem zu bewältigen. Die Nachhaltigkeitsökonomie zeigt darüber hinausgehende Forderungen auf. Sie korrespondiert in den Grundzügen mit dem Dreisäulenprinzip (Ökonomie, Ökologie, Soziales), setzt es jedoch wie eine intergenerative und intragenerative Grenzfunktion ein. Demnach ist den Akteuren freies Wirtschaften insoweit erlaubt, wie ein ausgeglichener Ressourcenhaushalt dies mit Rücksicht auf zukünftige Generationen zulässt. Umwelt gilt nicht mehr als handelbares Gut, sondern als Rahmenbedingung für sämtliche Bedürfnisbefriedigung der Akteure. Damit wird die *starke Nachhaltigkeit* als Leitbild proklamiert. Derzeit existieren für den Bau- und Immobiliensektor keine Instrumente, die auf einem derartigen Ansatz basieren.

Am Beginn des 21. Jahrhunderts befindet sich unser Kulturkreis nun an einem Wendepunkt. Das Wissen um die Notwendigkeit und Sinnhaftigkeit nachhaltigen Wirtschaftens sowie nachhaltigen Bauens und Wohnens ist nicht nur in den Köpfen der Wissenschaftler unterschiedlicher Fakultäten angekommen. Manager und andere Entscheidungsträger der Wirtschaft sind mit den Ansätzen vertraut und denken vereinzelt über eine selektive Umsetzung nach. Dennoch fehlt es an Stringenz und Durchsetzungskraft, wie die Umfragen gezeigt haben. Im Alltag werden Entscheidungen absehbar noch nach dem Modell der neoklassisch gefärbten Umweltökonomie getroffen.

Der Stellenwert der Neoklassik für die Einzelentscheidung des Individuums wird im Folgenden kurz umrissen. Daraus lässt sich ersehen, wo die Herausforderungen liegen, um nachhaltiges Verhalten in allen Lebensbereichen anzustoßen.

147 Neben den vorgenannten Quellen vgl. auch Cortekar, Jasper & Sundmacher 2006, S. 150.

7.2.5 Exkurs: Entscheiden und Handeln gemäß der Neoklassischen Theorie

Wirtschaftstheoretiker definieren den Begriff der Neoklassik unterschiedlich[148] und kommen seit seiner Entstehung zu Beginn der 1870er-Jahre zu entsprechend abweichenden Gedankenmodellen. Für die Transformation auf unsere immobilienökonomische Betrachtung hinsichtlich nachhaltiger Akteurshandlungen ist ein kleiner wissenschaftstheoretischer Exkurs notwendig, der dieses umfangreiche Fachgebiet allerdings nur in sehr komprimierter Form darzustellen vermag. Es genügt, sich auf folgende recht unumstrittene Axiome[149], die aus heutiger Sicht den Charakteristika der Neoklassik zugrunde liegen, zu einigen:

Axiom der Handlungen und Situationsbestimmtheit

Die Situation bestimmt die Art der Handlung, die ein Individuum ausführt. Es wird jedenfalls *immer* eine Situation vorliegen. In dieser wird *immer* eine Handlung – aktiv wie passiv – vollzogen.[150]

Das Rationalitätsaxiom und sein Homo oeconomicus

Das Individuum handelt rational und versucht, sein Vorgehen zu optimieren bzw. seinen Nutzen unter Minimierung des Aufwandes zu maximieren. Dahinter steckt der Wunsch nach Effizienz. Der *Homo oeconomicus* ist sein kompromissloses Modell, das in jeder Situation zweckrational handeln würde, was in der Realität des Menschen durch den Einfluss seiner Emotionen allerdings stark verwässert wird. Damit ist das Rationalitätsaxiom im Alltag zwar nicht immer und überall gültig, wird aber in der Wirtschaftstheorie überwiegend akzeptiert.[151] Denn es ist als plausible Grundannahme innerhalb der theoretischen Modellbildung immer wieder modifizierbar. Der *Homo oeconomicus* ist nicht als Mensch zu sehen, sondern vielmehr als eine Abbildung rationaler Entscheidungen, die in der Wissenschaft unter anderem dafür genutzt wird, sozio-ökonomische Entwicklungen zu antizipieren.

---

148 Vilks 1991, S. 1.

149 *Axiom:* Grundsatz, der nicht bewiesen ist, aber durch seine unmittelbare Einsichtigkeit/Plausibilität keine unbegründete Annahme darstellt. Aus der Ableitung von Axiomen entwickelt sich das Theorem (Lehrsatz).

150 Vilks 1991, S. 32 f..

151 Vilks 1991, S. 27.

Diese Axiome wirken teilweise trivial, sind aber wichtig für das Verständnis des Modells, das der neoklassischen Theorie zugrunde liegt. *Lee*[152] hat darüber hinaus Charakteristika zusammengetragen, die seiner Meinung nach zwar nicht eindeutig auf die Neoklassik hinweisen, aber in ihrer Gesamtheit den Begriff hinreichend definieren:

Methodologischer Individualismus

Das Individuum ist zentrales Element der neoklassischen Theorie. Seine persönlichen Präferenzen und darauf basierenden Handlungen bilden die Ausgangsfragen für die Wissenschaft und damit die kleinste Analyseeinheit. Das Verhalten von Gruppen wird auf diese kleinste Handlungseinheit zurückgeführt. Das Individuum und seine persönliche Handlungsfreiheit werden in der Neoklassik stark abstrahiert, teilweise idealisiert.

Tauschparadigma und gleichgewichtige Allokation

Während die Tauschaktivitäten des Individuums untersucht werden, bleiben Produktion und Konsum eher unbeachtet. Die Neoklassik strebt ein stabiles Gleichgewicht der Verteilung aller gesamtwirtschaftlichen Güter an und geht dabei von zwei Gruppen aus: den Produzenten und den Konsumenten. Vorausgesetzt wird, dass immer gerade so viele Güter produziert werden, wie nachgefragt sind und umgekehrt. Die Güter werden so verteilt und gebraucht, dass sie optimale Verwendung finden, wobei ihr Tausch immer auf dem offenen Markt unter konkurrierenden Akteuren stattfindet. Die Gleichgewichtstheorie gilt als Kerngedanke der Neoklassik.

Invisible Hand und Effizienz der Marktwirtschaft

Das Ziel des ökonomischen Gleichgewichts wird in der neoklassischen Modellwelt durch den Markt, die unsichtbare Hand, erreicht. Um trotz Nutzen- und Präferenzmaximierung des Individuums eine gerechte Verteilung zu gewährleisten, hat *Vilfredo Pareto* (1848–1923) durch seine Theorien die moderne Wohlfahrtsökonomik mit geprägt. Die *Pareto-Effizienz* oder das *Pareto-Optimum* sei dann erreicht, wenn die allgemeine Einkommensverteilung (oder Güterallokation) der Individuen nicht verändert werden kann, ohne dass dadurch ein anderes Individuum schlechter gestellt würde.[153] Damit einher geht die Forderung der Wirtschaftspolitik nach vollständiger Konkurrenz und Deregulierung des Marktes.

---

152 Lee 2004, S. 28–31.

153 Schussmann 1973, S. 18.

Autonomie der Marktökonomie

Inhalt der Theorie des Tausches sind alle preisbewerteten Güter, die nur so auf dem Markt handelbar sind. Alle anderen Bereiche des menschlichen Lebens wie die Umwelt und das soziale Miteinander müssen daher außen vor bleiben; sie gelten zunächst als *öffentliche Güter*, die – solange sie keine Störfaktoren für das System darstellen – ignoriert werden. Damit werden sämtliche Ressourcen (Arbeitskräfte, Rohstoffe, Konsumenten) als selbstverständlich ausreichend vorhanden klassifiziert.[154] Der Markt wird autonom von seinen Reproduktionsprozessen. Dieses Axiom ist insbesondere ursächlich für das Vorliegen der Umweltproblematik.

Die soeben kurz umrissenen modellhaften Handlungsmuster wirken in der ein- oder anderen Ausprägung auf alle Wirtschaftsbereiche, insbesondere dort, wo Kapitalströme fließen und Transaktionen getätigt werden. Trotz ihres inzwischen unbestrittenen einseitigen materiellen Schwergewichts, das soziale Komponenten mehr oder weniger ausblendet, bilden neoklassische Handlungsmuster im Geschäfts- und politischen Leben heute immer noch den *Mainstream*.[155]

Parallel dazu finden andere Systemtheorien verstärkte Anerkennung – gerade auch, weil das neoklassische Entscheidungsmuster durch seine einseitige Ausrichtung auf das Individuum keine ausschließliche Gültigkeit besitzt. Einen für die hiesige Fragestellung interessanten Blickwinkel liefert die Neue Institutionenökonomik, die schwerpunktmäßig die Interaktionen von Akteuren zum Inhalt hat.

7.2.6 Exkurs: Inhalt und Anspruch der Neuen Institutionenökonomik

Die neue Institutionenökonomik ist eine recht weit verzweigte Lehre, die insbesondere in ihrer Frühzeit, zu Beginn der 1940er Jahre, einige Elemente der Neoklassik übernahm, um andere gänzlich abzulehnen. Von einigen Vertretern wurde sie dann auch lediglich als Korrekturmodell verstanden, um die starren Axiome der Mikroökonomie aufzubrechen und durch lebensnahe Modelle zu ersetzen, doch spätestens seit der 60er-/70er-Jahren hat die Neue Institutionenökonomik einen eigenen anerkannten Stellenwert erhalten.

---

154 Fälle von Verknappung oder andere Störfaktoren werden als *externe Effekte* bezeichnet; erst die modernen Entwicklung der neoklassischen Theorie versucht, sie in das Theoriemodell zu integrieren. Ein Ausgleich kann beispielsweise über eine Steuer erfolgen. Für weitergehende Details vgl. Baumol 1972.

155 Krätke 1999, S. 100–105. Kritisch und vehement wird dem "neoklassischen Einheitsdenken" vorgeworfen, es würde die internationale Politik, Organisationen und die akademische Lehre vollständig beherrschen und somit erfolgreich suggerieren, dass es allein die Ökonomie ist, die das gesellschaftliche Leben steuern kann.

Die Absicht der effizienten Allokation von Gütern (hier: Nutzenoptimierung von immobilen Flächen), die Gegenstand der Betrachtung der Neoklassik ist, wird grundsätzlich auch von der Neuen Institutionenökonomik nicht infrage gestellt. Die Neue Institutionenökonomik geht jedoch weit darüber hinaus, indem Sie untersucht, unter welchen Umständen Phänomene wie anhaltendes Marktungleichgewicht, opportunistisches Verhalten Einzelner und unvollständige Verträge unter Geschäfts- und privaten Partnern zustande kommen. Nun steht nicht mehr das Individuum im Mittelpunkt der Betrachtung, sondern Institutionen und Regelwerke wie beispielsweise Gesetze, Normen, Verhaltenskodizes und Moral. Nicht mehr Nutzenfunktionen und Präferenzen, sondern Bedingungen und Restriktionen werden erforscht. Rationalität wird als begrenzt vorhanden betrachtet, da vollständige Information zu keiner Zeit und bei keinem Akteur vorliegt.

Darüber hinaus identifiziert die Neue Institutionenökonomik das Unternehmen als Beherrschungs- und Überwachungssystem, das nicht nur Produktionsfunktion hat, sondern als Institution die Teilnahme am Marktgeschehen effizient gestaltet.[156] Zu diesem Zweck werden Verträge, Sanktionen und Boni festgesetzt. Damit wird eine stärker interdisziplinäre Betrachtungsweise zwischen Soziologie, Rechts-, Volks- und Betriebswirtschaft sowie Politikwissenschaft vermittelt.

Im Laufe der Zeit formierten sich verschiedene Richtungen, die mit teilweise unterschiedlichem Schwerpunkt unter dem gemeinsamen Slogan 'Institutions matter' agieren, darunter die Prinzipal-Agenten-Theorie und die Theorie der Verfügungsrechte. Beide Strömungen liefern für die hiesigen Fragestellungen interessante Erkenntnisse.

Es lässt sich feststellen, dass die Teilbereiche der Neuen Institutionenökonomik durchaus aneinander anknüpfen, sich teilweise auch überschneiden. Im Unterschied zur Neoklassik sind die Theorien der Neuen Institutionenökonomik jedoch nicht als weltumspannendes Komplettwerk zu sehen; ihre Vertreter wollen vielmehr schwerpunktbezogen die gesellschaftlichen Interaktionen untersuchen, um dann ergänzend zu anderen Modellen[157] zu einem besseren Verständnis und zukünftiger Mehrung pareto-optimaler politischer und sozio-ökonomischer Entscheidungen zu finden.

7.2.6.1 Exkurs: Das Bild des Akteurs in der Prinzipal-Agenten-Theorie

Geschäftsbeziehungen am Markt sind immer durch bestimmte Abhängigkeiten der Partner untereinander gekennzeichnet. Oft stellen sie sich in Form von Auftraggebern und Auftragnehmern, aber auch von Arbeitgebern und Arbeitnehmern, wie von Anbietern und Kunden dar. Der aktiv delegierende bzw. weisungsbefugte Partner

156 Williamson 1996, S. 1 f.

157 Williamson & Masten 1995, S. xxiv.

wird als Prinzipal, der weisungsgebundene Partner als Agent bezeichnet – je nach Betrachtungswinkel.

Während der Prinzipal den Agenten einsetzt, um durch ihn seine Ziele verfolgen und Strategien umsetzen zu lassen, agiert der Agent stellvertretend und damit (zumindest vordergründig) im Interesse des Prinzipals. Die erreichte Nutzenmehrung ist für beide gewinnbringend, da der Agent erwartet, besser gestellt zu werden, wenn sich die Situation seines Prinzipals verbessert.

Ergänzend zu dieser formalen Konstellation besteht die Möglichkeit, dass der Agent bei sich bietender Gelegenheit versuchen wird, seine eigenen Interessen zu verfolgen, um den eigenen Nutzen zu erhöhen, auch wenn dies nicht im Sinne der allgemeinen Wohlfahrtsmehrung innerhalb des Kontraktes zwischen Prinzipal und Agent ist.[158] Den Grundzügen des methodologischen Individualismus folgend, wägt der Agent zunächst ab, ob er günstiger fährt, die gemeinsamen Ziele anzustreben oder ob er seine privaten Ziele höher ansiedeln sollte. Im zweiten Fall wird es voraussichtlich zu sogenannten Residualverlusten kommen, einer Wohlfahrtsminderung.

Seine opportunistischen Ziele kann der Agent auf zwei verschiedene Arten erreichen: durch zurückgehaltene Fach- und Lageinformationen, sogenannte *hidden information*, oder durch versteckte Handlungen, sogenannte *hidden action*. Beides birgt ein hohes moralisches Risiko dahin gehend, dass der Agent seine Handlungsvollmachten zu eigenen Gunsten ausnutzt und dadurch womöglich die Ziele des Prinzipals vernachlässigt oder sogar torpediert.[159]

Die Prinzipal-Agenten-Theorie bietet einige Empfehlungen an, wie der Prinzipal dem Opportunismus des Agenten vorbeugen kann. Dazu gehören Überwachungsmaßnahmen (Monitoring) und Sanktionen (z. B. Geldbußen), Anreizsysteme (z. B. Gewinnbeteiligung, Prämien) und die Schaffung eines wechselseitigen Abhängigkeitsverhältnisses z. B. über Verträge. Die Ausgestaltung der vertraglichen Grund-

158 Eine interessante Dimension, die in der Forschung bisher vernachlässigt wurde, ist der Opportunismus des Prinzipals. Es kann nicht ausgeschlossen werden, dass der Auftraggeber (Prinzipal) Ziele verfolgt, die dem Auftragnehmer (Agenten) verborgen bleiben sollen. Scheinziele werden vorgeschoben, um mittels Unterstützung anderer Akteure Zwecken zu dienen, die aus unterschiedlichen Gründen nicht öffentlich bekannt werden sollen. Das kann beispielsweise der Fall sein, wenn projektgebundenes Fremdkapital genutzt wird, um persönliche finanzielle Gewinne zu realisieren (Spekulationsgeschäfte) oder um ethisch zweifelhafte Schritte zu verschleiern. Opportunismus aufseiten des Prinzipals kann dann entstehen, wenn er erstens fürchten muss, dass kein Agent bereit wäre, seine wahren Ziele zu unterstützen, oder er zweitens die Möglichkeit sieht, durch Manipulation den Agenten zu höherer Leistungsbereitschaft zu veranlassen (Täuschungsmanöver durch Lancieren von falschen Informationen, leere Versprechen zu Gratifikation, Verklausulierungen in Verträgen etc.). Die Konsequenzen bei Aufdeckung von opportunistischem Verhalten bei Prinzipalen dürften im Allgemeinen weitreichender sein als opportunistisches Verhalten aufseiten von Agenten, da die Fortführung des Projektes stärker an der Integration des Prinzipals hängt, der in beiden Fällen das höhere Maß an Verantwortung trägt. Es ist einfacher, einen Agenten auszutauschen, ohne das Projekt zu gefährden, als auf den Prinzipal zu verzichten. Auch insofern sollte es Ziel einer Nachhaltigkeitssteuerung sein, möglichst die einflussreichen Akteure prioritär einzubinden.

159 Welge 2008, S. 53.

lagen bildet dabei einen weiteren Schwerpunkt innerhalb der Neuen Institutionenökonomik.[160]

7.2.6.2 Exkurs: Akteurshierarchien und die Theorie der Verfügungsrechte

Die Theorie der Verfügungsrechte – auch *Property Rights Theory* genannt – vertritt die These, Handlungen von Individuen erklären zu können, indem Individuen ähnliche Strategien im Umgang mit Gütern verfolgen, sofern Verfügungsrechte übereinstimmend definiert und überantwortet sind. Vorausgesetzt wird dabei, dass es sich um private Verfügungsrechte handelt, die ihrerseits wiederum in einem stabilen institutionellen Umfeld angesiedelt sind, was im deutschen Sprachraum als vorhanden angenommenen wird.

Verfügungsrechte werden nach *Alchian und Demsetz*, den führenden Vertretern der Theorie der Neuen Institutionenökonomik, klassifiziert als:[161]

- das Recht, ein Gut zu nutzen,
- das Recht, seine Erträge einzubehalten,
- das Recht, seine Substanz oder Form zu verändern,
- das Recht, ein Gut mit den daran bestehenden Verfügungsrechten anderen ganz oder teilweise zu überlassen.

Je höherrangig die Rechte an einem Gut sind, umso höheren Nutzen und Gewinn kann das Individuum daraus erzielen. Damit wird nicht die Allokation der Ressourcen betrachtet,[162] sondern die Gewalt über selbige. Es ist zu erwarten, dass höherrangige Rechte effizienzsteigernd wirken.[163] Hierfür gibt es zweierlei Gründe: erstens wirken alle Konsequenzen des Handelns direkt auf den Akteur zurück, indem er durch seine alleinige Verfügungsgewalt auch entsprechend alleinige Verantwortung trägt und somit bestrebt ist, negative Folgen zu minimieren.[164] Zweitens steigt der Wert eines Gutes für den Akteur mit der Konzentration seiner Verfügungsrechte, was schlicht darin begründet liegt, dass sich viel umfangreichere Spielräume über

160 Vgl. dazu den Exkurs zur Theorie der Verfügungsrechte im Fortgang dieses Kapitels.

161 Alchian & Demsetz 1973, S. 17.

162 Homann & Meyer 2009, S.14.

163 Picot, Dietl & Franck 1997, S. 57. *"Je vollständiger die Property Rights an einem Gut dem Handelnden zugeordnet sind, desto effizienter wird er handeln. Die Kopplung der Rechte ... sorgt dafür, dass den Handelnden alle Folgen seiner Handlungen selbst treffen. ... Sind die Property Rights an Ressourcen vollständig zuordenbar, dann treten definitionsgemäß keine Wohlfahrtsverluste durch externe Effekte auf."*
Eigentumsrecht als die höchstrangige Form ist nach Milgrom 1992 (S. 321) das effektivste Mittel, Menschen zu motivieren, ihre Vermögenswerte instandzuhalten und zu mehren.

164 Picot, Dietl & Franck 1997, S. 57.

seine effiziente Weiterverwendung ergeben und in der Regel geringere Transaktionskosten (aufgrund der alleinigen Entscheidungsgewalt) anfallen. Die Verdünnung von Verfügungsrechten führt demgegenüber zu einem geringeren Verantwortungsbewusstsein bezüglich eines Gutes.

Verfügungsrechte sind in Form von Kauf, Miete, Pacht, Schenkung etc. handelbar. Dementsprechend kommt der Ausgestaltung von Verträgen, die zumeist den Handel mit Verfügungsrechten zum Gegenstand haben, in der Neuen Institutionenökonomik eine hohe Bedeutung zu.

Die Neue Institutionenökonomik unterscheidet explizite, implizite und relationale Verträge. Explizite Verträge bemühen sich um die vollständige Regelung aller Eventualitäten. Sie streben die Minimierung jeglichen Risikos an und sind im Streitfall vor Gericht problemlos durchsetzbar. Dagegen beruhen implizite Verträge auf Vertrauen und mündlichen Absprachen und sollen ein Beschreiten des Rechtsweges bei Unstimmigkeiten möglichst vermeiden. Dadurch sind sie jedoch im Streitfall schwer einklagbar, weil schriftliche Dokumente oft fehlen.

Relationale Verträge stellen eine Mischform zwischen expliziten und impliziten Verträgen dar. Es werden die wesentlichen Bestrebungen der Vertragspartner dargelegt und in Form von Eckpunkten fixiert. Dabei wird einerseits der Erfahrung Rechnung getragen, dass eine vollständige Erfassung aller Unwägbarkeiten und möglichen Streitfälle unerreichbar ist – wodurch zweitens ein gewisser Handlungsspielraum eröffnet werden kann. Im positiven Sinn soll der Vertrauensvorschuss zu einer stabilen geschäftlichen Verbindung führen, um letztlich den vertraglich vereinbarten Gegenstand auf effizientem Weg zu erzielen. Relationale Verträge enthalten somit zusätzlich zur Sicherung der mindestens erwarteten gegenseitigen Leistung eine sozial-ökonomische Komponente: die Verringerung des geschäftlichen Risikos wird durch soziale Normen und Unterstützung beiderseitiger Ziele herzustellen versucht.

Sämtliche Institutionen werden im Prinzip als Geflechte der verschiedenen Vertragsarten unter Akteuren interpretiert.[165]

7.3 Rationalität – Grundlage der Entscheidungsfindung

Aus den Exkursen über die Neoklassik und die Neue Institutionenökonomik geht hervor:

Erstens: Dem Entscheidungsmodell der neoklassischen Theorie liegt die Annahme zugrunde, Akteursverhalten gründe sich immer auf der Motivation, persönlichen Nutzen zu erzielen oder zu mehren. Tatsächlich muss dieser Umstand als starker Treiber für Entscheidungen angesehen werden. Doch die über entscheidungsbildende Parameter getätigten Aussagen und die eingangs dargestellten Nutzen- und

165 Kubon-Gilke 1997, S. 25.

Wertdimensionen von Gebäuden stellten dar, wie nicht nur neoklassisch-eigennützige, sondern auch altruistische Gründe und wertebezogene Motive in die immobilienwirtschaftliche Entscheidungsfindung eingehen können. Die Menge der Akteursmotive ist also kaum überschaubar.

Zweitens: Darüber hinaus findet eine starke Beeinflussung durch Anreize von außen, aber auch Zwänge statt, wie in dem Exkurs zur Theorie der Neuen Institutionenökonomik belegt werden konnte. Sie können bau- und privatrechtliche Beschränkungen ebenso darstellen wie die Förderung bestimmter Bauprodukte und Anlagen.

Steht der Immobilienakteur nun beispielsweise vor einer planerischen Entscheidungsaufgabe, so hat er mehrere Parameter (1+2) einzubinden und innerhalb von Randbedingungen (3) angemessen zu berücksichtigen:

1. rollengemäße Ziele
2. opportunistische Motive
3. Bedingungen, dazu gehören üblicherweise:
    a. finanzielle Abhängigkeiten vom Investor und den Banken
    b. Abhängigkeiten von Leistungen anderer Fachplaner
    c. Erwartungen der Kunden, dem Bauherrn, den Nutzern etc.
    d. die Mitbewerbersituation im Teilmarkt
    e. eigene Kompetenzen und fachliche Qualifikationen
    f. die allgemeine wirtschaftliche Lage der Branche
    g. regulative Anforderungen
    h. Zeiten und Termine

Für die Verarbeitung dieser Parameter bedient sich der Akteur der *Rationalität*.

7.3.1 Die traditionelle Begriffsbestimmung

Als grundlegendes Merkmal von Abwägungsprozessen im geschäftlichen Alltag wird in der Regel *rationales Kalkül* vorausgesetzt. Ob eine Entscheidung als rational zu bezeichnen ist, richtet sich nach der bewussten Einhaltung von Zielen und Werten des Entscheiders zu einem bestimmten Zeitpunkt.[166] Sofern darauf im Entscheidungsprozess Rücksicht genommen wird, solange also konkrete Ziele entscheidungsbestimmend bleiben und die akteursspezifischen Werte nicht verletzt werden, gilt eine

166 Braun 1976, S. 32 f.

gewählte Alternative als konsistent und auf rationalen Überlegungen basierend. Rationalität ist nach diesem Verständnis streng subjektiv [167] und zeitpunktbezogen.

Um die beste Entscheidung treffen zu können, wäre es erforderlich, Kenntnis aller denkbaren Alternativen zu haben. Doch eines ist unbestritten: Die menschliche Intelligenz und Leistungsfähigkeit reicht nicht aus, alle relevanten Eingangsfaktoren zu erfassen und in ein konsistentes Wertsystem einzuordnen. Nach dem menschlichen Verhaltensmodell *begrenzter Rationalität* wird vom Gehirn nur ein Ausschnitt aus der Realität erfasst und behandelt.[168] Man muss sich auf einige Faktoren, die erwartungsgemäß den höchsten Einfluss auf die Entscheidung haben, beschränken, d. h. die eingehenden Systemparameter werden bewusst ausgewählt, was nicht einer gewissen Willkür entbehrt und damit der neoklassischen Theorie widerspricht.[169]

Die moderne Neoklassik räumt inzwischen ein, dass es in der Praxis unmöglich ist, alle denkbaren Lösungsvarianten zu benennen. Selbst wenn es Softwareprogramme gäbe, die dem Entscheider die Überprüfung aller Alternativen abnehmen und in einer übersichtlichen Struktur abbilden würden,[170] könnte die beste Lösung nicht garantiert werden, denn die Ergebnisse informationstechnischer Berechnungen können immer nur so gut sein, wie die Qualität des eingegebenen Datenmaterials.

Die oben vorgestellten neoklassischen Wertmaßstäbe sind modellhaft zu verstehen. Sie gelten oft, aber nicht immer. Dennoch bilden sie nicht ohne Grund den Kern der meisten Bewertungssysteme, denn Rationalität, die den neoklassischen Wertmaßstäben zugrunde liegt, unterstützt im Allgemeinen die Erfolgsaussichten deutlich. Rationalität richtet sich nach Zweck und Erfolgswahrscheinlichkeit aus, wobei sie

---

167 Nitzsch 2002, S. 93 ff. *Subjektive Rationalität* wird hier gegen *Objektive Rationalität*, die ein normativ anerkanntes Ziel- und Wertesystem voraussetzt, und *Ökonomische Rationalität*, die einen Mittelweg begrenzt auf pekuniäre Ziele und ökonomische Werte bildet, abgegrenzt. Die letzten beiden ließen sich wohl auch als Sonderform der *Subjektiven Rationalität* interpretieren und werden daher hier vernachlässigt. Zur weiteren Vertiefung des traditionellen Rationalitätsbegriffs sei beispielsweise auf die Arbeiten Vilfredo Paretos verwiesen.

168 Simon 1993, S. 29. *"Nach dem Verhaltensmodell begrenzter Rationalität ist der Mensch nicht gezwungen, Entscheidungen zu treffen, die unendlich weit in die Zukunft reichen, die die ganze Skala menschlicher Werte umfassen und bei denen jedes Problem mit allen anderen Problemen der Welt in Zusammenhang steht. In Wirklichkeit ist die Umgebung, in der wir leben, in der alle Lebewesen leben, eine Umgebung, die fast vollständig in verschiedene Probleme zerlegt werden kann."* Diesem Gedanken folgte bereits früher Alfred Marshall, der Begründer der Partialanalyse. Marshall konzentrierte sich bei seinen ökonomischen Betrachtungen nur auf einen Teilmarkt der Wirtschaft; während die übrigen zwar gegeben waren, aber nicht hinterfragt wurden (Hahn et al. 1980, S. 34).

169 An dieser Stelle muss darauf hingewiesen werden, dass die traditionelle Neoklassik die Rationalität mit vollkommener Information gleichsetzt, um Gedankenmodelle strukturierter entwickeln zu können. Hierzu sei noch einmal auf den *Homo oeconomicus* verwiesen. Die Neoklassik wurde unter anderem eben für dieses Modell vielfach gescholten, sodass die gesamte Theorie im Laufe der Zeit modifiziert wurde, indem beispielsweise durch die *Partialanalyse* stärkere Annäherung an die Realität erfolgte.

170 Eisenführ & Weber 2002, S. 3. Komplexe Zusammenhänge – wie hier bei der wirtschaftlichen Nutzung von Immobilien – müssen durch geeignete Verfahren formalisiert und für den menschlichen Intellekt nachvollziehbar aufbereitet werden, um letztlich die richtigen Entscheidungen beispielsweise zur Wertsteigerung der Gebäude zu ermöglichen.

zu diesen den antizipierten Aufwand ins Verhältnis setzt. Wir kennen im Augenblick keine effektivere Methode, Nutzen zu maximieren und gleichzeitig Risiken zu minimieren. Doch obwohl auch neoklassisch rationales Entscheiden den Projekterfolg nicht garantieren kann, trägt es nach herrschender Meinung dazu bei, seine Eintrittswahrscheinlichkeit zu steigern.[171]

Menschen streben offenbar prinzipiell nach solchem (rationalen) Idealverhalten, leisten sich jedoch im Alltag derart oft Abweichungen, dass der Rationalitätsbegriff nach neoklassischem Muster oft kritisiert wurde und zu überdenken war. Der Ökonom *Jacob Viner* äußerte sich dazu bereits 1925:

> *"Human behavior, in general, and presumably, therefore, also in the market place, is not under the constant and detailed guidance of careful and accurate hedonic calculations, but is the product of an unstable and unrational complex of reflex actions, impulses, instincts, habits, customs, fashions and hysteria."* [172]

Zunächst lieferten die verschiedenen Teiltheorien der Neuen Institutionenökonomik neue Interpretationsweisen, die in die Prinzipal-Agenten-Theorie, die Theorie der Verfügungsrechte und die Transaktionskostenökonomik eingegangen sind (siehe den Exkurs zur Neuen Institutionenökonomik). Nicht allein die Ergebnismaximierung prägt rationales Entscheiden, sondern in Ergänzung dazu auch das Befolgen vorhandener Regeln und Normen.[173] Die Abhängigkeit der Entscheidungsfindung von Regeln und Normen führt mit der institutionenökonomischen Theorie zu möglichen Lösungswegen wie Nachhaltigkeitssteuerung gelingen kann.

Zunehmend findet auch die soziologische Forschung Eingang in die Ökonomie. *Sen* stellte 1997 Beispiele auf, wonach rationales Entscheiden je nach Situation nicht unbedingt auf einer egozentrischen Nutzenmehrung basieren muss;[174] es könne aufgrund von Verantwortung gegenüber Dritten, Stress oder persönlichem Informationsdefizit bewusst oder unbewusst zweitrangig ausfallen. Nach *Simon* ist begrenzt rationales Verhalten nicht nur eine Ausnahme, sondern die Regel.[175] Dieser Ansicht ist auch *Fehr*, der in Laborexperimenten spieltheoretisch nachgewiesen hat, dass

---

171 Rescher 1993, S. 42. Diese Erkenntnis beruht auf der Tatsache, dass nie alle Informationsparameter qualitativ und quantitativ präzise erfasst werden können. Es ist aber neben der Methode rationalen Handelns keine bessere bekannt, Zielerreichung zu antizipieren.

172 Viner 1925, S. 373.

173 Aßländer 2011, S. 211.

174 Sen 1997, S. 766. Rationale Entscheidungen sind immer subjektiv rational. Das Individuum wird die für sich relativ beste aller möglichen Alternativen wählen; das bedeutet nicht, dass es sich hierbei um die absolut optimale Lösung handeln muss, da möglicherweise nicht alle Alternativen und Parameter berücksichtigt oder erkannt wurden.

175 Simon 1993.

Menschen in nur 20–30 % der Entscheidungssituationen völlig eigennützig, ohne Rücksicht auf Fairness und wechselseitiger Kooperation agieren.[176]

Dass soziale Normen wie Fairness und Gerechtigkeit zwingend bei Entscheidungen berücksichtigt werden, konnte wiederum *Kube* in seinen experimentellen Studien nicht beobachten.[177] Soziale Präferenzen beeinflussen manchmal auf erhebliche Weise das Handeln von Individuen, in anderen Situationen dagegen kaum.

Auch die Frage nach Emotionalität innerhalb der Rationalität war Gegenstand der Forschung. Analysen des Neurowissenschaftlers *Damásio* zeigten, dass rationales Entscheiden in enger Verbindung mit gespeicherten (erinnerten) Emotionen steht.

Eine einfache Antwort auf die Frage nach der Bedeutung und Anwendung von Rationalität in Entscheidungsprozessen scheint es nicht zu geben. Die ihr immanenten Bausteine im Verständnis verschiedener Theorien gibt schematisch Abbildung 16 wieder. Dort wird auch der Frage nachgegangen, welche Faktoren unter der Prämisse des Nachhaltigkeitsanspruchs enthalten wären.

176 Fehr& Gächter 1999.

177 Kube 2007, S. 133.

7.3.2 Die Evolution des Rationalitätsbegriffs

Die Frage nach Inhalt und Bedeutung von Rationalität für Entscheidungsverhalten hat viele Ökonomen beschäftigt. In der neoklassischen Lehre agiert der *Homo oeconomicus* stets vollständig rational, da ihm unterstellt wird, über alle relevanten Informationen zu verfügen und alle Alternativen zu kennen.

Diesbezüglich klar abgrenzend hat sich in der Neuen Insititutionenökonomik der Begriff der *begrenzten Rationalität* entwickelt, da hier von dem realitätsnäheren Umstand unvollständigen Wissens der Akteure ausgegangen wird. Informationsdefizite, Prognoseunsicherheiten und andere Beschränkungen bei der Suche nach der optimalen Entscheidung sind jedoch aus der Perspektive der verhaltensökonomischen Theorie noch nicht geeignet, ein hinreichend akurates Abbild des menschlichen Entscheidungsverhaltens zu entwerfen. Sie erweitert den Rationalitätsbegriff um Emotionen, Anreize, Traditionen und Ideologien, also eine Palette weicher Aspekte. Hierfür wird an dieser Stelle der Ausdruck *erweiterte Rationalität* eingeführt. Ein Entscheidungsoptimum als Symbiose aus verschiedenen Akteursspezifika, das den Inhalt des tradierten Rationalitätsbegriffs weiter ergänzt, führt verstärkt in die Soziologie. Dazu müssen nach *Weber*[178] zweckrationale, wertrationale, affektuelle und traditionelle Motive als Bestandteile des strategischen Kalküls legitimiert werden. Altruistische Merkmale erhalten eine direkte Verbindung zur Rationalität. Die bloße Maximierung von Nutzen wird weiterhin als Grundvoraussetzung für rationales Entscheiden akzeptiert, ergänzt durch zusätzliche Bausteine, die in verschiedenen Lehren der vergangenen Jahrzehnte Anerkennung fanden.

Zurzeit verbreitet sich in der Forschungslandschaft der westlichen Welt immer mehr die Überzeugung, dass zur persönlichen Entscheidungsfindung die gesellschaftliche und natürliche Umgebung herangezogen werden sollte – und de facto (zumindest intuitiv) bereits herangezogen wird. Dies fand – wenn überhaupt – nur in vereinzelten Abhandlungen der neueren Neoklassik und ansatzweise in der Neuen Institutionenökonomik Erwähnung. Doch die Schwerpunktsetzung hat sich verschoben. Verhältnismäßig neu ist, dass Entscheidungen unter Einbeziehung sozialer und ökologischer Aspekte auch im geschäftlichen Bereich nicht mehr als *irrational* eingestuft werden. Dies ergibt auch die Auswertung der Umfragen.

Der Entscheidungsprozess basiert auf einer Integration vieler verschiedener Parameter, im Folgenden benannt als *integrative Rationalität*. Mit Abbildung 16 wurde eine Übersicht erarbeitet, die den Aufbau der Rationalitätsgrade illustriert wie soeben beschrieben. Demnach hat sich das begriffliche Verständnis über rationales Entscheiden im Laufe der Zeit erheblich verändert – zumindest aus Sicht

178 Weber 1976, S. 12. Die Handlungskategorien von Weber ähneln den diesbezüglichen Ausführungen von Vilfredo Pareto: Pareto 1964, S. 131.

der Forschung. Mit den Theorien zur Nachhaltigkeit steht der Begriff 'Rationalität' nun vor einem wegweisenden Umschwung. Die Blickrichtung verändert sich. Wurde bisher immer der Mensch (das Individuum) als Bezugspunkt betrachtet, so muss er diesen Platz nun mit Umwelt und Kollektiv teilen. Aspekte wie Verantwortung für Gesellschaft und Natur kommen hinzu. Ein Paradigmenwechsel wird angestoßen.

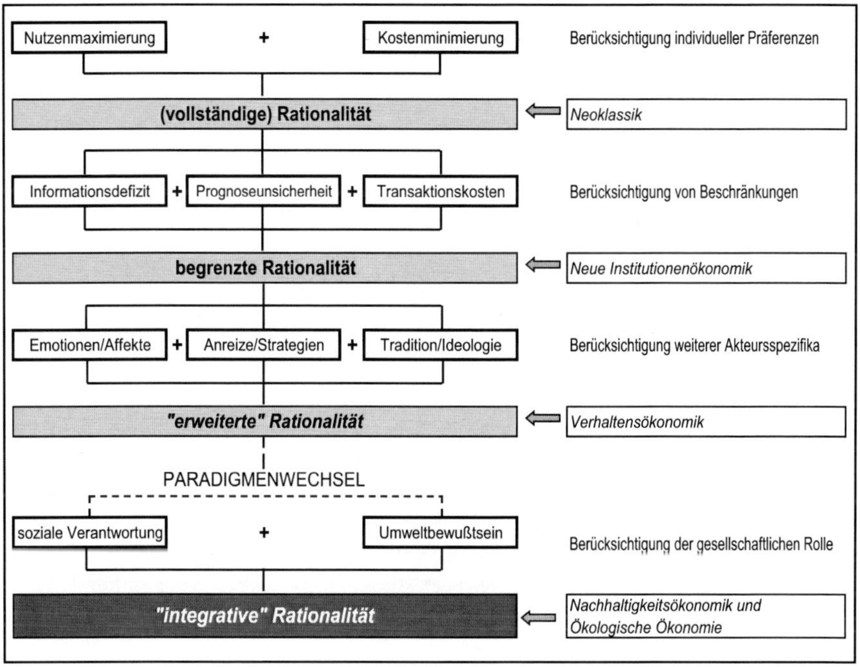

Abb. 14: Entwicklung und Aufbau der Rationalitätsgrade[179]

Leider hat auch Rationalität – egal unter welcher theoretischen Definition – Grenzen in der Erfolgswahrscheinlichkeit und bei der individuellen Anwendbarkeit. Selbst die *integrative Rationalität* nach oben dargestelltem Verständnis ist kein Allheilmittel gegen Entschlüsse, deren Konsequenzen sie letztlich als *falsche* Entscheidung entlarven.

Ein Blick auf die Dynamik von Gruppen erklärt, warum. Jedes Individuum interagiert mit anderen Akteuren. Jeder Akteur handelt nach seinem eigenen Selbstverständnis von *integrativer Rationalität*. Daraus ergeben sich Dilemmata, die den Erfolg jedes einzelnen in Interaktion mit anderen infrage stellen. Es ist durchaus nicht der Fall,

179 Eigene Darstellung. Vgl. Busse 2009.

dass Individuen im Sinne der Steigerung des Gruppennutzens entscheiden,[180] um die größtmögliche Gesamtvorteilhaftigkeit eines Projektes abzuschöpfen, was integrativ rational wäre. Üblicherweise agieren Akteure bevorzugt unter Abwägung der persönlichen mit den gemeinschaftlichen Interessen.

Ein weiterer Betrachtungsgegenstand der Rationalität ist zu nennen: die Effizienz. Sie spielt eine Schlüsselrolle bei der rationalen Entscheidung. In der traditionellen Ökonomie wird der durch den Akteur erforderliche Input zum erwartungsgemäßen Output ins Verhältnis gesetzt und mit Alternativen verglichen. Entsprechendes wird auch bei Gruppenentscheidungen vollzogen. Als eines der Grundprinzipien der Rationalität beschreibt 'Effizienz' die den Akteuren und Organisationen zugeordnete Ressourcenallokation – quasi als Messinstrument ihrer Leistung.[181] Gefragt wird nach dem höchsten Nutzen für den Akteur. Das Preissystem dient in diesem Zusammenhang unter anderem dazu, den Gebrauch der Ressourcen effizient zu gestalten.[182] Da die Welt de facto eine fortgesetzte Übernutzung von Ressourcen betreibt, funktioniert diese Steuerung über das Preissystem offenbar nur mangelhaft.

Begründet liegt dies darin, dass die Effizienz der Nutzung von Ressourcen nicht dem Verständnis entspricht, wie es die Nachhaltigkeitsgrade (vgl. Kap. 2) implizieren. Tatsächlich können effiziente Baumaßnahmen zu ineffizientem Umgang mit Produkten und Ressourcen führen, beispielsweise, wenn Bestandsobjekte gänzlich neue Fensterelemente erhalten, um Wärmeverluste zu verringern, dabei aber alte noch intakte Holzfenster entsorgt werden. Die zukünftige Einsparung von Energie wird durch die Vernichtung von Holzprodukten vor Ablauf der technischen Lebensdauer erkauft.[183] Offensichtlich findet teilweise keine angemessene Wertschätzung und Bewertung von Ressourcen in den verschiedenen Lebensphasen statt.

Der Begriff der *integrativen Rationalität* verlangt nun nach einer neuen Auffassung von Effizienz, einer umgekehrten Blickrichtung, die den optimalen Wirkungsgrad der Ressource abbildet und damit über den Situationsrahmen eines einzelnen Akteurs oder einer abgeschlossenen Gruppe hinausgeht. Der Paradigmenwechsel bedeutet, dass nun nach der bestmöglichen Verwendung (Ausnutzung) der Ressource über ihre gesamte Lebens- bzw. Verwertungsdauer zu suchen ist. Als Beispiel ergibt sich möglicherweise die Erkenntnis, dass ein Austausch von Glasscheiben unter ökologischen Gesichtspunkten effizienter wäre anstatt ganze Fensterelemente zu ersetzen. Diese *ökologische Vorteilhaftigkeit* müßte sich analog in der *wirtschaftlichen Vorteilhaftigkeit* spiegeln. Um auf beiden Seiten der Gleichung dasselbe

---

180 Olson 1965. Dieses Axiom korrespondiert mit der neoklassischen Sichtweise und wird durch die neuere Soziologie im Wesentlichen, wenn auch nicht uneingeschränkt gestützt. Es sind situationsbedingte Abhängigkeiten und akteursspezifische Besonderheiten zu berücksichtigen.

181 Milgrom 1992, S. 22 ff.

182 Milgrom 1992, S. 71.

183 Mit Methoden wie dem *Kumulierten Energieaufwand* und der *Ökobilanzierung* ist es möglich abzuschätzen, wie hoch die rechnerische energetische Amortisationsdauer eines Produktes ist und ob eine Erneuerung aus ökologischen Gründen sinnvoll wäre.

Ergebnis zu erzielen, kann unser derzeitiges Preissystem als Steuerungsinstrument nur bedingt herangezogen werden. Es bedarf anderer oder zusätzlicher Mittel, in rationale Entscheidungen ökologische und soziale Aspekte so zu integrieren, dass damit gleichzeitig ökonomischer Nutzen einhergeht.

Zur Sicherstellung solcher gemeinschaftlichen Ziele (wie der Ressourcenschonung und der Begrenzung des Klimawandels) und aus der notwendigen Übernahme sozialer Verantwortung resultiert also der Bedarf nach Regeln und Normen – gerade dann, wenn Entscheidungsprozesse keine effiziente Gesamtlösung abbilden wie es bei nicht integrativ rationalem Entscheiden der Fall ist. Durch Regeln und Normen findet ein Eingriff in Gruppendynamiken und Akteursstrukturen statt. Eben jene werden noch zu beleuchten sein, insbesondere unter Betrachtung der sich hieraus ergebenden Dilemmata.

Der Vollständigkeit halber sei noch auf das Antonym der Rationalität eingegangen. *Irrationales* Verhalten, der umgangssprachliche Gegenpol, wird auf nicht schlüssiges bzw. durch die Vernunft nicht nachvollziehbares Verhalten reduziert[184] und findet demnach nur selten statt. Eine Einschätzung darüber, was irrational ist, ist für Dritte, die üblicherweise nicht alle Eingangsparameter einer Entscheidung kennen, meist schwer möglich.

7.3.3 Rationalität und das Modell des nachhaltig agierenden Akteurs

Die Feststellung, dass oftmals noch die begrenzte Rationalität Entscheidungen dominiert, wird in *Lindenbergs RREEMM-Modell* gespiegelt, dem Menschenbild des eingeschränkt handlungsfähigen (**r**estricted), mit eigenen Ressourcen ausgestatteten (**r**esourceful), von Erwartung in Unsicherheit getriebenen (**e**xpecting), subjektiv anhand der eigenen Ziele bewertenden (**e**valuating) und immer den abschließenden Gesamtnutzen zu maximieren (**m**aximizing) bestrebten Akteur (**m**an).[185] *RREEMM* geht bereits deutlich über den Nutzen-zu-Aufwand optimierenden *Homo oeconomicus* hinaus, liefert aber noch keine befriedigende Einordnung nachhaltigen Handelns.

Wer oder was ist das geeignete Modell des handelnden Menschen? Gibt es bereits ein ideales Menschenbild nach den oben skizzierten Parametern des integrativ rationalen Entscheidungskalküls?

Ein dahin gehendes Modell hat *Siebenhüner* mit dem *Homo sustinens* entworfen. Der *Homo sustinens "... orientiert sich am Leitbild der Nachhaltigkeit und ist sich und seiner natürlich-biologischen Wurzeln, seiner Subjektivität und seiner kulturellen*

184 Da der Begriff 'Irrationalität' umgangssprachlich stark negativ besetzt ist, wird in der Wissenschaft auch von *nicht rationalem* Verhalten gesprochen. Es handelt sich dabei jedoch nicht um ein Synonym. Eine Darstellung der Bedeutungsunterschiede würde aber an dieser Stelle zu weit führen, darum wird hier auf die einschlägige Literatur verwiesen: vgl. beispielsweise Bach 2004.

185 Lindenberg 1985.

Einbindung bewusst".[186] Demnach seien wesentliche Potenziale für nachhaltiges Handeln beim Menschen vorhanden wie Willensfreiheit, Handlungsfreiheit, Kooperationsfähigkeit, Empathie und Emotionalität, kognitive Fähigkeiten, Lernfähigkeit, Kreativität und Natürlichkeit. Es komme nur darauf an, diese Eigenschaften zu aktivieren. Damit will der *Homo sustinens* nicht bloßes Leitbild der Nachhaltigkeit für Menschen sein, er nimmt für sich in Anspruch, auch als Erklärungsmodell für beobachtbares menschliches Verhalten und wissenschaftlich fundierte Theorien fungieren zu können.

Sein integrativ rationales Entscheiden, die Berücksichtigung von sozialen und umweltrelevanten Parametern bei (strategischen) Entscheidungsprozessen, wäre gerade im Unternehmensmanagement von hoher Tragweite und positiver Streuwirkung. Von einer Einflussnahme auf andere Lebensentscheidungen des Einzelnen und von Multiplikatoreffekten kann ausgegangen werden.

7.3.4 Die Verfolgung der Rationalitätsgrade in der Immobilienpraxis

Aus heutiger Sicht und vor dem Hintergrund der ökonomischen Theorie sowie der Erkenntnisse aus spieltheoretischen Experimenten erscheint die Forderung nach integrativ rationalem Verhalten als eine hohe Hürde für das Individuum. Soziale Verantwortung und Umweltbewusstsein in jede strategische Entscheidung zu integrieren, beschreibt eine Vision, die mit den derzeit zur Verfügung stehenden ökonomisch orientierten Methoden auch dann nicht realisierbar wäre, wenn die Akteure zur Verwendung von Verfahren verpflichtet wären, die Nachhaltigkeitsaspekte internalisieren.

Die Bausteine der Akteurskonfiguration, die Anomalien im Akteursverhalten,[187] die Struktur und Leitlinien unseres heutigen Wirtschaftssystems sowie die differenzierten Sichtweisen und Erwartungen der Akteure in Bezug auf den Wert und Nutzen von Gebäuden lassen derzeit konsequent nachhaltiges Entscheiden nicht zu.

Gleichwohl ist festzustellen, dass vereinzelt Unternehmen ein aktives Umweltmanagement betreiben, um die Marktführerschaft auf bestimmten Gebieten anzustreben und ihre Wettbewerbsfähigkeit durch 'Nachhaltigkeit-als-Marke' zu stärken. Sie investieren beispielswiese gezielt in umweltfreundliche Verfahren auch dann, wenn die Ertragsaussichten dadurch nicht verbessert werden und die Amortisation ungewiss ist, erhoffen sich aber Chancen durch Prestigegewinn und eine Vorwegnahme der Erfüllung ordnungspolitischer Regelungen.[188] Abgesehen von solchen Pionieren nachhaltiger Unternehmensführung gibt es zunehmend gute Ansätze im

186 Siebenhüner 2001, S. 293.

187 Becker 2003, S. 43. Verstöße gegen Prinzipien der Rationalität finden immer wieder statt. Es muss jedoch hinterfragt werden, ob es sich in solchen Fällen nicht einfach um eine differenziertere Bewertung der Entscheidungsparameter durch den Akteur handelt, der anderen (evtl. auch intuitiven) Aspekten den Vorzug gegeben hat.

188 Huber 2001, S. 389 ff.

Bewusstsein und den Zukunftsabsichten aller Stakeholder, an die angeknüpft werden kann. Entscheiden im Sinne der begrenzten und der erweiterten Rationalität bildet die übliche Vorgehensweise, wobei immerhin punktuell soziale Verantwortung und Umweltbewusstsein eingeflochten werden, was die Umfragen belegen. Ob dieses erstrangig aus ethischen oder wirtschaftlichen Motiven herrührt, ist selten zweifelsfrei feststellbar.

Es scheint nun nicht ermutigend zu sein, gerade diesen Vorreitern eine inkonsequente Nachhaltigkeitsstrategie (*"Nachhaltigkeit light"*) vorzuwerfen oder sie zur Nachbesserung zu zwingen, was unter Umständen ihre Wettbewerbsfähigkeit beschränkt und sie vom Markt verdrängt. Vielmehr liegt der erste Schritt darin, Entscheiden im Sinne der erweiterten Rationalität zum Standard zu erheben und in einem zweiten Schritt integrativ rationales Vorgehen voranzutreiben. Die Forderung nach integrativem Entscheidungsverhalten im Sinne der Nachhaltigkeitstheorie kommt einem Paradigmenwechsel gleich – eine Ambition, die kaum angestoßen ist, zu deren Realisierung jedoch noch viele Voraussetzungen nicht erfüllt sind. Einstweilen kann nur in kleinen Schritten ein stabiler Umschwung erreicht werden.

7.4 Barriere nachhaltigen Entscheidens: Die Unvollkommenheit des Rationalitätsprinzips

Das traditionelle Modell der Entscheidungstheorie taugt nicht als Grundlage für die Erklärung nicht nachhaltigen Entscheidens und ist auch nicht dienlich, um es zur Entwicklung einer Nachhaltigkeitsstrategie heranzuziehen. Es ist statisch angelegt und geht von der freien Willensbildung des Akteurs aus. Tatsächlich wird der Akteur aufgrund seiner Akteurskonfiguration und den äußeren Umständen zu einer bestimmten Entscheidung getrieben. Es wurde dargestellt, dass manche der herrschenden ökonomischen Theorien von inadäquaten Voraussetzungen ausgehen beziehungsweise nur in gegenseitiger Ergänzung zu praktisch verwertbaren Ergebnissen kommen. Die neoklassische Grundannahme der fixierten Akteurspräferenzen zerfällt und wird zugunsten von Situation und Umfeld relativiert.

Entsprechendes muss auch in der Definition des Rationalitätsbegriffs, dem wesentlichen Merkmal von Entscheidungen, gespiegelt werden. Rationales Entscheiden ist noch lange kein Garant für richtiges Entscheiden und gibt in der gegenwärtig praktizierten Form keine Gewähr für nachhaltiges Entscheiden. Die unspezifische und für Außenstehende intransparente Handhabung rationalen Entscheidens auch im geschäftlichen Bereich bedeutet ein starkes Hemmnis für nachhaltige Immobilien.

Mit der Unvollkommenheit des Rationalitätsprinzips handelt es sich um die zweite identifizierte Barriere für nachhaltiges Planen, Bauen und Betreiben von Gebäuden.

Um Entscheidungen im Sinne des Nachhaltigkeitsanspruchs als rational beschreiben zu können, reichen die bisherigen Begrifflichkeiten der ökonomischen Theorie nicht aus. Es wurde der Ausdruck der *erweiterten* und der *integrativen Rationalität* eingeführt. Erstere repräsentiert das Rationalitätsverständnis der Verhaltensökonomik, geht jedoch für eine Beschreibung konsequent nachhaltigen Entscheidens noch nicht weit genug. Hierfür sind Entscheidungen unter *integrativer Rationalität* unerlässlich, die mit einem ressourcenorientierten (anstatt akteursorientierten) Effizienzbegriff einhergehen. *Integrative Rationalität* muss das reine Selbstinteresse der Akteure überwinden.

An dieser Stelle erscheint es geboten, die Betrachtung des Immobilienakteurs um seine Partner in der Projektgruppe zu erweitern. Die Vorgänge beim Entscheidungsverhalten des Einzelnen insbesondere unter Nachhaltigkeitsgesichtspunkten werden in den folgenden zwei Kapiteln unter der Einflussnahme von anderen Mitgliedern des Akteursnetzwerks beleuchtet. Dazu führt der Weg zurück in die Praxis der Immobilienwirtschaft.

8 Eine Ordnung der Immobilienakteure

Das Entscheidungsverhalten des einzelnen Akteurs ist in den vorangehenden Kapiteln eingehend untersucht worden. Gründe und Bedingungen wurden aus verschiedenen Blickwinkeln dargelegt.

Zusätzlich werden Entscheidungsanlässe und -prozesse durch Netzwerke bestimmt, in denen die Stakeholder interagieren. Hier entstehen bestimmte Dynamiken, die die Entscheidungsfindung vorbereiten, mitbestimmen und dirigieren, jeweils in Abhängigkeit von der Position des Akteurs im Verband. Bereits im Zuge der Entwicklung des *Dynamischen Akteursmodells* (vgl. Kap. 6) ergab sich auf Basis der Analyse von rollenspezifischen Zielen die Frage nach der Durchsetzungskraft oder Dominanz bestimmter Akteure. Sich der Forschungsaufgabe zur Durchsetzung eines Nachhaltigkeitsprinzips in der Immobilienwirtschaft zu nähern, führt nun in die hierarchische Bewertung.

Die Untersuchung startet mit einer ausführlichen Charakterisierung der hauptsächlichen Stakeholder. Dieser Modellkatalog dient dem Verständnis über ihre Ziele und der damit in Verbindung stehenden Motivation, Nachhaltigkeit an baulichen Anlagen zu realisieren.

8.1 Profile der Akteursrollen – ein Modellkatalog

Nach der ausführlichen theoretischen Beschäftigung mit Akteuren und ihren entscheidungsprägenden Spezifika ist es erforderlich, konkret beschreibende Merkmale zu finden. Sie sollen dazu genutzt werden, die Interaktions- und Abhängigkeitsverhältnisse der Rollen der Immobilienakteure untereinander zu verdeutlichen.

Die vorgestellte *Akteursprofilliste* der Immobilienstakeholder gem. Tabelle 12 liefert Angaben zu:

[1-2] Akteursspezifika

Akteursrolle und Nutzen-/Wertdimension.

[3] Zielsetzung

Praxisrelevante Motivation der Akteure, die ihr Rollenverhalten bestimmt.

[4] Nebenbedingungen

Praxisrelevante Grenzen der Zielverfolgung. Einschränkungen und Nebenziele, die zwingend zu berücksichtigen sind.

[5] Art der Einflussnahme

Konkrete Form der Projektbeeinflussung. Potenzial, durch das Ausüben der Rolle auf das Objekt bzw. den Projektverlauf einzuwirken.

[6] Abhängigkeiten von anderen Akteursrollen

Bezug und Kooperation mit anderen Akteuren bzw. Rollenträgern. Zwänge und Bindungsmittel innerhalb des Netzwerkes.

[7] Verfügungsrechte am Gebäude

Potenzial, ein oder mehrere Verfügungsrechte auszuüben bzw. auf deren Ausübung Einfluss nehmen zu können.

[8] Interesse an Nachhaltigkeit

Bezug der Akteursrolle zu den Dimensionen der Nachhaltigkeit (ökonomische, ökologische, soziale, funktionale).

Da hier bewusst kein reales Projekt zugrunde gelegt, sondern vielmehr nach allgemeiner Gültigkeit der beschreibenden Merkmale gestrebt wurde, ist eine Übertragbarkeit nicht für alle denkbaren Fälle gegeben. Wichtiger erschien es, die wesentlichen Unterscheidungsmerkmale bei den Akteursrollen herauszuarbeiten und dabei möglichst konkrete Aspekte einzufangen.

Bei den Akteursspezifika und ihren Zielsetzungen wurden *rollentypische* Eigenschaften eingetragen. Darüber hinaus ist im Einzelfall nicht auszuschließen, dass je nach Unternehmung weitere Besonderheiten hinzukommen, die jedoch für das Rollenprofil nach den gewöhnlichen Umständen hierzulande eher weniger prägnant sind.

Als Beispiel sei die Rolle des Finanzierers & Investors angeführt. Fallweise sind für diese Akteure verschiedene Faktoren bei der Entscheidungsfindung von Bedeutung. Neben der genannten Nutzen- und Wertdimension 'Wirtschaftsleistung' und dem damit verbundenen Streben nach Rendite und Zinserträgen werden Nebenbedingungen geführt, die erstrangig Risiken und Sicherheiten betreffen, aber auch soziale und umweltrelevante Aspekte aufgreifen können. Verschiedene Investoren verfolgen durchaus unterschiedliche Unternehmensstrategien, wobei die Schwerpunktlage zwischen Renditeerwartung, Risikoneigung und ökosozialen Aspekten variieren kann. [189] Die vorliegende Analyse geht vom klassischen Fall dieser Akteursrolle aus, wo letztere einen nachrangigen Entscheidungsaspekt darstellen und ethische Motive den weniger wichtigen Nebenbedingungen zugeordnet werden. Dies erscheint schon deshalb angebracht, weil die Auswertung der Umfragen gezeigt hat, wie diffus Begriffe wie 'Nachhaltigkeit', 'Green Building' und dergleichen von der Akteursgruppe der Finanzierer und Investoren verstanden werden und wie gering die Beteiligung an solchen Umfragen generell ist. Darüber hinaus gelten die Entscheidungsaspekte üblicherweise nicht immer in gleicher Ausprägung, sondern werden für verschiedene Produkte und Leistungen differenziert gewichtet.

189 Lützkendorf & Lorenz 2007. Unter Bezugnahme auf eine Untersuchung der imug-Beratungsgesellschaft für sozial-ökologische Innovationen im Jahr 2002.

Akteursrolle [1]	**Nutzen- und Wertdimensionen** [2]	**Zielsetzung** [3	**Neben-bedingungen** [4]
Finanzierer & Investor	Sofern kein Selbstnutzer, hauptsächlich Wirtschaftsleistung.	Hoher Zinsertrag.	Geringes Rückzahlungs- und Renditerisiko.
Öffentliche Verwaltung	Vorrangig Signalwirkung. Ggf. auch Interesse an hoher Wirtschaftsleistung durch Verbesserung des Marktwertes, was insgesamt dem Image der Stadt / Gemeinde zuträglich ist.	Lageaufwertung. Eigene Imageverbesserung. Auflösen sozialer Brennpunkte. Höhere Steuereinnahmen. Bürgerzufriedenheit.	Geringe Belastung der Umwelt. Geringe Folgekosten für die Allgemeinheit. Terminsicherheit. Geringer Leistungsaufwand.
Eigentümer & Bauherr	Sofern kein Selbstnutzer, hohe Motivation zu guter Wirtschaftsleistung, aber auch Marktattraktivität durch Signalwirkung.	Hohe Nettorendite. Erhöhung von Status und Image. Sicherung des Kapitals.	Planungs- und Kostensicherheit. Geringes Vermietungsrisiko.
Betrieb & Verwaltung	Vorrangige Zielsetzung ist die Erhaltung von Funktion & Gebrauch i.S. der Raumbildung.	Geringer Bewirtschaftungs-aufwand. Geringe Betriebskosten.	Geringer Leistungsaufwand. Nutzerzufriedenheit.
Planer &	Funktion & Gebrauch werden vertraglich geschuldet. Zusätzlich Signalwirkung durch Architktur und Design. Letztlich wird auch Stabilisierung des Marktwertes angestrebt.	Hohe Planungs- und Bauqualität. Angemessener Ausstattungsgrad.	Geringe Herstellungskosten. Geringe Betriebskosten. Geringer Leistungsaufwand.
Nutzer	Optimale Nutzbarkeit durch Funktion & Gebrauch. Ggf. Zielsetzung einer bestimmten Signalwirkung gegenüber Dritten (Kunden, Besuchern etc.) um eigene Corporate Identity (oder privates Image) damit zu unterstreichen.	Hohe Gebäudequalität. Hoher Ausstattungsgrad und Komfort. Eigene Imageverbesserung. Hohe Service- und Instandhaltungs-leistungen.	Geringe Nutzungskosten. Nutzungsflexibilität.
Erbauer & Hersteller	Funktion & Gebrauch werden vertraglich geschuldet. Eine Signalwirkung kann zusätzlich bei der Acquise weiterer Aufträge helfen.	Positives Image durch Bauqualität. Gewinn.	Geringer Leistungsaufwand.
Betr. Dritte & Öffentlichkeit	Interesse an hoher Signalwirkung und Attraktivität eines Standorts. Damit einhergehend ggf. allgemeine Marktwertverbesserungen.	Lageaufwertung. Steigerung des allgemeinen Wohlstands.	Geringer Eingriff in Selbstbestimmung. Geringe Belastung der Umwelt. Geringe Folgekosten für die Allgemeinheit.

Akteursrolle [1]	Art der Einflussnahme [5]	Abhängigkeiten zu anderen Akteuren [6]	Verfügungsrechte am Gebäude [7]	Interesse an Nachhaltigkeit [8]
Finanzierer & Investor	Darlehens-bedingungen je nach Bonität des Bauherrn und prognostizierter Projekt-Wirtschaftlichkeit	Kundenakquirierung (Eigentümer, Bauherr) und Bereitschaft zur Projektpartnerschaft.	Projektabhängig - zumeist mittel (Möglichkeit des Eigentums-übergangs).	Hauptsächlich ökonomische Nachhaltigkeit bzw. Wirtschaftlichkeit innerhalb Kreditlaufzeit.
Öffentliche Verwaltung	Auflagen zur Genehmigung je nach Eingriffshöhe in Umwelt und soziale Strukturen.	Attraktivität für Eigentümer und Investoren.	Projektabhängig - zumeist gering (Möglichkeit von PPP oder Städtebaulichem Vertrag).	Berücksichtigung der ökologischen und sozialen Dimension. Ggf. Wirtschaftlichkeit als Basis, Leerstand und Verfall zu vermeiden.
Eigentümer & Bauherr	Formulierung der Projektidee und -gestalt.	Angebote der Finanzierer & Investoren. Interesse der Stadt & Gemeinde an Nutzung und Gestalt. Bedarf der Nutzer. Anerkennung durch Öffentlichkeit.	Sehr hoch, da Eigentumsrecht.	Ökonomische Nachhaltigkeit. Berücksichtigung der ökolog. und sozi. Dimension zwecks Verbesserung des Images & der Attraktivität.
Betrieb & Verwaltung	Beratung während Planungs- und Nutzungsphase zur Minimierung der Bewirtschaftungs-kosten.	Anforderungen der Nutzer. Erwartungen und Bereitschaft zu Aufwendungen des Eigentümers.	Gering, jedoch indirekt Einflussnahme auf Besitz- und Nutzungsrecht.	Soziale und ökologische Nachhaltigkeit in Form von Nutzerzufriedenheit. Ökonomische Nachhaltigkeit bzgl. Nebenkosten & Werterhalt der Substanz.
Planer & Erfüllungs-gehilfe	Festsetzen von Qualitäten, Kosten- und Terminstrukturen in Planungs- und Nutzungsphase.	Einwilligung der Stadt & Gemeinde. Unterstützung durch Finanzierer & Investor. Anforderungen der Nutzer. Erwartungen des Eigentümers. Umsetzbarkeit durch Erbauer & Hersteller.	Keine - lediglich Änderungsrecht im Rahmen der Bauphase.	Fallweise hauptsächlich ökonomische und funktionale Nachhaltigkeit. Zusätzlich Berücksichtigung der ökologischen und sozialen Dimension für Nutzerzufriedenheit.
Nutzer	Beeinflussung der Planung durch Nachfrage im Bezug auf Flächengröße, Ausstattung, Qualität, Kosten.	Unterstützung durch Eigentümer und Betrieb & Verwaltung. Disposition von Qualitäten durch Bauherr & Erfüllungsgehilfe. Mägelfreie Leistung von Erbauer & Hersteller. Akzeptanz der Nutzung durch Öffentlichkeit.	Mittel, da Besitz- und Nutzungsrecht.	Soziale Nachhaltigkeit, ggf. auch ökologische Nachhaltigkeit zwecks Behaglichkeit. Weiterhin ökonomische Nachhaltigkeit zu Stabilisierung der Nebenkosten.
Erbauer & Hersteller	Beratung und Bereitstellung adäquater Baustoffen, Verfahren, Maschinen sowie Informationen zur weiteren Handhabung.	Unterstützung durch Finanzierer & Investor. Planungsvorgaben von Bauherr & Erfüllungsgehilfe und Eigentümer.	Keine - lediglich Änderungsrecht im Rahmen der Bauphase.	Ökonomische und funktionale Nachhaltigkeit.
Betr. Dritte & Öffentlichkeit	Unterstützung oder Ablehnung wegen entsprechendem Bedarf, Ansprüchen, Meinungsbildung und deren Verbreitung.	Unterstützung durch Stadt & Gemeinde. Kooperation und Einvernehmen der Nutzer und des Eigentümers.	In der Regel keine, jedoch Kontrollfunktion z.B. bei Baumaßnahmen und Nutzungsart.	Soziale und ökologische Nachhaltigkeit. Je nach Nutzungsart auch funktionale Dimension.

[1]	Akteursrolle (vgl. Kap. 6)
[2]	Nutzen- und Wertdimensionen der Akteure aus direktem Bezug zum Gebäude (vgl. Kap. 5).
[3]	Praxisrelevante Motivation der Akteure, die ihr Rollenverhalten bestimmt - unabhängig der individuellen Werte oder der Corporate Identity.
[4]	Praxisrelevante Grenzen der Zielverfolgung. Einschränkungen und Nebenziele, die zwingend zu berücksichtigen sind.
[5]	Konkrete Form der Projektbeeinflussung. Potenzial, durch das Ausüben der Rolle auf das Objekt bzw. den Projektverlauf einzuwirken.
[6]	Bezug und Kooperation mit anderen Akteuren. Zwänge und Bindungsmittel innerhalb des Netzwerkes.
[7]	Potenzial ein oder mehrere Verfügungsrechte auszuüben bzw. auf deren Ausübung Einfluss nehmen zu können.
[8]	Bezug der Akteursrolle zu den Dimensionen der Nachhaltigkeit (ökonomische, ökologische, soziale, funktionale).

Tab. 8: Akteursprofilliste[190]

8.2 *Ordnungsschema und Stufung*

Die Auswertung der Literatur hat gezeigt, dass der Akteursrolle in Verbindung mit dem Akteursstatus allgemein eine hohe Bedeutung beigemessen wird (vgl. Kap. 6). Eine Übertragung auf die Immobilienwirtschaft unter dem Aspekt der nachhaltigen Entscheidungsfindung ist stellenweise denkbar und soll im Folgenden erläutert werden. Teilweise ist aber auch eine gänzlich neue Einordnung notwendig.

8.2.1 Schlüsselakteure und Akteure X. Ordnung

Es wurde bereits anhand des *Dynamischen Akteursmodells* dargelegt, dass Akteure durch Rollen derart geprägt werden, dass jegliche Entscheidungen vor diesem Hintergrund gefällt werden. Entscheidungen werden akteursspezifisch getroffen; es bereiten Rolle, Status und Kenntnisse ihre Charakteristik vor. Während der Akteursstatus durch die umgebende Gesellschaft zugewiesen wird und die Akteurskenntnisse innerhalb des Akteursbildes in der Regel den Anforderungen von außen reaktiv

190 Eigene Darstellung.

angepasst werden,[191] ist es die Übernahme von Rollen, die den hauptsächlichen handlungsvorbereitenden Einfluss nimmt.

Es wird vorgeschlagen, eine Ordnung der Akteursrollen über folgende Stufen zu gliedern (vgl. Tab. 9):

Akteur 1. Ordnung *(Schlüsselakteur)*	Maßgeblicher Rolleninhaber mit höchster Entscheidungskompetenz und wesentlicher Einflussnahme auf die Projektidee, die Projektstrategie und die Entscheidungen aller anderen Rollenträger. Projektfortgang und -ende stehen in direktem Zusammenhang mit der Willensbildung des Rolleninhabers. Der Akteur 1. Ordnung wird synonym auch als *Schlüsselakteur* bezeichnet.
Akteur 2. Ordnung	Weisungsbefugter Rolleninhaber für viele andere Rollenträger mit hoher Einflussnahme auf die Projektstrategie. Projektfortgang und -ende verlaufen moderat abhängig von der Willensbildung des Rolleninhabers; im Falle seines Ausscheidens ist der Akteur unter Komplikationen ersetzbar.
Akteur 3. Ordnung	Vornehmlich weisungsgebundener Rolleninhaber mit eher geringer Einflussnahme auf strategische Entscheidungen. Projektfortgang und -ende verlaufen unabhängig von der Willensbildung des Rolleninhabers; im Falle seines Ausscheidens ist der Akteur ersetzbar.
Akteur 4. Ordnung vgl. gesondert Kap. 8.3	Mittelbar einflussnehmender Rollenträger mit üblicherweise indirekter Nutzenerwartung aus dem Projekt. Bezugsgröße sind in der Regel die übrigen Akteure, nicht die Immobilie.

Tab. 9: Ordnungsstufen der Akteure[192]
Für eine Bestimmung der Akteure 4. Ordnung wird auf Kapitel 8.3 verwiesen, wo eine gesonderte Einordnung erfolgt.

191 Die Bandbreite an Kenntnissen verändert sich im Laufe des Akteurs-Berufslebens zumeist durch die Notwendigkeit, auf geänderte Bedingungen einzugehen. Zusätzliche Qualifikation entsteht nicht aus sich heraus, sondern immer aufgrund von Anreizen oder Zwängen, denen der Akteur begegnet. Daher sind Akteurskenntnisse (im Sinne der beruflichen Kompetenz) nicht zwangsläufig entscheidungsbestimmend. Vielmehr führen erst bestimmte Anlässe (Entscheidungssituationen) zur erforderlichen Aneignung von zusätzlichen oder geänderten Kenntnissen, die dann für sach- und fachgerechtes Handeln hinzugezogen werden. Anders verhält es sich mit berufsspezifischer *Erfahrung*, die immer direkt entscheidungsbestimmend wirkt, ohne bewusst angeeignet werden zu können. Dies ist von erheblicher Bedeutung für das Ausfüllen von Rollen, denen ein Akteur ohne einschlägige Kenntnisse nicht gerecht werden kann.

192 Eigene Darstellung.

8.2.2 Konzept eines Rankings

Um eine etwaige Gewichtung der Rollen zu identifizieren, bietet sich die *Methode des Paarweisen Vergleichs* an. Ein direkter Vergleich aller Rollen miteinander lässt erwarten, dass sich eine Rangfolge in der Dominanz ergibt. Infolgedessen kann Aufschluss darüber erhofft werden, inwiefern Ziele und Werte bestimmter Rolleninhaber Priorität gegenüber anderen Rolleninhabern genießen und somit eine Tendenz besteht, dass sich Entscheidungen durchsetzen, je nachdem von welchem Rollenträger sie getroffen werden. Letztlich werden im nächsten Schritt auf diese Weise diejenigen Nutzen- und Wertdimensionen identifiziert, die innerhalb der Projektteams vorrangig verfolgt werden.

Im Rahmen des Paarweisen Vergleichs erfolgt die Zuordnung vor dem Hintergrund der Einflussstärke auf die Implementierung von Nachhaltigkeitszielen. Für die nachfolgende Ordnung der Rollen soll ein Maßstab Verwendung finden, der sich orientiert an:

- Entscheidungskompetenz des Akteurs im Sinne von Zuständigkeit bei häufigen Anlässen auf strategischer Ebene,
- Weisungsvollmacht und Verantwortlichkeit für die Leistungen anderer Akteure,
- Konsequenzen für die Fortführung des Projekts bei Ausfall bzw. bei Rückzug des Akteurs aus dem Akteursgefüge,

– jeweils simuliert für den Fall eines mittelgroßen gewerblichen Immobilienprojektes.

Im Anschluss an den Paarweisen Vergleich wird durch Addition der vergebenen Punkte ein Ranking ermittelt (vgl. Abb. 15).

Paarweiser Vergleich: *Rolleninhaber (y-Achse) dominiert Entscheidungen von Rolleninhaber (x-Achse)*	Eigentümer & Bauherr	Planer & Erfüllungsgehilfen	Erbauer & Hersteller	Betrieb & Verwaltung	Finanzierer & Investor	Öffentliche Verwaltung	Nutzer	Betroffene Dritte & Öffentlichkeit	*Aktivsumme (je höher der Wert, desto aktiver)*	Rang
Eigentümer & Bauherr		1	1	1	-1	-1	0	0	1	3
Planer & Erfüllungsgehilfen	-1		1	1	-1	-1	0	1	0	4
Erbauer & Hersteller	-1	-1		0	-1	0	0	0	-3	7
Betrieb & Verwaltung	-1	-1	0		0	0	1	0	-1	6
Finanzierer & Investor	1	1	1	0		0	0	0	3	1
Öffentliche Verwaltung	1	1	0	0	0		0	1	3	2
Nutzer	0	0	0	-1	0	0		1	0	5
Betroffene Dritte & Öffentlichkeit	0	-1	0	0	0	-1	-1		-3	8

Abb. 15: Matrix der Rollendominanz[193]
[1] = dominiert Entscheidung
[0] = ausgewogenes Entscheidungsverhältnis oder kein Bezug / keine Relevanz
[-1] = wird bei Entscheidungen dominiert

8.2.3 Ergebnis und Interpretation des Rankings

Die Gegenüberstellung mithilfe des Paarweisen Vergleichs offenbart, dass eine Rangfolge tatsächlich vorgenommen werden kann. Die Vergabe der positiven, neutralen und negativen Punkte ermöglicht es zudem, Akteure zu unterscheiden, die

- ausschließlich oder vorwiegend dominierende Rollen bzw. Rollen ohne Relevanz tragen,
- ein ausgeglichenes Verhältnis zwischen dominierenden und dominierten Rollen tragen,
- vorwiegend dominierte Rollen bzw. Rollen ohne gegenseitige Relevanz tragen.

193 Eigene Auswertung.

Selbst unter Berücksichtigung der eingeschränkten Repräsentativität der Analyse aufgrund des hohen Abstraktionsgrads (es existiert kein konkreter Projektbezug) scheinen jene Akteure, die Rollen als 'Finanzierer & Investor' oder 'Öffentliche Verwaltung' wahrnehmen, zu den starken Akteuren zu gehören, deren Entscheidungen üblicherweise nicht dominiert werden. Es sind hier ausschließlich die Punkte +1 und 0 vergeben worden. Sie werden im Sinne von Tabelle 9 als Schlüsselakteure klassifiziert.[194]

Rollenträger der Kategorie 'Erbauer & Hersteller' und 'Betroffene Dritte & Öffentlichkeit' besetzen die unteren beiden Ränge. Sie verfügen demnach über wenig Einflusspotenzial auf das Projekt und die Projektpartner und werden durch ebenjene stark dominiert und reglementiert. Hier wurden ausschließlich die Punkte 0 und -1 vergeben. Sie werden im Sinne von Tabelle 9 als Akteure 3. Ordnung klassifiziert.

Im Mittelfeld liegen die übrigen Rollenträger, deren Profile in mehr oder weniger ausgeglichener Weise einerseits über Potenzial zur Beeinflussung anderer verfügen und andererseits eigene Subordination offenbaren. Hier wurden Punkte der gesamten Skala +1 bis -1 vergeben, wobei die Rollen 'Planer & Erfüllungsgehilfe' und 'Nutzer' die gleiche Gesamtpunktzahl erhielten und damit gleichrangige Plätze einnehmen. Die Rollen des Mittelfeldes werden im Sinne von Tabelle 9 als Akteure 2. Ordnung klassifiziert. Es ist anzumerken, dass Planer zwar über recht geringe strategische Entscheidungskompetenz verfügen, jedoch einen starken Einfluss auf viele andere Akteursrollen ausüben. Obwohl es letztlich der Bauherr ist, der Verträge und deren Inhalte bestimmt, wird er durch den Planer bzw. Architekten intensiv beraten und gegenüber den ausführenden Gewerken vertreten. Planer sind demzufolge in der Gruppe der Akteure 2. Ordnung ganz oben angesiedelt (vgl. Tab. 10).

8.2.3.1 Die besondere Rolle des Eigentümers

Eigentümer[195] fungieren in der Praxis als die einzige Instanz, die zu keiner Zeit übergangen oder ersetzt werden kann – und de jure über sämtliche strategischen Entscheidungen informiert werden muss. Diese herausragende Position unter allen Akteuren wird ihr kraft Gesetz und Gesellschaft verliehen, indem ihr alle Verfügungsrechte übertragen sind.

In der Regel ähneln sich gleiche Rollen insbesondere aufgrund der übertragenen Verfügungsrechte, die sich im sozialen Status, also unter anderem in Formen von Verfügungsrechten an Vermögen und (Immobilien-) Besitz ausdrücken können (vgl. Kap. 6). Dies stützt die These der Übereinstimmung von Akteursrollen als Prämisse

194 Mit dieser Definition wird ein anderes Verständnis der Schlüsselakteursposition verfolgt als in Ansätzen, die keine Unterscheidung zwischen Schlüsselakteur und Akteur 1. Ordnung vornehmen, sondern eine Mischung daraus bilden. Vgl. Lützkendorf & Barthel 2008, S. 25 ff.

195 Hier sind ausschließlich Eigentümerrollen gemeint, die nicht gleichzeitig Selbstnutzer sind. Der Selbstnutzer ist ein Spezialfall innerhalb der Akteurstheorie, bei dem die Rollenkonfiguration immer gleichzeitig aus Eigentümer, Nutzer und ggf. Bauherr besteht und damit für die hier geführte Argumentation aufgrund möglicher Inter-Rollenkonflikte nicht geeignet ist.

für eine mögliche Prognose von Entscheidungen und Handlungen im Sinne der Nachhaltigkeit.

Dennoch unterliegt die Rolle des Eigentümers auch der Beeinflussung und Begrenzung ihrer Zielsetzung durch andere Akteure, wenn beispielsweise Abhängigkeiten bestehen wie bei der Finanzierung von Projekten mittels Fremdkapital oder bei der Genehmigung von Planungen durch die Baubehörden. In diesen Fällen ist der Projektfortgang bereits in den Grundzügen von der Ratifizierung durch diese Akteursgruppen abhängig. Eine Ablehnung kann schnell zum vollständigen Stopp oder zu wesentlichen Korrekturen bei der Projektidee führen, wodurch sich die moderate Aktivsumme von '1' für den Eigentümer erklären lässt (vgl. Abb. 15).

Letztlich beinhaltet die Rolle des Eigentümers auch oft die des *Initiators* eines Projektes, des Bauherrn, und diejenige mit der höchsten Verfügungsgewalt und Entscheidungskraft auf die detaillierte Umsetzung. Sind Eigentümer und Bauherr identisch, kann durch seinen Beschluss ein Konzept bzw. ein Projekt in Gänze sterben oder – in welcher Form auch immer – realisiert werden.

Daher sollen im Fortgang der Arbeit auch (und gerade) Träger der Eigentümerrolle als Schlüsselakteure bezeichnet werden, obwohl sie gemäß der Bewertungsmaßstäbe der Rollendominanzmatrix den Akteuren 2. Ordnung zuzuordnen wären.

8.2.3.2 Der Nutzer – eine unbestimmte Einflussgröße

'Funktion & Gebrauch' wurde bereits in Kapitel 5 als die ureigene Nutzen- und Wertdimension von Gebäuden vorgestellt. Sie dürfte als einzige bei jeder Immobilie eine Rolle spielen, ungeachtet ihres Standortes und sonstiger Zweckdienlichkeit. Die Raumbildung wird durch den Nutzer nachgefragt; sein Bedarf ist der hauptsächliche Anlass für bauliche Maßnahmen, entweder in Form eines Neubaus oder beim Bauen im Bestand. Größe, Ausstattung und Raumstrukturen sollten sich demnach explizit nach Verlangen und Anspruch des Nutzers ausrichten.

Angesichts dieser Ursächlichkeit drängt sich der Eindruck auf, der Nutzer sei maßgeblich bestimmend für die Initiierung und Gestaltung von Gebäuden. Eine solche Charakterisierung entspräche der hierarchischen Ordnung eines Schlüsselakteurs.

Der Paarweise Vergleich nach Abbildung 15 spiegelt diesen Status jedoch nicht. Worin liegt diese Diskrepanz begründet? Um die Illusion des Nutzers als 'König Kunde' zu korrigieren, bedarf es tieferer Einblicke in marktliche Zusammenhänge.

Die Neubau-Situation

Gebäude benötigen relativ lange Zeiten der Planung und Realisierung. Ihr Erfolg hängt nicht unwesentlich davon ab, wann sie am Markt platziert werden. Das Timing des Angebotes muss auf den Bedarf abgestimmt werden. Nicht selten tritt der Fall ein, dass dieser Zeitpunkt verpasst wird oder der Bedarf sich unabsehbar verändert. Wurde die Planung im Vorhinein zu spezifisch auf aktuelle Nutzerwünsche abgestellt, kommt es nach der Fertigstellung zu einer Fehlallokation. Eine Anpassung an die neue Marktsituation ist dann mit weiteren Kosten verbunden, die sich in höheren Mietforderungen niederschlagen und die Flächen damit unattraktiv erscheinen lassen. Ein solches Risiko wird dadurch umgangen, dass entweder noch in der Planungsphase Mietverträge mit langer Laufzeit abgeschlossen werden (deren Flächen dann am Markt für lange Zeit nicht mehr verfügbar sind) oder – für solche Flächen, die keine Vorvermietung erzielen – möglichst neutrale Grundrisse entwickelt werden. Um für eine breite Masse von Nutzern in Frage zu kommen, werden Räume nach einem durchschnittlichen (allgemein üblichen) Anforderungsprofil entworfen. Die späteren Nutzer können dann nur noch sehr eingeschränkt ihre individuellen baulichen Wünsche einbringen. Der Nutzereinfluss ist in dieser Situation marginal.

Besteht der Nutzer dennoch auf der Realisierung seiner Vorstellungen, so ist er in der Regel gezwungen, die von der Ursprungsplanung abweichenden Aufwendungen selbst zu tragen, was im Rahmen eines Mietverhältnisse oft nicht lohnend erscheint. So treten Nutzer mit individuellen Anforderungen an ihre Räumlichkeiten meist selbst in der Rolle des Bauherrn auf und realisieren Gebäude in eigenem Auftrag. Sie werden Eigentümer und Selbstnutzer. Dies betrifft gewerbliche Nutzer ebenso wie private.

Die Bestands-Situation

Die Langlebigkeit und hohe Kapitalbindung von Immobilien erfordert bereits im Zuge der Erstplanung Gedanken über die zweite und dritte Nutzungsphase. Es stellt sich die Frage der Drittverwendungsfähigkeit und Umnutzbarkeit. Da die Entwicklung des Teilmarktes schwer prognostizierbar ist, möchte man möglichst problemlos andere Nutzergruppen oder die Teilmärkte anderer Nutzungsarten erschließen können. Dazu bedarf es eines flexiblen Grundrisses und nutzungsneutraler Räume und Raumbeziehungen. Zur Sicherung des wirtschaftlichen Erfolges auch in der Zukunft wird also nach einem gemeinsamen Nenner für eine breite Zielgruppe gesucht. Die Folge sind üblicherweise standardisierte Flächen. Auch hier muss ein Nutzer, der von einem durchschnittlichen Anforderungsprofil abweicht, die Kosten für Umplanung und Umbau selbst tragen. Weiterhin wird ihm gemeinhin auferlegt, nach Beendigung des Mietverhältnisses den Ursprungszustand wieder herzustellen. Folglich kann auch hier nicht von einem nennenswerten Einfluss auf Immobilienentscheidungen durch den Nutzer gesprochen werden. Er hat sich den marktorientierten Zielen anderer Akteure anzupassen und verfügt über keinerlei Druckmitteln gegenüber dem Vermieter.[196]

196 Beschorner et al. 2005, S. 116.

In der Immobilienpraxis wird der Nutzer im Regelfall nicht als konkrete Person oder Unternehmung betrachtet.[197] Vielmehr wird ein abstraktes Bild über gängige Anforderungen entworfen. Man versucht für eine möglichst große Zielgruppe zu bauen, um im Markt vielfach konkurrenzfähig zu sein, was sich in standardisierten Grundrissen und Ausstattungen äußert. Solche Lösungen sind entsprechend wirtschaftlich, vielfach erprobt und weithin akzeptiert – ein wichtiger Aspekt, der die zögerliche Verbreitung innovativer Konzepte (wie z.B. dem des nachhaltigen Bauens) stützt.

Zusammenfassend kann festgestellt werden, dass Nutzer nur dann über einen nenneswerten Einfluss auf Immobilienentscheidungen verfügen, wenn sie selbst Auftraggeber sind (z.B. Selbstnutzer) oder aber als Mieter bereit sind, sich für lange Zeit vertraglich an ein Objekt zu binden. Letzteres wird wiederum immer gegen die Möglichkeit abgewogen, selbst Eigentümer zu werden, was auch unter steuerlichen Gesichtspunkten sehr attraktiv sein kann. In den meisten Fällen jedoch verfügen Nutzer de facto nicht über Entscheidungskompetenzen, die einem Schlüsselakteur gemäß vorstehender Definition gleichkommen würden.

8.2.4 Schlussfolgerungen für die Prägung von Entscheidungen

Anhand des Paarweisen Vergleichs und beschriebener Besonderheiten wurde eine Rangfolge in Bezug auf Verfügungsgewalten und Entscheidungsrechte von Rollen wesentlicher Immobilienakteure identifiziert. Unter Aspekten allgemein bzw. üblicherweise anzutreffender Dominanzverhältnisse (es wurden keine Spezialfälle unterstellt) ergibt sich schließlich folgender Vorschlag einer hierarchischen Ordnung der Akteursrollen (vgl. Tab. 10):

Die erarbeitete hierarchische Struktur dient nun dazu, die Prägung von Entscheidungen zu verstehen und weitere Ursachen zu identifizieren, warum bestimmte Entscheidungsmuster vorherrschen.

197 Ausnahmen bilden Spezialimmobilien (mit Sondernutzung), Gebäude für Bauherren als Selbstnutzer und Objekte, die für einen konkreten Nutzer (z.B. Sale & Leaseback) realisiert werden.

Akteure 1. Ordnung (Schlüsselakteure)		Akteure 2. Ordnung		Akteure 3. Ordnung	
1	Finanzierer & Investor	**4**	Planer & Erfüllungsgehilfe	**7**	Erbauer & Hersteller
2	Öffentliche Verwaltung	**5**	Nutzer	**8**	Betr. Dritte & Öffentlichkeit
3	Eigentümer & Bauherr	**6**	Betrieb & Verwaltung		

Tab. 10: Hierarchische Ordnung der Akteursrollen[198]

Wird die Rangfolge der Rollendominanz wieder zurückgestuft in die den Akteuren zugrunde liegenden Nutzen- und Wertdimensionen wie sie in Tabelle 8 (Akteursprofilliste) bereits vorgestellt wurden, so lässt sich folgende Darstellung (vgl. Tab. 11) herleiten. Hierin wird qualitativ sichtbar, welche Rollen unter welchen Gesichtspunkten über erwartungsgemäß hohe Durchsetzungskraft verfügen.

Grundsätzlich ist erkennbar, dass die Nutzen- und Wertdimension 'Funktion & Gebrauch' ähnlich häufig als Rollenziel auftritt wie die monetären Nutzen-und Werterwartungen aus 'Wirtschaftsleistung' und vergleichbar oft wie die Nutzenerwartung aus 'Signalwirkung'. Die Verteilung kann als ausgeglichen bezeichnet werden.

Hervorzuheben ist, dass die Zuordnung der Nutzen- und Wertdimension in Tabelle 11 nicht in Bezug auf die Akteure, sondern explizit auf die Akteurs*rollen* erfolgt. Auf diese Weise kann vermieden werden, dass die Heterogenität der Akteure zu einer fehlerhaften Bewertung führt. Ein Beispiel: Zu den Eigentümern und Bauherren gehören unter anderem private und öffentliche Wohnungsunternehmen. Sie sind gleichzeitig Träger der Rollen 'Finanzierer & Investor' und 'Betrieb & Verwaltung'. Diese Rollenkonfiguration macht deutlich, dass durch die parallele Zuordnung zu allen drei Nutzen- und Wertdimensionen ein Konflikt in den Zielsetzungen wahrscheinlich ist. Je nach spezieller Organisation wird der einen oder der anderen Rolle eine höhere Priorität eingeräumt.

Durch das Aufsplitten des Akteurs in seine verschiedenen Rollen, kann einerseits seine Motivation dezidierter herausgestellt und andererseits auf diese Weise ein Vielzahl von Akteuren abgebildet werden.

198 Eigene Darstellung.

	Rolle des Immobilienakteurs	Hierarchische Ordnung	Nutzen- und Wertdimension		
			I Funktion & Gebrauch	II Signalwirkung	III Wirtschaftsleistung
1	**Finanzierer & Investor**	Schlüsselakteur			■
2	**Öffentliche Verwaltung**	Schlüsselakteur		■	■
3	**Eigentümer & Bauherr**	Schlüsselakteur	□	■	■
4	**Planer & Erfüllungsgehilfe**	Akteur 2. Ordnung	■	■	□
5	**Nutzer**	Akteur 2. Ordnung	■	■	
6	**Betrieb & Verwaltung**	Akteur 2. Ordnung	■		
7	**Erbauer & Hersteller**	Akteur 3. Ordnung	■	■	
8	**Betroffene Dritte & Öffentlichkeit**	Akteur 3. Ordnung	□	■	□

Tab. 11: Rollenhierarchie bezüglich der Nutzen- und Wertdimensionen von Akteuren mit direktem Bezug zum Gebäude[199]
Starke Ausprägung ■
Schwache Ausprägung □

Durch die identifizierte Rollenhierarchie ist nun zusätzlich ablesbar, dass offenbar bestimmten Nutzen- und Wertdimensionen der Vorzug gegeben wird, indem die zugeordneten Rollenbilder über höhere Dominanz im Akteursnetzwerk verfügen. Zu den drei Rollen, die in der Hierarchie oben angesiedelt sind, gehören ausschließlich Nutzen- und Wertdimensionen, die marktwert- oder ertragsorientiert sind und in der Regel kaum Nutzen aus 'Funktion & Gebrauch' ziehen. Rollen, die letztere zur Zielsetzung haben, befinden sich erst auf den folgenden Rängen. Bei der Nutzen- und Wertdimension 'Signalwirkung' findet sich ein gemischtes Bild, indem diese auf den vorderen wie auch auf den hinteren Rängen vertreten ist. Ihre ausgeglichene Verteilung kann so erklärt werden, dass es sich um eine Nutzen- und Wertdimension

199 Eigene Darstellung.

handelt, die üblicherweise kein primäres Ziel bei den Akteuren darstellt, sondern nur ein zusätzlicher Nutzenfaktor eines Immobilienprojektes ist. Gebäude werden eben vornehmlich nicht zu Schau- oder Werbezwecken erstellt, erfüllen diese Funktion aber oft nebenbei.

Die vorgenommene Untersuchung bestätigt also die Vermutung, dass die Ziele der monetär orientierten Akteure in Entscheidungen Priorität genießen. Jene These wurde bereits in der Einführung aufgestellt und wurde durch die Ergebnisse von empirischen Umfragen, Forschungsarbeiten und Veröffentlichungen in den Medien bestätigt, die insbesondere nach den Zielen und Maßstäben der Akteursgruppe der Investoren fragen, während andere Akteursgruppen vernachlässigt werden.

Diesbezüglich erhöhter Handlungsbedarf besteht vor dem Hintergrund, dass gerade die Finanzierer in Umfragen als die Akteursgruppe mit der geringsten Verantwortlichkeit in Bezug auf die Realisierung nachhaltiger Gebäude benannt werden (vgl. Kap. 4). Eben dieser Umstand führt zu einer erheblichen Erschwernis der Durchsetzung von Nachhaltigkeitsstrategien im Projektteam.

8.3 Akteure 4. Ordnung

Sämtliche bisher untersuchte Rollenbilder sind nicht auf die vier analysierten Nutzen- und Wertdimensionen aus *direktem* Gebäudebezug beschränkt. Wie dargestellt, können daneben auch die Nutzendimensionen aus *indirektem* Gebäudebezug zutreffen. Sie genießen für die untersuchten acht Akteursgruppen jedoch in der Regel keine Priorität.

Allerdings sollte erneut darauf hingewiesen werden, dass über die betrachteten Rollen hinaus zahlreiche weitere existieren, die im Laufe des Gebäudelebenszyklus auftreten und sich gemeinhin auf Nutzen aus indirektem Gebäudebezug konzentrieren. Dazu können beispielsweise gezählt werden: die Rollen des Beraters, Gutachters und anderer Dienstleister. Akteure, die Träger solcher Rollen sind, werden hier als Akteure 4. Ordnung geführt und in der Untersuchung gesondert behandelt. Eine konkrete Steuerung hin zu nachhaltigen Entscheidungen muss über differenzierte Instrumente erfolgen, da die Akteursziele nicht das Gebäude in den Mittelpunkt rücken, sondern sich an der Unterstützung anderer Akteure bemessen (vgl. Abb. 16). Sie werden von Akteuren 1., 2. und 3. Ordnung angeleitet und beauftragt und verfügen nur mittelbar über Einflusspotenzial auf die Immobilie.

Dieser Ansatz korrespondiert mit dem vorstehend erläuterten *Modell einer dynamischen Theorie ökonomischer Akteure* von *Bach et al.*[200], in dem einigen Akteuren nutzenstiftende Eigenschaften für andere Akteure – nicht primär für das Projekt –

200 Bach et al. 2002.

zugeschrieben werden. Die Akteure 4. Ordnung entsprechen ferner in ihrer Spezialfunktion in etwa der *Beta-Position* nach Schindler (vgl. Kap. 6).[201]

Abbildung 16 veranschaulicht die Struktur des Netzwerks der Immobilienakteure, wie sie sich aus der vorgenommenen Untersuchung ergibt.

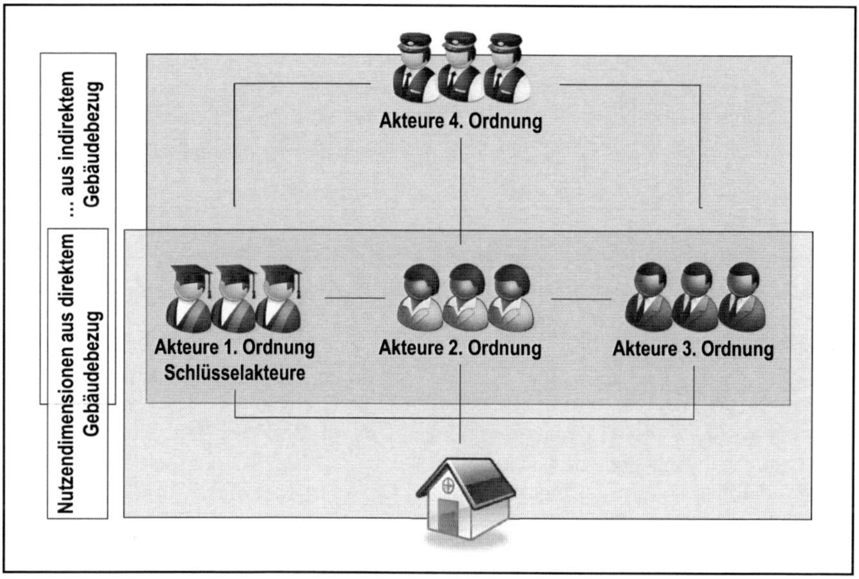

Abb. 16: Ordnungsstruktur des Netzwerks der Immobilienakteure[202]

8.4 Barriere nachhaltigen Entscheidens: Schwerpunkt der Nutzen- und Wertdimension 'Wirtschaftsleistung'

Die Gruppe der an Bau und Betrieb von Immobilien beteiligten Akteure ist sehr heterogen und in ihrer Gruppenstärke projektbezogen unterschiedlich. Dennoch konnte eine Ordnungsstruktur entwickelt werden.

201 Schindler 1957.

202 Eigene Darstellung.

Es wurden Akteure 1. bis 4. Ordnung identifiziert und in eine hierarchische Struktur gebracht, indem ihr Einflusspotenzial und ihre Rollendominanz gegeneinander abgewogen wurden. Akteuren 1. Ordnung kommt eine Schlüsselrolle zu.

Andere Akteursanalysen und -strukturen in der Literatur bestätigen die Ordnungsparameter und das Vorhandensein von Hierarchien, machen aber bisher nicht den Versuch, einer konkreten Rangfolge, was hier erstmals für die Immobilienakteure durchgeführt wird. Dabei offenbart sich eine starke Dominanz derjenigen Akteure mit monetärem Fokus. Im Entscheidungsfindungsprozess drohen demzufolge einschlägige und einseitig ausgerichtete Methoden Anwendung zu finden, die das Ziel haben, möglichst klare und bilanziell nachvollziehbare Ergebnisse zu liefern, wobei schwer zu quantifizierende Aspekte der Nachhaltigkeit wie soziale und ökologische Kriterien ausgeblendet werden.

Mit dem Schwerpunkt der Nutzen- und Wertdimension 'Wirtschaftsleistung' handelt es sich um die dritte identifizierte Barriere für nachhaltiges Planen, Bauen und Betreiben von Gebäuden.

Daraus ist zu schlussfolgern: Ob sich Nachhaltigkeit bei Immobilien durchsetzt, hängt zum gegenwärtigen Zeitpunkt hauptsächlich davon ab, inwieweit sie geldwerten Zielen dient. Entsprechend lässt sich die Fokussierung der Zielgruppe der Investoren & Finanzierer bei den Umfragen erklären. Aus dem *Dynamischen Akteursmodell* und der entwickelten Struktur des Immobilienakteursnetzwerks können vielfältige Einsichten gewonnen werden, die die Befunde der Umfragen bestätigen und das Verhalten von Akteuren in der Praxis erklären. Es war notwendig, einen Zusammenhang zwischen dem einzelnen Akteur, seiner Durchsetzungs- und Entscheidungskraft und der Bandbreite an Nutzen- und Wertdimensionen, die Gebäude bedienen, herzustellen.

Eine Nachhaltigkeitsstrategie kann nur gelingen, das hat die Analyse der hierarchischen Ordnung gezeigt, wenn das gesamte Stakeholdernetzwerk eingebunden wird. Nun bedarf es einer Untersuchung über die Dynamiken von Netzwerken. Das folgende Kapitel taucht in die realen Dilemmata und Interferenzen der Immobilienakteure ein.

9 Der Immobilienakteur in Netzwerk und Gruppe

Jeder einzelne Akteur in einem Projektnetzwerk kann ein Risikofaktor, aber auch ein Leistungsträger für die Umsetzung einer Nachhaltigkeitsstrategie und den Projekterfolg sein. Im Folgenden wird anhand konkreter Situationen dargestellt, wie Akteure sich behindern können, aber auch den gemeinsamen Projekterfolg zu verstärken in der Lage sind. Es wird deutlich, worin die Gründe des einen oder anderen Falls zu suchen sind.

Anhand der Akteursprofilliste (vgl. Tab. 8) konnte bereits erahnt werden, dass Reibungspunkte und Konflikte bei Zielen bestehen. Eine Vielzahl von Dilemmata – auch in Zusammenhang mit nachhaltigkeitsorientiertem Entscheiden – kann sich tatsächlich im Zuge jeglicher Projektierung offenbaren. Bestimmte Dilemmastrukturen bei Planung und Bau werden im Folgenden vor dem Hintergrund von Regelsystemen beleuchtet und mögliche Lösungsansätze, wie sie aktuell politisch und wirtschaftlich in Deutschland zur Verfügung stehen, vorgestellt. Inwiefern sich solche Lösungsansätze als robust gegen Zuwiderhandeln erweisen können, wird dort in Szenarien illustriert werden.

9.1 Dilemmastrukturen im Akteursnetzwerk

Die erarbeitete Akteursprofilliste veranschaulicht die Bandbreite der Zielsetzungen, die erwarten lässt, dass Reibungspunkte entstehen. Einerseits steht der Akteur vor der Aufgabe, seine eigene Mehrzielentscheidung, die aus gegenläufigen Teilzielen bestehen kann, zu befriedigen. Zusätzlich findet eine Interaktion mit anderen Akteuren und deren differenzierten Zielen statt. Ein reibungsloses Verfolgen jedes Akteurszielsystems ist im Rahmen einer Projektgruppe kaum möglich. Andererseits gibt es auch übereinstimmende Ziele, die in gemeinsamer Anstrengung schneller und einfacher erreicht werden können.

Tatsächlich sind Dilemmastrukturen ein Charakteristikum jeder Interaktion von Individuen, denn hier handelt es sich um eine logische Folge der teilweise unterschiedlichen und teilweise kongruenten Akteursziele und -werte.

> *"Ohne gemeinsame Interessen gäbe es keine Interaktionschancen, ohne konfligierende Interessen keine Interaktionsprobleme."* [203]

Als Dilemma lässt sich eine unumgängliche Entscheidungssituation bezüglich zweier (oder mehrerer) Varianten beschreiben, bei denen beide (bzw. alle) zu einer unbefriedigenden Lösung führen würden.[204] Im Prinzip geht es darum, dass sich derjenige, der sich kooperativ verhält, dem Risiko der Ausbeutung aussetzt, wie es das Gefangenendilemma illustriert.[205] Andererseits ist durch unkooperatives Verhalten eine Fortführung der Zusammenarbeit an einem gemeinsamen Projekt mittelfristig sehr unwahrscheinlich, da das Handeln des Einzelnen immer auch vom Verhalten des Gegenübers abhängt, d. h. unkooperatives Verhalten löst entsprechendes auch bei anderen aus. Dilemmata können sich innerhalb eigener gegenläufiger Interessen ergeben oder in Bezug auf die nonkonformen Interessen anderer. Letzteres liegt begründet in den Disparitäten der Akteursmotive, den Intentionsinterferenzen.

Betrachtet werden hier diejenigen Dilemmastrukturen, die für die Durchsetzung von Nachhaltigkeitsstrategien problematisch sind. Es handelt sich beispielsweise um Dilemmata zwischen Anbieter und Nachfrager, die nach *Akerlof* [206] zum sogenannten Zitronenmarkt mit Gütern minderer Qualität führen würden [207] und den Grundsätzen nachhaltigen Bauens entgegenwirken.

Dilemmata ergeben sich unter anderem durch die Diskrepanz zwischen den unterschiedlichen den Gütern zugeordneten Preisvorstellungen von Anbietern und Nachfragern, was sich auch auf Umweltgüter übertragen lässt. Das Phänomen der sogenannten Verlustaversion beschreibt, dass die Wertvorstellungen von Akteuren, die ein Gut besitzen bzw. nutzen, in der Regel höher sind als das, was Dritte preislich akzeptieren würden, um das Gut zu übernehmen. Verluste wiegen demnach schwerer als Gewinne.[208] Das Dilemma entsteht bei nachhaltigen Gebäuden nun doppelt: erstens durch das Phänomen des Zitronenmarktes, zweitens durch die Verlustaversion als Missverhältnis in der Preisgestaltung.

---

203 Homann & Meyer 2009, S. 89.

204 Dilemmastrukturen zwischen mehreren Anbietern oder mehreren Nachfragern tragen in der freien Marktwirtschaft zum Wettbewerb bei und sind demnach durchaus nicht immer unerwünscht und hinderlich. Sie werden sogar gezielt etabliert. Homann & Meyer 2009, S. 66 f. Diese Art von positiven Dilemmata sind hier nicht gegenständlich.

205 Das Gefangenendilemma ist ein geläufiges spieltheoretisches Experiment, das eine besondere Zwangssituation zweier Individuen beschreibt. Daraus wird ersichtlich, wie individuell zielgerichtetes Verhalten dennoch zu einem gemeinsamen negativen Ergebnis führen kann. Zum Gefangenendilemma siehe darüber hinaus die umfangreiche Literatur (z. B. Poundstone 1993).

206 Akerlof 1970. Im deutschsprachigen Raum auch bekannt als das 'Saure-Gurken-Problem'.

207 Eichberger 2004, S. 40; Richter & Furubotn 2003, S. 294.

208 Nitzsch 2006, S. 105; Becker 2003, S. 65.

Daraus ergibt sich umgekehrt die Ableitung, dass nicht nachhaltige Gebäude ein Produkt ungelöster Dilemmastrukturen sind, die erstens aus den Ziel- und Wertdivergenzen der Akteure hervorgehen und zweitens eine Folge unsicherer Qualitätsmerkmale darstellen. Um derartige Dilemmastrukturen aufzubrechen, sind einstweilen Eingriffe durch Institutionen erforderlich.

Zunächst erfolgt eine Betrachtung der möglichen Ausprägung von Dilemmata innerhalb eines Akteursnetzwerkes rund um Immobilienprojekte. Im Anschluss werden anhand eines Fallbeispiels konkrete Dilemmata identifiziert.

Kategorien der Dilemmata sind:

Pekuniäre, z. B.

- im Zusammenhang mit der Finanzierung, z. B. zwischen Bauherr und Investor
- bei der Investition in die Ausstattung, z. B. zwischen Bauherr und Nutzer
- bei der Wahl und Qualität der Produkte und Bauteile, z. B. zwischen Bauherr und Erfüllungsgehilfen
- bei den Aufwendungen für öffentliche Sicherheit und das Gemeinwohl z. B. zwischen Eigentümer und Gemeinde

Funktionale, z. B.

- bei der Wahl der Konstruktion, z. B. zwischen Planer und Bauherr
- bei dem Entwurf von Architektur und Kunst, z. B. zwischen Bauherr und Gemeinde
- bei der Bereitstellung von speziellem Komfort, z. B. zwischen Eigentümer und Nutzer

Soziale, z. B.

- bei dem Angebot von Serviceleistungen, z. B. zwischen Verwaltung, Eigentümer und Nutzer
- bei der Gestaltung des Außenraums, z. B. zwischen Eigentümer und Gemeinde
- im Zuge von Schutzmaßnahmen am Bau, z. B. zwischen Erbauer (Bauunternehmen) und Bauherr

Sonstige, z. B.

- ideeller Konflikt zwischen Verantwortung gegenüber der Umwelt und der streng wirtschaftlichen Orientierung von Gläubigern wie Investoren

- Opportunismus des Individuums innerhalb der Akteursgruppe, z. B. eigene Karriere betreffend alle Akteure

Die Aufstellung ließe sich zweifelsfrei fortsetzen – an dieser Stelle gestaltet sich aber eine reale Fallbetrachtung hilfreicher.

9.1.1 Ziele und Dilemmata der Akteure in situ – ein Fallbeispiel

Unter Berücksichtigung der in der Akteursprofilliste erarbeiteten Charakteristika wird ein beispielhafter Projektausschnitt skizziert und in Bezug auf Nachhaltigkeitsaspekte untersucht. Dabei offenbaren sich typische Dilemmata innerhalb des Akteursverbundes, in dem gegenläufige Ziele unter Umständen zu einem suboptimalen Gesamtnutzen führen können. Obwohl das Fallbeispiel bewusst allgemein gehalten wird, können bestimmte Konflikte beschrieben werden, die sich oft, wenngleich nicht immer, bei entsprechenden Projekten zeigen, da sie charakteristisch sind für die Akteursrollen – nicht für das Projekt.

Demzufolge kann angenommen werden, dass in der Regel die Akteursrolle für Steuerungsmaßnahmen sensitiver ist als das Projekt selbst.

Das Fallbeispiel:

Die Akteursrollen sind direkter Betrachtungsgegenstand und Untersuchungsobjekt im Hinblick auf:

- Projektierung eines Neubaus mit gewerblicher Fremdnutzung (ca. 10 000 m^2 Nutzfläche)
- Standort: ein Oberzentrum in Deutschland
- Betrachtung der Schlüsselakteursrollen: Finanzierer & Investor, Öffentliche Verwaltung, Eigentümer & Bauherr sowie zusätzlich: Planer & Erfüllungsgehilfe, Nutzer.

Akteursrolle [1]	Ziele / Nutzenerwartung Primärziele [2]	Risiko [3]	Nachhaltigkeit Vorteilsnahme [4]	Einflussmittel [5]
Finanzierer & Investor	Zinsertrag aus Kredit.	Projektstopp oder Insolvenz des Bauherrn vor Fertigstellung oder Inbetriebnahme..	Nachhaltigkeit als Sicherheit für Kostenstabilität und Werterhalt der Immobilie.	Forderung nach zusätzlichen Sicherheiten oder höherem Kreditzins bei geringer Nachhaltigkeit.
Öffentliche Verwaltung	Aufwertung des Stadtteils.	Leerstand/ Verwahrlosung im Quartier bei Projektmisserfolg.	Verbesserung des sozialen Umfelds durch Außenraumqualität.	Auflagen bei der Genehmigung.
	Erhöhung des Bekanntheitsgrades der Stadt durch Leuchtturmprojekt.	Unkontrollierte Veränderungen bei Verkehrsströmen.	Naturnahe Gestaltung von zuvor versiegelten Flächen.	Festsetzungen bei der Bauleitplanung.
	Schaffung von Arbeitsplätzen.	Störendes Nutzerverhalten.	Vorbeugung von ungepflegtem Stadtbild durch nachhaltige Bausubstanz.	Mitgestaltung bei Baulandpreisen.
	Einflussnahme auf die Planung zwecks öffentlicher Nutzbarkeit.	Negative Veränderungen von Landschaft+Umwelt.		Einbindung der Presse.
				Zwangsabgaben.
				Angebote im Rahmen des Bürgerservice.
				Steuerliche Vergünstigungen.
Eigentümer & Bauherr	Wertsteigerung der Kapitalanlage.	Nicht-nachfragegerechte Flächenstruktur.	Langlebigkeit und Wertbeständigkeit durch Qualität und Marktorientierung.	Bindung sämtlicher Vertragspartner an nachhaltige Zielsetzung.
	Rendite aus Cashflow, Ertrag.	Erhöhte Planungskosten durch Ausfall der Projektpartner.	Positives modernes Image in der Öffentlichkeit.	Wahl des Fremdkapitalgebers gem. Angebot nachhaltiger Finanzierungs-instrumente.
	Imagebildung.	Zweifelhafte Machbarkeit standortbedingt.	Erleichterungen der Finanzierung durch geringeres Mietausfallrisiko bei geg. Preis.	Alternativstandort in anderer Gemeinde in Betracht ziehen.
	Beständige langfristige Mieteinnahmen z.B. durch Ankermieter.	Zweifelhafte Machbarkeit durch baukonstruktive Erfordernisse z.B. Brandschutz.		

Planer & Erfüllungsgehilfe	Überschuss Vergütung / Aufwand.	Vergütung deckt nicht den Kostenaufwand.	Positives modernes Image in der Öffentlichkeit und bei der Kundenakquise.	Entwurfsplanung unter streng nachhaltigen Gesichtspunkten.
	Imagebildung zwecks Folgeaufträge.	Planung wird nicht realisiert (Exit vor Umsetzung).	Verbesserte Kundenbindung und Kundenvertrauen durch spezielles Know-How.	Beratung bei Wahl der Projektpartner mit hoher Kompetenz in nachh. Bauen.
	Wertschätzung durch Nutzer und Öffentlichkeit.	Genehmigung der Planung wird versagt.	Weniger Mängelanzeigen in der Gewährleistungszeit.	Vermittlung und Moderation im Nachhaltigkeits-interesse gegenüber den Behörden.
		Projekt findet keine Zustimmung in der Öffentlichkeit.		Gegenüberstellung der wirtschaftl. Vorteilhaftigkeit bei Lebenszykluskosten.
				Nachhaltigkeits-Kennzahlen zwecks Marketing beim Flächenvertrieb.
Nutzer	Verfügbare Nutzungsfläche.	Nicht-bedarfsgerechte Flächenstruktur.	Hohe Behaglichkeit und funktionsorientierter Komfort der Flächen.	Ausschluss der Anmietung nicht-nachhaltiger Räumlichkeiten.
	Serviceleistungen.	Höhe der Nebenkosten.	Stabile Nebenkosten.	
		Akzeptanz des Nutzers in der Nachbarschaft.	Service und Bedarfsorien-tierung seitens des Vermieters in der Nutzungsdauer.	Werbung mit allgemein Nachaltigkeits-orientierter Unternehmens-führung.
	Bei Selbstnutzern: eigene Bedürfniserfüllung und Behaglichkeit.		Modernes Image bei Kunden & Partnern (Prägung der eigenen Corporate Identity).	
		Bei Selbstnutzern: mangelndes Wohlbefinden.	Positives Arbeitsklima und Motivation der eigenen Mitarbeiter.	

Akteursrolle	Opportunismus Ziele [6]	 Mittel [7]	 Exit-Strategie [8]
Finanzierer & Investor	Nachfinanzierung durch Kreditnehmer zu höheren Zins.	Zurückhalten von Informationen.	Versagen eines Darlehens.
	Weitere Kreditabschlüsse.	Vertragliche Klausulierung.	Verkauf notleidender Kredite.
	Reputation in der Branche.	Schaffung von Abhängigkeiten.	
		Anreize durch zunächst gute Konditionen.	
Öffentliche Verwaltung	Politischer Einfluss und Wählerstimmen.	Beeinflussung der öffentlichen Meinung durch Einbinden der Presse.	Versagen der Bau- bzw. Nutzungsgenehmigung.
	Stärkung bestimmter Nutzungsarten zwecks höherer Steuereinnahmen.	Preis- und andere Absprachen mit Nachbarstädten.	Versagen der Grundstücksüberlassung.
	Zurückhalten von 1a-Lage-Grundstücken zwecks Bodenpreisbildung.	Erhebung von Abgaben.	
	Imageverbesserung gegenüber Konkurrenzstandorten (Nachbarstädte).	Besonders "strenge" Auslegung gesetzlicher Bestimmungen.	
		Verzögerung bei der Antragsbearbeitung.	
		Verweigerung von PPP oder anderen Kooperationen.	
Eigentümer & Bauherr	Hohe Mietüberschüsse durch Kostenersparnisse.	Schönheitsreparaturen anstatt angemessene Instandsetzung von Bauteilen und Anlagen. .	Unterbrechung bzw. Stopp des Projektes.
	Nichterfüllen von Auflagen der baubehördlichen Genehmigung.	Verzögern von Mängel- und Schadensbeseitigung.	Vertragskündigung z.B. Wechsel des Auftragnehmers.
	Reduzierung der Vergütungsansprüche beauftragter Akteure.	Abwälzen diverser Pflichten auf den Nutzer.	Anmelden von Insolvenz.
	Übertragen möglicher Risiken und Verantwortlichkeiten an Vertragspartner.	Einsparungen beim Bau z.B. durch mindere Qualität oder unqualifiziertes Personal.	

Planer & Erfüllungsgehilfe	Reduzierung des Leistungsaufwands.	Zurückhalten von fachlichem Know-How und einseitige Beratung.	Abbruch der vertraglich vereinbarten Leistung, Vertragskündigung.
	Ausweitung des Gesamtauftragsvolumens.	Interne Absprachen mit Subunternehmern und Fachkollegen.	Anmelden von Insolvenz.
	Erhöhung des Vergütungsanspruchs.	Qualitativ mindere Planungsqualität.	
	Mitbestimmung bei der Auftragsvergabe an andere Akteure.	Vortäuschen von technischen Erfordernissen zwecks erhöhtem Vergütungsanspruch.	
	Schnelle und problemlose Abwicklung der beauftragten Leistung.		
	Eingeschränktes Befolgen behördlichen Auflagen.		
Nutzer	Herbeiführen einer möglichst kurzen Nutzungsdauer ohne Ankündigung beim Vermieter.	Drohung mit Beschädigung und Verwahrlosung der überlassenen Flächen.	Kündigung des Vertrages.
	Forderung zur Flexibilisierung oder Minderung der Miete.	Mobbing der übrigen Nutzer.	Anmelden von Insolvenz.
	Weitere Flächenübernahme im Gebäude.	Aufwiegeln der übrigen Nutzer und Nachbarn, ggf. Einbeziehung der Medien.	
	Nichterfüllen von vertraglichen Pflichten z.B. Renovierung.		

[1]	Akteursrolle (vgl. Kap. 6).
[2]	Hauptsächliche Zielsetzung als übliche Motivation der Akteursrolle. Zusätzlich sind die opportunistischen Ziele beizuziehen.
[3]	Möglichkeiten des Versagens im Zuge des Strebens nach den Primärzielen.
[4]	Mögliche Vorteile für den Akteur aus nachhaltigem Planen, Bauen und Betreiben gegenüber konventioneller Architektur.
[5]	Instrumente zur Durchsetzung von nachhaltigem Planen, Bauen und Betreiben innerhalb des Akteursverbunds.
[6]	Persönliche Ziele, u.U. auch gegen die eigene Gruppe und unabhängig von der Vorteilhaftigkeit für das Projekt.
[7]	Instrumente und Verhaltensweise zur Durchsetzung der opportunistischen Ziele.
[8]	Möglichkeit oder Absicht des Akteurs aus dem Projekt und dem Netzwerk auszusteigen. Auch zu verstehen als letztes Druckmittel gegenüber Projektpartnern.

Tab. 12: Zielsystem der Akteursrollen am Fallbeispiel[209]

209 Eigene Darstellung.

9.1.2 Nachhaltigkeit zwischen Primärzielen, Opportunismus und ethischem Prinzip

Als Primärziele wurden in Tabelle 12 die offensichtlichen Motive der Akteursrollen eingetragen, wie sie in Kapitel 5 bereits klassifiziert wurden und nun konkreter ausformuliert sind. Für das Verstehen des Zusammenspiels zwischen Primärzielen und opportunistischen Zielen hilft ein Blick zurück in die Theorie.

Die Primärziele sind dann hauptsächliches Streben des Akteurs, solange Interaktionen reibungslos verlaufen und keine Konflikte vorliegen. In diesen Fällen sind die opportunistischen Ziele den Primärzielen gegenüber kongruent; sie werden gemeinsam bedient. Primärziele orientieren sich strikt an der erwarteten Nutzengenerierung aus dem Projekt – sie sind für andere Akteure transparent und nachvollziehbar und bilden den Verhandlungsgegenstand im Zuge der Vertragsgestaltung und Netzwerkbildung.

Sollten sich jedoch Reibungspunkte mit anderen Akteuren abzeichnen oder entwickelt sich bei einzelnen Akteuren der Verdacht, übervorteilt zu werden, so drohen die opportunistischen Ziele gegenüber den Primärzielen stärker zu wirken. Der Akteur beginnt, individuell motivierte Pläne zu verfolgen, wie beispielsweise das Streben nach Ansehen, Karriere oder auch die Minderung der Arbeitsleistung zugunsten von Familie und Freizeit. Es liegt das *moralische Risiko* gemäß der Prinzipal-Agenten-Theorie zugrunde. Opportunistische Ziele sind unterschwellig bei jedem Akteur, gleich welcher Rolle oder innerhalb welchen Projektes, vorhanden. Sie lassen sich unter anderem auf die 'menschlichen Defizitbedürfnisse' zurückführen, wie sie erstmals *Maslow* 1943/1970 in seiner Bedürfnispyramide beschreibt, die durch die Psychologie inzwischen häufig ergänzt und verändert wurde.[210]

Das Verfolgen opportunistischer Ziele kann für den allgemeinen Projekterfolg durchaus hinderlich sein. Es ist möglich, dass durch Opportunismus das Projekt als Ganzes gefährdet wird, seine Terminierung verfehlt oder bestimmte Anforderungen nicht erfüllt werden. Schwächen der Projektierung, die durch Opportunismus bedingt sind, werden als *moralische Kosten* bezeichnet. Je stärker Akteure den opportunistischen Zielen Vorrang einräumen, desto stärker werden andere Akteure geneigt sein, sich ebenso zu verhalten, und desto geringer wird die Bedeutung der gemeinsamen Immobilienunternehmung und ihrer Erfolgswahrscheinlichkeit. Der Schaden durch die moralischen Kosten wäre in zweifacher Hinsicht absehbar: Erstens büßten

210 Maslow 1943, S. 18. Nach Maslows Theorie sind dem Menschen fünf Bedürfnisse zugeordnet, die auf verschiedenen Hierarchieebenen angesiedelt sind. Kaum hat das Individuum eines einigermaßen befriedigen können, strebt es nach der Erfüllung des nächsthöheren. Auf diese Weise befindet es sich dauernd in einem Stadium des Wollens und wird immer wieder zu Handlungen angetrieben. Während die physiologischen Bedürfnisse wie Essen, Trinken und Schlafen auf der unteren Ebene liegen, ist das Bedürfnis nach Selbstverwirklichung (Autonomie, Kreativität) das auf höchster Stufe angesiedelte. Im Streben nach Selbstverwirklichung liegt im Wesentlichen die Ursache für Opportunismus, der nun in Konkurrenz zu den projektabhängigen Primärzielen tritt.

die Akteure potenziellen Nutzen und Gewinn aus dem Projekt ein; zweitens wäre eine volkswirtschaftliche Belastung durch bekannte Probleme aus einer eventuelle Fehlallokation der Immobilie mit hohen externen Kosten und wachsendem Marktungleichgewicht die Folge.

Im Idealfall sind die opportunistischen Ziele der Akteure mit den allgemeinen Projektzielen kongruent. Dann würde eine hohe Gesamtvorteilhaftigkeit für alle Stakeholder erzielt werden können, trotz der (zeitweisen) Gleichgültigkeit einiger Akteure gegenüber dem Gesamtnutzen. Der Gesamtnutzen – hier die Nachhaltigkeit – würde ohnehin gewinnen.

Im Gegensatz zur traditionellen Entscheidungstheorie wird hier nicht die Überzeugung vertreten, dass jeder Stakeholder ausschließlich auf seine persönlichen Ziele fixiert ist und grundsätzlich vorrangig opportunistischen Zielen folgt.[211] Vielmehr gehen die Erkenntnisse der Neuen Institutionenökonomik und der neueren Verhaltensökonomie dahin, dass es sich bei derartigem Verhalten um die Ausnahme handelt und die Individuen im Grundsatz eher kooperativ agieren.[212]

In der ökonomischen Lehre weiß man neben dem moralischen Risiko um ein weiteres Phänomen. Es ist bekannt unter dem Titel der *Tragik der Allmende* [213]. Solange ein gemeinschaftlich und frei nutzbares Gut für alle Akteure zur Verfügung steht, das zudem in nahezu unbeschränkter Menge verfügbar ist wie die Umweltressourcen, besteht demgemäß die hohe Wahrscheinlichkeit, dass dieses Gut übernutzt, verbraucht oder zerstört wird.[214] Da mit zunehmender Gruppengröße die Bereitschaft des Einzelnen sinkt, sich kooperativ und verantwortungsbewusst zu verhalten, kann einer solchen Gefahr nur durch Kontrollinstanzen begegnet werden.

Diese Sichtweise mag pessimistisch erscheinen. Um die zukünftige gesellschaftliche und wirtschaftliche Entwicklung in Richtung Nachhaltigkeit zu steuern, ist es aber erforderlich, sich kompromisslos mit den gegenwärtigen Handlungsmustern der Individuen und den Dilemmastrukturen innerhalb des Stakeholderverbunds auseinanderzusetzen. Ansonsten bleibt die in den Umfragen beobachtete 'grüne Welle' nur eine Modeerscheinung unter den Topmanagern. Zur Erhaltung der natürlichen Ressourcen sollte es im Interesse aller Stakeholder liegen, entweder der Entwicklung von Dilemmata vorzubeugen oder für den Fall ihres Auftretens klare Regelungen und Autoritäten zu deren Steuerung bereitzustellen.

---

211 Laux 2005, S. 25.

212 Fehr & Schmidt 2000.

213 Im Englischen bekannt als *Tragedy of the Commons,* handelt es sich hierbei um ein soziales Phänomen, wonach Menschen dazu tendieren, natürliche Ressourcen, die ihnen frei zugänglich sind und kostenneutral zur Verfügung stehen, auszubeuten, um persönliche wirtschaftliche Gewinne zu erzielen. Das Modell geht zurück auf eine Beschreibung des Ökologen *Garret Hardin*, der damit 1968 auf die Gefahr der Übernutzung der Natur aufmerksam machen wollte. Eine Schlussfolgerung besteht darin, dass einem gemeinschaftlichen Besitz (Allmendegüter) tendenziell zu wenig Wert beigemessen wird.

214 Huber 2001, S. 344.

Innerhalb unseres Wirtschaftssystems gehört das Bemühen um nachhaltiges Bauen in der Regel nicht zu den Primärzielen der Akteure. Wäre es tatsächlich bei allen Stakeholdern als solches einzustufen, so gäbe es weit weniger nicht nachhaltige Güter – und ordnungspolitische Instrumente müssten zu seiner Durchsetzung nicht implementiert werden. Leider verhält es sich in der Realität anders. Es gilt zu bedenken, dass Akteure gemeinhin vor Mehrzielentscheidungen stehen, deren Befriedigung ohnehin schwierig zu koordinieren ist. Ein zusätzliches Zielkriterium würde die Entscheidungsfindung nicht erleichtern. Die Idee, Nachhaltigkeit selbst als Primärziel – nicht nur als Rahmenbedingung – zu installieren, ist ein hoher Anspruch (konform der starken Nachhaltigkeit), der gleichwohl von einigen Vertretern aus Politik und Forschung propagiert wird.

Im Rahmen der Akteurstheorie gilt die vereinzelte Hinwendung der Geschäftswelt zu umweltbewußterem Verhalten und sozialer Mitverantwortung bereits als erstes Aufbruchsignal zu einer neuen Form des Kapitalismus.[215] Praktizierte unternehmerische Strategien, die dies untermauern, gibt es. Es stellt sich die Frage, ob daraus absehbar eine flächendeckende Strömung werden kann oder ob es bei einzelnen Vorreitern bleibt, die damit ihre Wettbewerbsfähigkeit steigern und die Unternehmensstrategie neu ausrichten wollen.

Eine Voraussetzung wäre, Nachhaltigkeit als Primärziel in *jeder* Akteursrolle zu verankern. Dieses würde allerdings Nachhaltigkeit als ethisches Prinzip interpretieren und eine Infiltration der Akteurskonfiguration des *Dynamischen Akteursmodells* erfordern, was angesichts der hiesigen stabilen Wirtschaftsordnung und gesellschaftlichen Normen und Gebräuche ein langfristiges und hindernisreiches Projekt wäre. Allein darauf zu vertrauen, dass es eines Tages gelingt, ist ein Experiment mit höchst unsicherem Ausgang. Ansätze sind bei Entscheidungen unter Einbeziehung *integrativer Rationalität* zwar vorhanden, sie bilden aber (noch) nicht den Standard für die Entscheidungsfindungsprozesse in der Praxis. Derzeit sind Entscheidungen unter Einbeziehung *erweiterter Rationalität* im Privaten wie auch im Geschäftlichen verbreitet (vgl. Kap. 7). Nachhaltigkeit wird in der Immobilien-Geschäftswelt als ein Instrument eingesetzt, das die Nutzengenerierung unterstützen soll. Umgekehrt bedeutet dies: Entscheidungen werden dann im nachhaltigen Sinn getroffen, wenn der Entscheider sich daraus persönlichen Nutzen verspricht, entweder zum Erreichen der Primärziele oder auch zur Befriedigung opportunistischer Motive; eventuell beides gleichermaßen. Unter diesem Aspekt werden nachhaltige Entscheidungen nicht wahrhaft *integrativ rational* getroffen.

Andererseits kann Nachhaltigkeit ebenso wenig als opportunistisches Ziel eingestuft werden. Opportunismus erfordert im hier verstandenen Sinn eine stark eigennützige Zweckausrichtung, die notfalls sogar die Schlechterstellung des gemeinschaftlichen Projektziels in Kauf nimmt. Nachhaltiges Planen, Bauen und Betreiben von Gebäuden bedingt aber unter anderem die Berücksichtigung von Umwelt und Soziokultur, die gerade das Gemeinwohl und nicht den Eigennutz unterstützen.

215 Freeman et al. 2010.

Sofern im Einzelfall Aspekte nachhaltigen Bauens Teil der Akteursstrategie sind, bilden sie eine konstruierte Randbedingung, unter dessen flankierendem Leitgedanken die dargestellten Ziele verfolgt werden sollen, was der Lehre der Nachhaltigkeitsökonomie entspricht und zweifelsohne weithin erstrebenswert wäre. Allerdings ist dieses Verständnis nur sporadisch vorhanden, wie die Umfragen gezeigt haben und die theoretische Analyse untermauert. Die Grundsätze der sozialen und umweltgerechten Aspekte innerhalb des Entscheidungsfindungsprozesses werden durch vereinzelte und unzusammenhängende Techniken eingestreut wie z. B. Methoden der Lebenszykluskostenrechnung, Nutzerzufriedenheitsanalysen, Carbon Footprint. Eine Verzahnung der Techniken zu einer grundlegenden Strategie erfolgt äußerst selten. Dabei stehen derartige Modelle bereits zur Verfügung und werden von Unternehmen zunehmend in die Praxis umgesetzt, wie die Strategien der *Corporate Social Responsibility*, worauf im nächsten Abschnitt näher eingegangen wird.

Nachhaltigkeit ist demzufolge in der Immobilienwelt noch lange nicht als ethisches Prinzip, das alle anderen Entscheidungsparameter dominiert, angekommen. Es wird noch zu zeigen sein, inwiefern ein solches Bestreben sinnvoll und Erfolg versprechend ist.

9.1.3 Analyse der Akteurskonflikte und Intentionsinterferenzen

Um nach einer wirkungsvollen Möglichkeit suchen zu können, wie Dilemmastrukturen vorgebeugt werden kann oder wie sie kompensierbar sind, ist es notwendig, sie genau zu kennen.

Die Untersuchung einiger sehr verbreiteter Dilemmata soll im Folgenden vorgenommen werden. Dazu findet ein Rückbezug auf die Zusammenstellung der Akteursrollen und ihre Primärziele statt. Während Tabelle 12 nach den Akteursrollen sortiert war, denen ihre Ziele gegenübergestellt wurden, soll nun der Konflikt zum zentralen Thema der Herangehensweise werden. Es ist beabsichtigt, im Verlauf der Arbeit für solche und andere Konflikte Steuerungsmöglichkeiten zu diskutieren, die der Nachhaltigkeitsstrategie zuträglich sind.

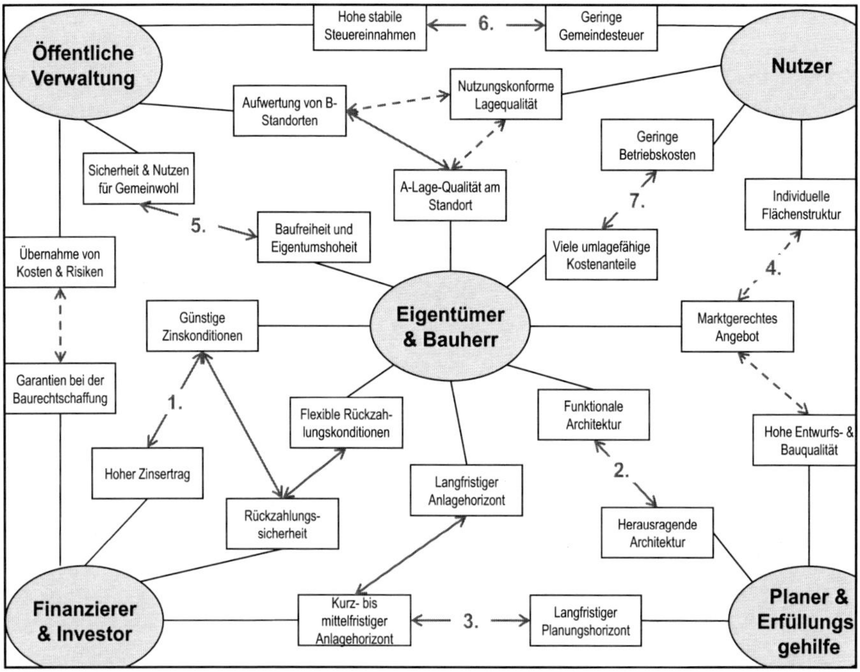

Abb. 17: Intentionsinterferenzen unter den Akteursrollen am Fallbeispiel[216]

Die Aufstellung in Tabelle 12 erfolgte im Hinblick auf rollenspezifische Diskrepanzen bei den Akteurszielen, den *Intentionsinterferenzen*; das sind sich überlagernde Motive und Ziele verschiedener Projektpartner, die gegeneinander gerichtet sein können (und dadurch letztlich jeglichen Erfolg neutralisieren) oder auch verstärken – analog der physikalischen Effekte bei der Überlagerung von Wellen. Dargestellt sind die bereits untersuchten fünf Akteursrollen mit einigen ihrer Primärziele, jeweils im Hinblick auf die Zielsetzung eines oder mehrerer Mit-Akteure. Bei Abbildung 17 handelt es sich um den beispielhaften und repräsentativen Ausschnitt eines Stakeholder-Netzwerks, wie es in vielen Immobilienprojekten auftreten kann. Negativ wirkende Interferenzen sind mit einem Doppelpfeil gekennzeichnet. Gestrichelte Pfeile symbolisieren eine wahrscheinliche, aber nicht zwingend vorhandene Interferenz.

Aus Abbildung 17 ist ersichtlich, dass die Kooperation zwischen Partnern nie gänzlich ohne gegenläufige Ziele möglich zu sein scheint. Obwohl hier nur ein Ausschnitt aus einem fiktiven Projekt mit wenigen Stakeholdern dargestellt ist, sind mehrere potenzielle Konfliktfelder identifizierbar. Sieben der wichtigsten und sicherlich verbreitetsten werden exemplarisch herausgegriffen und näher beschrieben (vgl. Tab. 13).

216 Eigene Darstellung.

Bei der Beschreibung der Intention der Akteure handelt es sich um die Konkretisierung der primären Zielsetzung. So gibt es bei den in Tabelle 13 dargestellten Konfliktfeldern ganz offensichtlich geläufige Interferenzen, wie sie bei vielen Immobilienprojekten beobachtet werden können. Jedes dieser Konfliktfelder kann dazu führen, dass einer der Akteure seine Beteiligung aufgibt, wenn die Verhandlungen nicht zu seiner Zufriedenheit vonstattengehen, oder im Laufe der Projektdauer opportunistischen Ziele folgt. In solchen Fällen setzen die eingangs beschriebenen Ursachen der Änderungen der Akteurskonstellationen ein: Akteursrollen werden durch andere Akteure besetzt, weitere kommen hinzu (Berater, Gutachter etc.) oder die bisherigen Player übernehmen teilweise die Rolle des ausscheidenden Akteurs. Unter Umständen muss die gesamte Projektierung ausgesetzt werden.

Gerade im Zusammenhang mit dem Thema 'Nachhaltiges Bauen' sind charakteristische Dilemmata zu beobachten, die zu solchen Extremen führen können. Da wäre in erster Linie das sogenannte *Nutzer-Investor-Dilemma* zu nennen,[217] das oft als Hauptgrund für unterlassenes Engagement bei der Umsetzung von Nachhaltigkeitsmaßnahmen angeführt wird (vgl. Tab. 13, Nr. 7). Modernisierungen und nachhaltige Sanierungen im Bestand sind für den Eigentümer dann interessant, wenn ein Teil der Investitionen durch Mehreinnahmen bei den Mieten zurückfließt. Im Gewerbebereich, wo große vertragliche Freiheiten bestehen, wird diese Win-Win-Situation auf Seiten der Eigentümer und der Nutzer schnell erkannt und man findet in der Regel zu einer Lösung, die beiden Seiten nützt. Letztlich profitieren davon nicht nur die Akteure (der Nutzer spart nicht nur Kosten, sondern erhält zudem qualitativ höherwertige Flächen), sondern auch die Umwelt. Im Wohnungsbau geht diese Gleichung leider oft nicht auf. Die rigide Gesetzgebung des vermeintlichen Mieterschutzes erschwert einerseits die Rentabilität der Investition für den Eigentümer, andererseits stoßen Mieterhöhungen bei Privaten meist nicht auf Akzeptanz, selbst dann nicht, wenn dafür Einsparungen bei den Nebenkosten absehbar sind und die Wohnqualität gesteigert wird – also am Ende ein deutliches Plus an Nutzenzuwachs zu verzeichnen wäre (mehr Komfort, geringerer Energieverbrauch, attraktiveres äußeres Erscheinungsbild des Gebäudes). Letzten Endes wird durch diesen Hemmschuh viel Investitionsbereitschaft in nachhaltige Gebäudesanierungen bereits im Keim erstickt.

Auch bei den übrigen Konfliktfeldern wird klar ersichtlich, wie sich die Primärziele der Akteure entgegengesetzt gegenüberstehen können und das Risiko einer gegenseitigen Blockade besteht.

217 Küster 2009.

	Konfliktfeld	**Akteur**	**Beschreibung der Intention**
1	Fremdkapitaleinsatz	Eigentümer & Bauherr	Möglichst geringe Kosten des Fremdkapitals.
		Finanzierer & Investor	Möglichst hoher Leistungsertrag aus Kapitalbereitstellung.
2	Architekturgüte	Planer & Erfüllungsgehilfe	Hohe Entwurfsqualität der Konstruktion und Details für lange Mängelfreiheit, Nutzerzufriedenheit und positives Image.
		Eigentümer & Bauherr	Zufriedenstellende Entwurfsqualität im Hinblick auf begrenztes Investitionsbudget.
3	Planungshorizont	Eigentümer & Bauherr	Investition in langlebige Materialien für lange technische Lebensdauer des Gebäudes (-> Steigerung der wirtschaftlichen Lebensdauer).
		Finanzierer & Investor	Möglichst geringe Investitionsaufwendungen für Materialien, da selbst relativ kurzes Zeitfenster für Darlehen (im Vergleich zur Gebäudelebensdauer).
4	Flächen & Ausstattung	Eigentümer & Bauherr	Flexibel nutzbare Raumstruktur und Ausstattung zwecks Drittverwendungsfähigkeit.
		Nutzer	Individuell optimal nutzbare Raumstruktur und -gestaltung.
5	Öffentliches Baurecht	Eigentümer & Bauherr	Berufung auf Eigentumsrechte wie Baufreiheit und Bestandsschutz.
		Öffentliche Verwaltung	Einfordern von sozialen Verpflichtungen wie Sicherheit (Brandschutz, Emissionsschutz) und Beachtung des öffentlichen Interesses (Integration ins Stadtbild, Begehbarkeit etc.).
6	Steuern & Abgaben	Öffentliche Verwaltung	Hohe Einnahmen durch Grund- und Gewerbesteuer zur Wahrnehmung öffentlicher Aufgaben.
		Nutzer	Geringe steuerliche Belastung durch die Niederlassung an einem entsprechend günstigen Standort.
7	Nebenkosten *(Hinweise siehe Text)*	Eigentümer & Bauherr	Hohe Kaltmiete und Umlage möglichst aller Betriebskosten.
		Nutzer	Geringe Kalt- und Warmmiete.

Tab. 13: Beispielhafte Konfliktfelder aufgrund von Intentionsinterferenzen[218]

218 Eigene Darstellung.

9.2 Barriere nachhaltigen Entscheidens: Opportunistische Ziele der Akteure und gegenläufige Primärziele der Akteure

Die eingangs im Zielsystem der Akteursrollen (vgl. Tab. 12) zusammengetragenen Charakteristika wie Primärziele und opportunistische Ziele entwarfen ein universelles Bild der einzelnen Stakeholder unter dem Blickwinkel ihres Nachhaltigkeitsinteresses. Zunächst musste festgestellt werden, dass für die Akteure ein großer Reiz besteht, neben den projektdienlichen Primärzielen, besonders auch opportunistischen in Form von versteckten Zielen zu folgen, die sich für die übrigen Partner unter Umständen als nicht schlüssiges Handeln darstellen und die Zusammenarbeit erschweren. Der Projekterfolg kann geschmälert werden, wenn opportunistische Ziele nicht mit den Primärzielen kongruent sind.

Mit den opportunistischen Zielen der Akteure handelt es sich um die vierte identifizierte Barriere für nachhaltiges Planen, Bauen und Betreiben von Gebäuden.

Selbst unter der Prämisse, dass idealerweise alle Stakeholder ausschließlich ihre Primärziele verfolgen, ergeben sich Risiken für den Erfolg. Betrachtet man das Netzwerk der Projektpartner, eröffnet sich bei einzelnen Akteuren eine Zielsetzung, die wiederum für die Zielerreichung des Projektpartners hinderlich sein kann. Solche Zielkonflikte im Netzwerk erfordern Kompromisse, verringern aber dadurch auch die Aussicht auf den individuellen Erfolg des Einzelnen. Leider kann damit auch ein Verlust an Motivation für die Akteure einhergehen, durch gute persönliche Leistung und Zusammenarbeit optimale Arbeitsergebnisse zu liefern.

Mit den gegenläufigen Primärzielen der Akteure handelt es sich um die fünfte identifizierte Barriere für nachhaltiges Planen, Bauen und Betreiben von Gebäuden.

Damit ist die Identifizierung von Barrieren für nachhaltige Gebäude durch die Dynamik in Netzwerk und Gruppe jedoch noch nicht erschöpfend behandelt worden. Die Analyse von Gruppenphänomenen und Entscheidungsverhalten ist ein Kernforschungsbereich der Soziologie. Hier soll ein kurzer Einblick erfolgen, der Aufschluss darüber geben kann, ob weitere Hemmnisse zu erwarten sind.

9.3 Entscheidungsprozesse und Gruppendynamik

Gebäude gehören zu solchen Wirtschaftsgütern, die aufgrund ihrer Komplexität und Kapitalbindung nicht durch die autarken Entscheidungen einer Einzelperson geplant und erstellt werden können. Derartige Möglichkeiten bleiben allenfalls noch den wenigen Naturvölkern vorbehalten. Das Arbeiten in Projektgruppen dient der Arbeitsbündelung und Arbeitsteilung. Die absolut notwendige Interaktion mit anderen Akteuren ist eine große Chance für Qualitätssteigerungen der Wirtschaftsgüter, birgt aber, wie bereits gesehen, auch Hemmnisse. Diese Hemmnisse wurden in Form von Intentionsinterferenzen und Dilemmata bereits identifiziert.

Eine weitere Komplikation in Bezug auf den Entscheidungsprozess bei Akteursinteraktion stellt sich durch mehrstufiges Gruppenverhalten. In der Organisationstheorie gilt es als unbestritten, dass Entscheidungen Einzelner im Zuge der Filterung durch andere Instanzen (Vorgesetzte, Teams, Verbände etc.) eine neue Färbung erhalten, möglicherweise gänzlich neu ausgerichtet werden. Anders ausgedrückt: eine Gruppenentscheidung entspricht selten der Summe der Einzelentscheidungen. Nicht nur werden individuelle Entscheidungen durch Konfrontation und Austausch mit Projektpartnern überdeckt, auch tendieren Menschen offenbar dazu, in der Gegenwart anderer Akteure anders zu entscheiden als sie es in nicht-öffentlichem Rahmen tun würden.[219]

9.3.1 Die Entscheidung als Gesamtleistung mehrerer Gruppen

Das Individuum agiert als Teil einer Gruppe, in der Regel seiner Firma,[220] der Organisation oder dem Rollenverband. Dieser wiederum ist Teil des Stakeholder-Netzwerkes. Die letztlich im Projekt wirkende Handlung als Folge von Entscheidungen entstammt somit einer mindestens dreistufigen Herleitung: Individuum -> Rollenverband -> Stakeholder-Netzwerk.

In Abbildung 18 wird das Verständnis der Gruppenzusammensetzung illustriert. Ausgehend vom Lebenszyklus (LZ) eines Gebäudes, der sich in diesem Fall als Zeitspanne von der Planung bis zur Entsorgung der Bauteile darstellt, sind exemplarisch verschiedene Anlässe über die Ziffern A, B und C symbolisiert. Zu diesen Anlässen besteht jeweils Handlungsbedarf, dem Entscheidungen vorausgehen müssen. Die Entscheidungen werden üblicherweise zunächst durch ein oder mehrere Individuen

219 Nitzsch 2002, S. 63 ff.; Laux 2005, S. 75 ff.

220 Einbezogen wird hier eine Gruppe von Akteuren, deren Teilnehmer ein ähnliches Rollenprofil innehaben und keine Konkurrenz zueinander bilden, sondern im Rahmen eines Teams dasselbe Zielsystem verfolgen.

vorbereitet (A_1) und anschließend im Rollenverband (A_2) diskutiert. Ein Vertreter hieraus bildet den Repräsentanten der Akteursrolle im Stakeholder-Netzwerk (A_3).

Dieses Schema wiederholt sich auf ähnliche Weise zu weiteren Entscheidungsanlässen im Lebenszyklus.

Denkbar sind weitere Zwischenstufen, wie im Fall einer Beteiligung von Subunternehmern und Mutterkonzernen, die möglicherweise als Akteure 4. Ordnung im Hintergrund wirken und dennoch Entscheidungen filtern bevor sie ins Stakeholder-Netzwerk eingespeist werden.

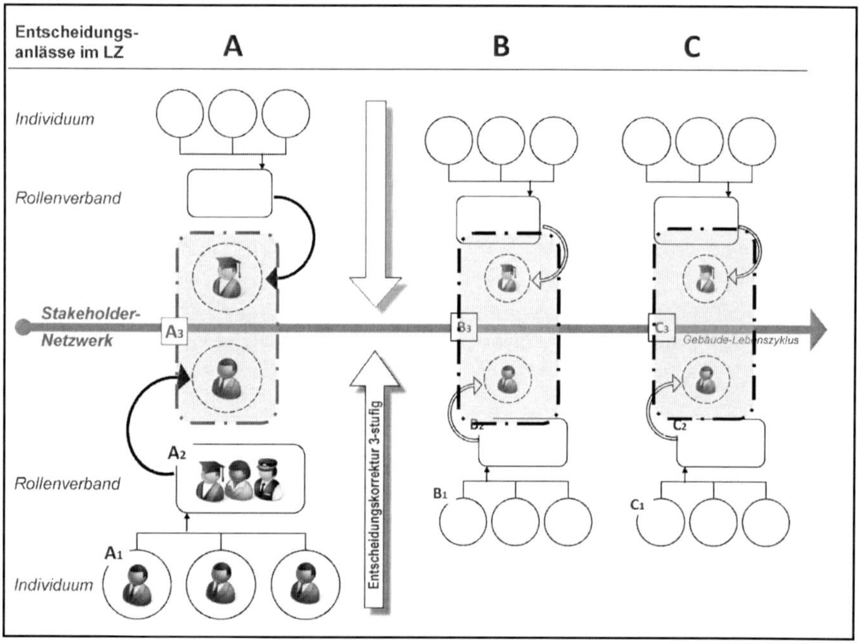

Abb. 18: Dreistufiger Aufbau der Gruppenentscheidung[221]

9.3.2 Art der Einflussnahme in Relation zur Gruppenebene

Die Entwicklung einer Entscheidung bzw. der Prozess der Entscheidungsfindung wird auf jeder Stufe in einem Maße beeinflusst, dass durchaus von einer Entscheidungskorrektur durch Gruppen gesprochen werden kann. *Nitzsch* beschreibt die Gruppenentscheidung zunächst zweistufig, von der Entscheidung des Individuums

221 Eigene Darstellung.

als Einzelleistung bis zur Gesamtleistung als Gruppenleistung (Stufe 1 und 2 gem. Abb. 19).[222] Seine Komponenten bedürfen für die hiesige Betrachtung einer Erweiterung im Anschluss an die zweite Stufe.

Instanz 1: Individuum

Auf der ersten Stufe werden die Entscheidungen der einzelnen Individuen gesammelt.[223] Dies können Sachbearbeiter oder Mitarbeiter einer Firma sowie einzelne Mitglieder einer Arbeitsgruppe sein. Ihre Entscheidungen sind zu diesem Zeitpunkt noch nicht harmonisiert, d. h. sie sind nicht aufeinander abgestimmt und folgen allein den Primärzielen der isolierten Akteursrollenvertreter. Es findet noch keine Interaktion statt. Diese Stufe entspricht dem *Dynamischen Akteursmodell*.

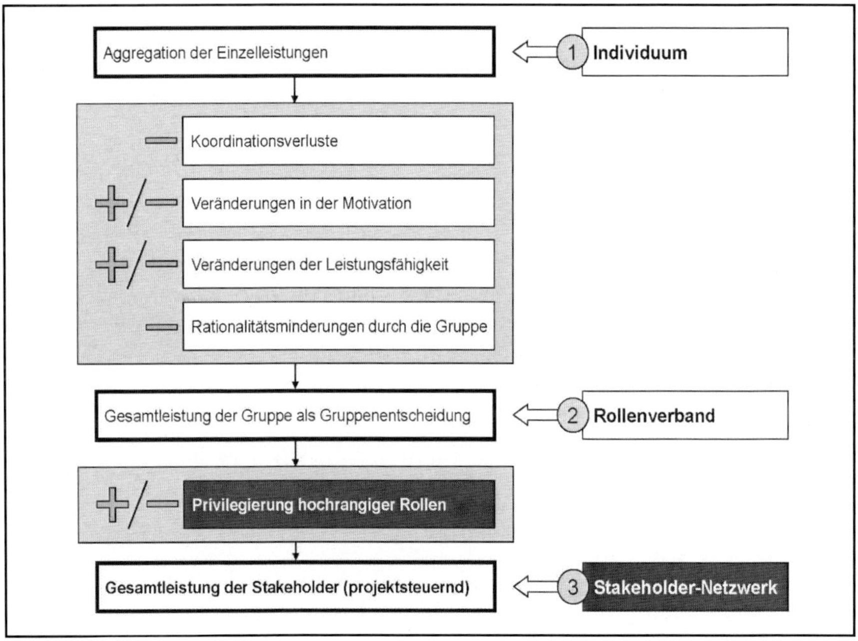

Abb. 19: Entwicklungsstufen zur organisationalen Entscheidung[224]

222 Nitzsch 2002, S. 72 ff.

223 Nitzsch 2002, S. 71 ff. Der Autor unterscheidet bei der Analyse prinzipiell *disjunktive Aufgaben* (können von einem Einzelnen gelöst werden) und *konjunktive Aufgaben* (können nur in bzw. durch die Gruppe gelöst werden). Die Komplexität von Gebäuden erfordert in der Regel eine Zusammenarbeit vieler Fachbereiche. Ferner soll insbesondere die Schnittstellenproblematik behandelt werden, daher liegt hier die Betrachtung ausschließlich konjunktiver Aufgaben zugrunde.

224 Ergänzte Darstellung nach Nitzsch 2002.

Instanz 2: Rollenverband

Koordinationsverluste: Treffen die Einzelleistungen der Entscheidungsfindung auf gegenseitigen Austausch innerhalb der eigenen Akteursrollen, z. B. durch Kommunikation im Team oder Rücksprache mit Vorgesetzten, ändert sich die Qualität der Entscheidung. Alternativen werden evtl. hervorgehoben, die vorher von geringerer Bedeutung waren, Verständnis- und Verständigungsprobleme führen gegebenfalls zu neuen Aspekten und Prioritäten, Koordinationsaufwand schmälert die Stringenz von Entscheidungen; nicht zuletzt führt das Involvieren mehrerer Personen zu zeitlichen Verschiebungen und damit neuen situativen Bedingungen.

Veränderungen in der Motivation: Als Folge von Kritik und mangelnder Wertschätzung um die Leistung des einzelnen Akteurs kann sich eine Abschwächung der Motivation in Bezug auf die Aufgabenstellung einstellen. Opportunismus oder Leistungsausfälle schmälern dann die Entscheidungsqualität. Umgekehrt kann die Leistungsqualität durch Anerkennung seitens der Gruppenmitglieder gesteigert werden. Auch die Konzentration oder Streuung von Verantwortung verändert die Motivation der Entscheider (Verantwortungsdiffusion).

Veränderungen der Leistungsfähigkeit: Die Leistungsfähigkeit hängt zunächst von Akteurskompetenzen und dem Schwierigkeitsgrad der Aufgabe ab. Durch Zusammenarbeit oder Bilden von Teilaufgaben gemäß der Qualifikation der Bearbeiter können Defizite des Einzelnen ausgeglichen werden. Andererseits können der Druck und die Erwartungshaltung, den die Gruppe ausübt, für den Einzelnen auch zu einer Belastung werden und Blockaden erzeugen.

Rationalitätsminderungen durch die Gruppe: Der Qualität eindeutig abträglich ist dagegen das allgemein übliche Streben nach Konformität in der Gruppe. Die Gruppenmitglieder suchen unbewusst nach Übereinstimmung und Rückhalt. Demgemäß wird die persönliche Meinung bis zu einem gewissen Grad der Gemeinschaft angepasst. Die Gruppenmeinung wird schließlich als Mehrheitsmeinung zur der einzig richtigen Entscheidung stilisiert – Reflexion und ernstzunehmende Kontrollmechanismen funktionieren aufgrund fehlender Unabhängigkeit nicht mehr. Offenbar liegt darin die Ursache für empirisch belegte überdurchschnittlich risikoreiche Gruppenentscheide gegenüber der Einzelentscheidung. Man glaubt an die Unfehlbarkeit der Gruppe durch Bündelung gemeinsamer Stärken. Treten singuläre Individuen kritisch gegen die Gruppenmeinung an, entsteht eine Dynamik, wie sie Schindler[225] in seinem Rangdynamischen Positionsmodell beschreibt (vgl. Kap. 6). Das Entscheidungsverhalten innerhalb der Gruppe wird auf diese Weise verzerrt.

225 Schindler 1957, S. 314.

Instanz 3: Stakeholdernetzwerk

Im Netzwerk der Stakeholder versammeln sich die Vertreter der vorgestellten Akteursrollen. Die bis dorthin erzielten Übereinkünfte zu beabsichtigtem Handeln werden konfrontiert mit den Absichten anderer Akteursrollenvertreter und ihren differenzierten Motiven und Zielen. Auf dieser Stufe findet abschließend eine Nivellierung der vorbereiteten Entscheidungen statt. Es handelt sich hierbei in der Regel um strategische Entscheidungen, die prägenden Charakter auch für die Entscheidungen anderer Akteursrollen haben. Ob eine Entscheidung auf dieser höchsten Ebene durch alle Netzwerkpartner ratifiziert werden muss oder ob Entscheidungen zur Ausführung gelangen können, die allein innerhalb der Akteursrolle verhandelt wurden, liegt letztlich im Ermessen der einzelnen Projektpartner, sofern keine Kontrollinstanzen installiert wurden. Opportunistisches Verhalten durch *hidden information* und *hidden action*, das die Prinzipal-Agenten-Theorie ausführlich beschreibt, kann auf jeder der drei Stufen ausgeübt werden.

9.3.3 Störungen von Entscheidungen durch Gruppen

Entscheidungen, die zunächst von Einzelnen getroffen werden, und vor der Umsetzung in Handlungen von Teams und Gruppen diskutiert werden, erfahren aller Voraussicht nach Veränderungen. Zusammengefasst handelt es sich um folgende Phänomene bei der Weiterentwicklung von Entscheidungen durch Gruppen:

1. Konformitätsstreben der Gruppenmitglieder
2. Resistenz gegen Widerspruch von innen und außen unter Ausschluss von Abweichlern
3. Überzeugung der Unfehlbarkeit, Selbstüberschätzung
4. Apathie gegenüber Veränderungen
5. Zeitaufwand durch Diskussion und Konsultation vieler Akteure
6. Oberflächlichkeit in der Entscheidungsfindung durch gestreute Verantwortlichkeiten (konkrete Schuldzuweisungen werden ausgeschlossen)
7. Stereotypisierung anderer Gruppen, um das eigene Image in ein besseres Licht zu stellen
8. Risiko des unerkannten opportunistischen Verhaltens einzelner oder mehrerer Gruppenmitglieder
9. Dominanz von Meinungen analog der Akteurshierarchie (Machtausübung) durch:
   - Manipulation seitens des höhergestellten Akteurs durch bewusstes Lancieren oder Zurückhalten von Background-Informationen

- Ausnutzen der Vormachtstellung (Weisungsbefugnis) des übergeordneten Akteurs oder gezieltes Einsetzen seiner Vorbildfunktion für andere (Überzeugung)
- Durchsetzen von Entscheidungen und Handlungsalternativen durch Anreize (Belohnung) und Sanktionen (Strafen) beim niederrangigen Entscheider

Die Qualität der Entscheidungen droht abzusinken, denn die Konsequenzen für die Entscheidungsfindung sind hoch (vgl. Tab. 14).

1	**Einschränkung der Menge der infrage kommenden Handlungsalternativen.** Ggf. werden einzelne Alternativen modifiziert (anderer Blickwinkel auf technische, finanzielle Möglichkeiten und Verfügungsrechte)
2	**Unvollständige Validierung der Fakten.** Oberflächliche und einseitige Gewichtung und Bewertung der eindeutig nachvollziehbaren Tatsachen.
3	**Abschwächung der Risiken.** Risiken und Unwägbarkeiten werden nicht adäquat berücksichtigt oder übergangen.
4	**Fehlende Neubewertung einmal beurteilter Alternativen.** Handlungsalternativen, die zuvor als Möglichkeit in Frage kamen, werden auch bei sich ergebenden neuen Rahmenbedingungen nicht ausreichend hinterfragt.
5	**Oberflächliche Generierung von Daten und Informationen.** Die trügerische Überzeugung, bereits umfassend informiert zu sein, führt zu unzureichender Suche von stützendem Datenmaterial.
6	**Selektive Informationsverarbeitung in Richtung der eigenen Meinung.** Informationen und Daten, die der präferierten und gruppenintern anerkannten Entscheidung zuwiderlaufen, werden übergangen.
7	**Fehlende Elaboration von stringenten Handlungsplänen.** Mögliche Szenarien über unterschiedliche Konsequenzen der Entscheidung werden nicht ausgearbeitet.
8	**Negierung, Beschönigung und Verdrängung von Fehlentscheidungen.** An gefällten Entscheidungen, die sich als falsch oder suboptimal herausgestellt haben, wird festgehalten und in gleicher Richtung mit noch stärkerem Engagement weiter agiert, anstatt nach einer neuen Lösung zu suchen – getreu dem Motto: '*Eine ganze Gruppe kann sich nicht geirrt haben.*' Daraus ergibt sich der *Effekt der versunkenen Kosten.*

Tab. 14: Konsequenzen fehlerhafter Entscheidungsfindung durch Gruppen[226]

Eine besondere Gefahr bei Gruppen lauert in Form des Bewusstseins um genau die oben beschriebenen Sachverhalte. Akteure, die sich dieser Dynamik von Gruppen bewusst sind, könnten – insbesondere, wenn sie über eine höhere hierarchische Position verfügen – versuchen, eine bestimmte Reaktion der Gruppe oder anderer Gruppenmitglieder zu antizipieren und von vornherein ihr Verhalten so ausrichten, dass andere zu ihrem Werkzeug werden. In einem solchen Fall wird das Handeln zum Selbstzweck, der den Geschäftspartner auf eine für ihn unsichtbare Weise manipu-

226 Eigene Darstellung in Anlehnung an Lüthgens 1996, S. 10, Laux 2005, S. 73 mit eigenen Ergänzungen.

liert.[227] Dies setzt allerdings genaue Kenntnisse über die Ziele und Verhaltensmuster der Gruppenmitglieder voraus.

9.3.4 Begünstigungen von Entscheidungen durch Gruppen

Doch die Gruppendynamik kann für die Entscheidungsqualität in Bezug auf das Gesamtprojekt auch Vorteile liefern.[228]

Informationspool

Zum einen bieten Gruppen die Chance, eine große Menge an Informationen bereitzustellen und das begrenzte Wissen jedes Einzelnen zu kompensieren. Ein strukturierter und allen zugänglicher Informationspool ist das besondere Kapital einer Projektgruppe. Neben reibungslos funktionierender Arbeitsteilung und Leistungszusammenführung gehört der Informationspool zum bedeutendsten Merkmal des Netzwerkes.

Soziale Verantwortung

Prozesse der Entscheidungsfindung, die im Rahmen von Gruppen stattfinden, fördern das gegenseitige Verständnis für die Ziele und Zwänge der Partner. Akteure sind so eher bereit, zugunsten einer erfolgreichen Gesamtidee und fairem vertrauensvollem Miteinander ihre eigenen Nutzenerwartungen zurückzustellen.

Inhalte der Nachhaltigkeitsstrategie

Gruppenteilnehmer erlernen nicht nur Verständnis und Verantwortung für ihre Projektpartner, sie finden darüber hinaus auch zu einem tieferen Zugang zum Thema 'Nachhaltiges Bauen'. Die Komplexität der Materie und stetig neue Erkenntnisse und Herangehensweisen erschließen sich nicht unbedingt sofort jedem Akteursrollenvertreter. Bei der Identifikation eigenen Nutzengewinns und damit einhergehender Chancen und Risiken kann die Gruppe helfen, rechtzeitig entsprechende Schritte einzuleiten.

---

227 Auf diese Weise funktionieren beispielsweise u. a. die Gefolgschaften der Anhänger in zweifelhaften Sekten.

228 Sinngemäß zu den drei folgenden Punkten 'Informationspool, Soziale Verantwortung und Inhalte der Nachhaltigkeitsstrategie', vgl. Shome & Marx 2009, S. 29 ff.

Kontrollsysteme

Entscheidungen, die von einzelnen Akteuren autark getroffen werden, können unter Umständen fehlerhaft sein. Sie basieren gegebenfalls auf veralteten Annahmen, unvollständigen Daten oder methodischen Fehlern. Weiterhin können opportunistische Ziele oder suboptimale Kommunikation zu einer Ausrichtung führen, die nicht der (nachhaltigen) Projektstrategie entsprechen. In solchen Fällen fungieren Stakeholder-Netzwerke auch als Kontrollmechanismen und Steuerungsorgane.

Zentralisierung und Standardisierung

Der Prozess der Entscheidungsfindung ist situationsbedingt unterschiedlich und kann aufwendig und langatmig sein. Dies trifft insbesondere auf Entscheidungen zu, bei denen mehrere Stakeholder aktiv beteiligt bzw. von deren Ausgang viele Stakeholder direkt betroffen sind. Da Netzwerke üblicherweise hierarchisch aufgestellt sind, haben bestimmte Mitglieder die Autorität, Prozesse zu beschleunigen und Druck auf andere Akteure auszuüben. Ungeachtet der schlussendlichen Qualität der Entscheidung kann der Entscheidungsfindungsprozess durch Einsparen von Personal und durch Vorgabe standardisierter Methoden erheblich abgekürzt werden.

Die Gliederung von Gruppen in Instanzen, d. h. hierarchische Ebenen, bietet noch in anderer Hinsicht Vorteile.

Zeit- und Qualitätsmanagement

Für Planung und Koordination werden bestimmte Instanzen eingesetzt, deren Aufgabenspektrum stärker strategisch als operativ ausgerichtet ist. Durch Delegation der Aufgaben durch höhere Instanzen können verschiedene Akteure gleichzeitig Leistungen erbringen, deren Ergebnisse just-in-time weitergereicht werden. Umgekehrt werden Probleme, die auf operativer Ebene entstehen, nicht dort gelöst, sondern bei den strategischen Instanzen, wodurch unter Umständen auch eine Verbesserung der Gesamtleistung möglich wird.

Qualität strategischer Entscheidungen

Indem höhere Instanzen besetzt werden, die sich hauptsächlich mit dem Treffen von strategischen Entscheidungen beschäftigen, integriert die Gruppe für dieses Segment besonders qualifiziertes Personal. Die Entscheidungsfindung wird durch Fachleute vorgenommen, die im Laufe der Zeit an einschlägiger Erfahrung gewinnen und – ohne Ablenkung durch operative Details – das übergeordnete Zielsystem im Auge behalten.

Wie Gruppenentscheidungen verbessert werden können, ist nicht Gegenstand dieser Untersuchung. Es geht vielmehr um die Frage, auf welcher Ebene welche Strategien angesetzt werden sollten, um Nachhaltigkeit in der Immobilienpraxis zu verbreiten.

Abbildung 19 verdeutlicht, dass ein Ansetzen prinzipiell in jeder der drei Instanzen notwendig ist. Selbst wenn das Individuum Entscheidungen im nachhaltigen Sinn trifft, ist noch nicht sichergestellt, dass die Nachhaltigkeitsaspekte im Zuge des Durchlaufens der nächsten Gruppeninstanzen (Rollenverband, Stakeholder-Netzwerk), in gleichem Maß Beachtung finden. Es besteht die starke Möglichkeit, dass die Gruppenentscheidung zu nicht nachhaltigem Verhalten führt. Jedoch ist der umgekehrte Fall ebenso denkbar. Die nicht nachhaltige Einzelentscheidung kann durch Gruppenleistung zu nachhaltigem Handeln bei Immobilienprojekten führen.

Darum muss bei unterstützenden Strategien zur Verbreitung von Nachhaltigkeit nicht nur der einzelne Akteur, sondern auch das ihn umgebende Netzwerk einbezogen werden.

9.4 Barriere nachhaltigen Entscheidens: Mangelnde ebenenübergreifende Stringenz

Der Einfluss von Gruppen auf die Entscheidungsfindung und damit auf die Gestaltung von Handlungen in nachhaltiger Weise ist an mehreren Stellen bereits angeklungen. Zwar liefert die Wissenschaft umfangreiche Beschreibungen darüber, wie Gruppen funktionieren und welche Stärken und Schwächen ihnen zugeschrieben werden müssen. Dennoch werden die Umstände an einem Immobilienprojekt dadurch erschwert, dass Entscheidungsvalidierung auf verschiedenen Ebenen vorgenommen wird – in der Regel handelt es sich um mindestens drei Ebenen (vertikale Betrachtung), das Individuum, den Rollenverband und das Stakeholder-Netzwerk, jeweils mit dem oben bereits erwähnten Schnittstellenproblem. Bekannte Effekte der Entscheidungsverzerrung durch Gruppen potenzieren sich.

Mit der mangelnden ebenenübergreifenden Stringenz handelt es sich um die sechste identifizierte Barriere für nachhaltiges Planen, Bauen und Betreiben von Gebäuden.

9.5 Zwischenfazit

Es wurde bereits eine Vielzahl von Hypothesen veröffentlicht, die erklären sollen, warum nicht nachhaltiges Entscheiden und Handeln bei Immobilienakteuren verbreitet ist (Unkenntnis über Inhalte und Zusammenhänge der Nachhaltigkeitsdimensionen, Komplexität von Gebäuden, vermeintlich höhere Kosten der Erstinvestition, lange Realisierungszeiten, schwierige Prognose der Märkte). Diese Erklärungsversuche sind wohl stichhaltig, erscheinen jedoch oberflächlich bezüglich ihrer Herleitung – immerhin wurde diesen Risiken eine Reihe von Chancen gegenübergestellt. Es wurde daher eine umfassende Analyse des Prozesses der Entscheidungsfindung bei Immobilienprojekten vorgenommen.

Am Ende dieses Kapitels soll noch einmal Bilanz gezogen werden, welche Meilensteine in den vorangegangenen Abschnitten erarbeitet werden konnten. Es haben sich im Laufe der theoretischen Analyse der Immobilienakteure sechs grundlegende Barrieren herauskristallisiert, die für nicht nachhaltiges Entscheiden hauptverantwortlich zu sein scheinen und dementsprechend in nicht nachhaltigen Gebäuden resultieren.

Nachhaltige Entscheidungen von Immobilienakteuren werden erschwert oder verhindert durch:

1. Inter- und Intrarollenkonflikte
2. Unvollkommenheit des Rationalitätsprinzips
3. Schwerpunkt der Nutzen- und Wertdimension 'Wirtschaftsleistung'
4. Opportunistische Ziele
5. Gegenläufige Primärziele
6. Mangelnde ebenenübergreifende Stringenz

Mit dem Wissen um diese Hemmnisse, die mehr oder weniger stark für nicht nachhaltiges Entscheiden in der einen oder anderen Situation verantwortlich zeichnen, ist ein wichtiger Schritt für die Entwicklung effektiver Steuerungsinstrumente getan, die eine Überwindung der Hemmnisse herbeiführen können.

Die Analyse des Prozesses der nachhaltigen Entscheidungsfindung ist im Rahmen dieser Arbeit hiermit beendet.

Im nächsten Kapitel wird der Blick auf die Steuerungsinstrumente der Institutionen gelenkt, wie sie derzeit in Deutschland in Bezug auf Immobilienentscheidungen Anwendung finden, um nachhaltiges Planen, Bauen und Betreiben zu initiieren. Es wird der Frage nachgegangen, inwieweit ihre Wirkungsrichtung mit den identifizierten Barrieren nachhaltigen Entscheidens korrespondiert. Anders ausgedrückt: Ist es möglich, Intentionsinterferenzen zu steuern und so Konflikte, die die nachhaltige Entwicklung bremsen, zu verhindern?

10 Methoden der Steuerung zur Nachhaltigkeit bei Immobilien

Funktionierende Netzwerke verschiedener Größe in einem geschäftsmäßigen Umfeld finden sich in Unternehmen. Hier sind je nach Firmengröße mehrere Akteursrollen zum Zweck der Erfüllung eines gemeinsamen Kerngeschäfts zusammengeschlossen. Es können bestimmte Parallelen zwischen der Unternehmenssteuerung und der Steuerung von Stakeholdern eines Immobilienprojektes beobachtet werden.

Hier beginnt die Suche nach Lenkungsmethoden, vorzugsweise mit nachhaltigem Leitmotiv.

10.1 Verbreitete akteurszentrierte Strategien der Unternehmenssteuerung

Sämtliche Akteure bewegen sich in einem sozialen Netzwerk, dessen einziges gemeinsames Ziel die Erfüllung von individuellen Nutzenerwartungen unmittelbar oder mittelbar durch das Gut 'Gebäude' ist. Da die Nutzenerwartungen vielfältig und ganz unterschiedlicher Ausrichtung sind, erscheint es diffizil, mit politischen oder marktwirtschaftlichen Instrumenten Nachhaltigkeit als individuelles primäres Ziel zu installieren. Die Präferenzen von Individuen und Gruppen zu lenken und kongruent auszurichten, ist jedoch unumgänglich, wenn nachhaltige Prozesse an nachhaltigen Gebäuden allgemeiner Standard werden sollen.

Es existieren bereits Ansätze, die sich auf die differenzierten Akteursgruppen konzentrieren und rollenspezifische Entscheidungen – auch unter Einbeziehung *integrativer Rationalität* – ermöglichen. Worum es den Instrumenten geht und ob sie tauglich sind, als Ausgangsplattform für die Umsetzung einer Nachhaltigkeitsstrategie zu dienen, soll im Folgenden eruiert werden.

10.1.1 Anmerkungen zur Übertragbarkeit

Immobilienprojekte sind ein Bündnis, also eine Form der Koalition von Akteuren, zum Zwecke der Nutzengenerierung durch Gebäude. Sie erfüllen damit ähnliche Funktionen wie Unternehmen, jeweils in Bezug auf die Fertigung von Gütern und die Bereitstellung von Dienstleistungen. Es sollte daher in abstrahierter Form möglich sein, Erwartungen und Handlungsmuster, wie sie in Unternehmen beobachtet werden, auf Immobilienprojekt-Koalitionen zu übertragen. Somit können die in der Forschung entwickelten Theorien und die in der Praxis beobachteten Strategien genutzt werden, um Lücken aufzuzeigen und Chancen für die Umsetzung von Nachhaltigkeit zu identifizieren.

Für eine mögliche Übertragung von organisationellen Nachhaltigkeitsstrategien auf Koalitionen sprechen einige hier wie dort vergleichbare Umstände:

- In der Regel existieren recht lange Bündnisphasen (bedingt durch die lange Laufzeit von Immobilienprojekten).
- Rechte, Pflichten und Leistungsumfang werden vertraglich vereinbart (juristisch ausgehandelt, verankert und sind einklagbar).
- Verschiedene Akteurskonstellationen sind im Netzwerk anzutreffen (Befehlsketten, Teamverbände und andere hierarchische und nicht-hierarchische Beziehungen).
- Es bestehen gegenseitige Abhängigkeiten und Notwendigkeiten der Zusammenarbeit, um Primärziele zu erreichen.

Es gibt aber auch Grenzen der Übertragbarkeit. Sie resultieren im Wesentlichen aus:

- Der doppelte Nachhaltigkeitsanspruch (an das Unternehmensmanagement *und* an das durch sie produzierte bzw. betriebene Gebäude, vgl. Kap. 3) erfordert zusätzlichen Steuerungsaufwand.
- Im Streitfall basiert die Rechtslage vielfach nicht auf denselben gesetzlichen Grundlagen; ein solcher Umstand kann erheblichen Einfluss auf die Akteursentscheidung nehmen (Haftungsrecht).
- Die Zusammenarbeit der Akteure fällt bei Koalitionen möglicherweise bereits durch praxisbedingte Hemmnisse schwerer (unterschiedliche technische Ausstattungen und Arbeitsweisen, differierende Firmenpolitik und lückenhafter Informationsaustausch).

Insofern ist die Entwicklung einschlägiger nachhaltigkeitsbezogener Strategien für Koalitionen ratsam. Die bereits bestehenden akteurszentrierten Strategien aus der Unternehmenssteuerung sollen zunächst als Muster herangezogen werden.

10.1.2 Der Shareholder Value

Ein Großteil der Veröffentlichungen zum Shareholder Value definiert ihn sinngemäß wie folgt:

> *"Als Shareholder Value-Ansatz bezeichnet man ein Konzept, das im deutschen Sprachraum als wertorientierte Unternehmensführung bekannt ist. Ziel [...] ist es, den Wert eines Unternehmens für den Eigenkapitalgeber, d.h. den Aktionär zu maximieren. Im Shareholder Value selbst drückt sich das Aktionärsvermögen aus, der Wert eines Unternehmens an der Börse."*[229]

Der Shareholder Value wird auch als Methode zur Ermittlung des Unternehmenswertes eingesetzt. Er wird ermittelt als:

Shareholder Value = Unternehmenswert – Fremdkapital [230]

Demgemäß stellt dieses 1998 von *Alfred Rappaport* entwickelte Konzept der wertorientierten Unternehmensführung den Eigenkapitalgeber in den Mittelpunkt aller strategischen Ziele des Managements. Eine einzige Akteursgruppe, die der Geldgeber, bestimmt (zumindest in der Theorie) den Nutzen und fordert, alle anderen Wertmaßstäbe den eigenen unterzuordnen. Der Vorteil dieses Konzeptes liegt in der vereinfachten Unternehmenssteuerung durch das Management; verschiedene Strategien lassen sich ceteris paribus vergleichen und führen zu klaren Entscheidungen. Gegenläufige Aspekte existieren allenfalls innerhalb einer möglichen mehrkriteriellen Nutzenfunktion. Abwägungsprozesse werden minimiert und Prognoseunsicherheiten reduziert.

Es handelt sich hierbei um einen Ansatz, der die neoklassische Theorie in die unternehmerische Praxis überführt. Viele Eigenschaften dieses ökonomischen Modells (vgl. ausführlich Kap. 7) spiegeln sich im Shareholder Value wider.

10.1.3 Problemfelder und Grenzen des Shareholder Value

Der Shareholder Value-Ansatz ist umstritten. Seiner konsequenten Handhabung und dem primären Vorteil der recht klar gerichteten Unternehmenssteuerung steht entgegen, dass der zugrunde liegende Free Cashflow zumindest kurzfristig manipulierbar ist und sich das Ergebnis je nach Situation verfälschen lässt. Zudem werden nicht zuletzt durch den Vergleich mit internationalen Unternehmen die Anforderungen

---

229 Stellvertretend für viele sinngemäß: Schmid & Zimmermann 1998, S. 2.

230 Zur Vertiefung der Anwendung und Berechnung des Shareholder Value-Ansatzes sei auf die umfangreiche Literatur in Wissenschaft und Wirtschaft verwiesen, z.B. Rappaport 1999, Düsterlho 2003.

verschärft. Es ist inzwischen verbreitete Überzeugung, dass sich der Unternehmenswert für einen Shareholder nicht ausschließlich an der Kapitalrendite messen lassen kann, wobei Größen wie Image und Sicherheiten außer Acht gelassen werden.[231] Ein Rechenwert, der Faktoren mit berücksichtigt, die nicht im Zuge des Rechnungswesens ausgewiesen werden, wäre allerdings ungleich schwieriger zu ermitteln.

10.1.4 Vom Shareholder Value zum Stakeholder Value

Die Orientierung der Unternehmensziele an den Interessen einer einzigen Akteursgruppe birgt Risiken. Es werden zwangsläufig die Nutzenaspekte anderer Akteure zurückgestellt. Da an der Sicherung des Unternehmenserfolgs aber eine Vielzahl von Personen und Institutionen beteiligt sind, die erwartungsgemäß nur dann einen gemeinsamen Fortgang unterstützen, wenn sie selbst einen Vorteil daraus ziehen, sollten sie bei Strategien mit einbezogen werden. Der Shareholder Value-Ansatz wird daher von Kritikern abgelehnt und sogar verworfen, als der Unternehmenskultur und Zukunftsfähigkeit abträglich.

Werden dagegen Mitarbeiter, Zulieferer, Kunden, Berater und andere Akteure bei der Unternehmensbewertung einbezogen, spricht man allgemein vom *Stakeholder-Ansatz*. Grundsätzlich wird hier das besondere Verhältnis zwischen Management und Eigentümern nicht infrage gestellt, jedoch unter erweitertem Blickwinkel betrachtet.[232]

Äquivalent zur Verteilung der Projektrisiken auf alle Akteure, wie beispielsweise bei Joint Ventures, werden nun explizit die Ziele aller Akteure in einer Unternehmung zusammengefasst. Im Detail ist zu differenzieren, welche Akteure erstrangig berücksichtigt werden und welche in zweiter Linie von Bedeutung für die geschäftliche Tätigkeit sind. Entscheidend ist dabei die Frage nach dem Wert, den Akteure gemeinsam als Unternehmung schaffen wollen, d. h. dem *Value*.

Methodisch wird der Stakeholder Value wie folgt ermittelt: Grundlage ist die Erstellung einer Stakeholder-Relevanzmatrix, in der alle Akteure auf Basis ihrer Machtstruktur, ihrer Ziele sowie des eingegangenen Risikos verortet werden. Die Stakeholder werden gewichtet und anhand ihrer Position in der Matrix als für die Unternehmensentscheidung stärker oder weniger stark relevant klassifiziert (z. B. Höhe des Einflusses versus Beeinflussbarkeit). Die sich daraus ergebenen Maßnahmen zur Berücksichtigung der Anspruchsgruppen werden als *Stakeholder Relationship Management (SRM)* bezeichnet. Es wird auf diese Weise eine Auswahl getroffen, welche Anspruchsgruppen in die Unternehmensstrategie stärker mit eingebunden werden müssen und welche Ziele es demgemäß zu verfolgen gilt.

231 Schmid & Zimmermann 1998, S. 3.

232 Schaltegger, Herzig & Klinke 2007, S. 21.

10.1.5 Problemfelder und Grenzen des Stakeholder Value

Es stellt sich die Frage, ob eine solche Herangehensweise den Zweck der kollektiven Nutzenmehrung langfristig erfüllen kann. Die Gewichtung der Macht-, Ziel- und Risikofaktoren der Stakeholder wird in dem Stakeholder Value-Ansatz als für das Unternehmen *hinderlich* interpretiert. Offensichtlich wird nicht nach einer gemeinsamen Strategie gesucht, sondern es werden die gegengerichteten Triebfedern identifiziert, um mittels einer Analyse hemmende Aspekte frühzeitig zu umgehen.

Je nach allgemeiner volkswirtschaftlicher Situation und den spezifischen Umständen, in denen sich eine Unternehmung befindet, wird sich die Stakeholder-Relevanzmatrix differenziert darstellen. In wirtschaftlich guten Zeiten würden die Machtfaktoren bestimmter Gruppen (z. B. Investoren) geringer ausfallen als unter angespannten wirtschaftlichen Umständen. Der Stakeholder Value kann sich demnach je nach den unternehmerischen Verhältnissen durchaus ähnlich orientieren wie der Shareholder Value, nämlich an der Einflussgruppe der Kapitalgeber.[233] Nachhaltigkeitsaspekte in Form der sozialen und ökologischen Dimension gewinnen dann lediglich in Zeiten an Bedeutung, in denen Zwänge bestehen, nach alternativen Konzepten zu suchen, beispielsweise bei Umsatzeinbrüchen oder hoher Personalfluktuation.

Ein anderer Vorschlag zur Ermittlung des Stakeholder Value, die *Wertbeitragsanalyse*, geht von der prinzipiellen Brauchbarkeit der Shareholder Value-Berechnung aus, bestimmt aber zuvor, welche weiteren Akteure – neben den Shareholdern – einen monetären Wertbeitrag liefern, der mit dem Shareholder Value verrechnet wird (*Return on Stakeholder, RoST*).[234] Hieraus ergibt sich letztlich additiv der *Stakeholder Value Added.*

Nach welchen Kriterien die Liste der wertbeitragenden Akteure zusammengestellt wird, bleibt jedoch unklar, sodass der Eindruck entstehen muss, die Auswahl entstamme der subjektiven Einschätzung des Bearbeiters. Im Endeffekt versteht sich die Wertbeitragsanalyse als eine übergeordnete Methodik, die den Shareholder Value-Ansatz als Spezialfall einschließt. Zusätzliche oder andere Rechengrößen als im Shareholder Value werden allerdings nicht verarbeitet.

Die grundlegende Problematik des Stakeholder Value geht jedoch tiefer. Sie liegt bereits in der Fragerichtung begründet. Allgemein wird der Stakeholder Value als 'unternehmensorientierter Stakeholderwert' aufgefasst, mit dem nach dem Wert der Stakeholderbeziehungen für das Unternehmen gefragt wird.[235] In den vorangehenden Ausführungen trat jedoch deutlich hervor, dass die Akteure ohne begründete Hoffnung auf persönliche Nutzenmehrung – welcher Art sie auch sei – nicht bereit sind, sich in Projekten einzubringen – insbesondere bei Geschäftsvorfällen. Bevor

233 Schmid & Zimmermann 1998, S. 5.

234 Figge 2002.

235 Figge 2002, S. 5.

nach dem Stakeholderwert für das Unternehmen bzw. für die Unternehmung gefragt werden kann, muss die Frage nach dem Unternehmenswert für den Stakeholder beantwortet sein. Ansonsten kommt keine Verbindung zustande. Konkret heißt das für die hier behandelte Untersuchung: *Welcher Wert entsteht durch das Projekt für den einzelnen Stakeholder?* Im weiteren Verlauf der Partnerschaft lässt sich daraus der umgekehrte Fall ableiten, wonach die Stakeholder einen bestimmten Wert für das Unternehmen bilden. Dies ist jedoch nicht der Ausgangspunkt, sondern eine logische Folge. Die Bemessung eines solchen Wertes kann daher erst im zweiten Schritt bzw. in Kombination mit der Ursprungsfrage erfolgen.

Diese Erkenntnis verschiebt die Unternehmung aus dem Verständnis als Selbstzweck in eine Zweck-Mittel-Beziehung zu den Akteuren.

10.1.6 Vom Stakeholder Value zur Corporate Social Responsibility

Als führend auf dem Gebiet der theoretischen Forschung um die Bedeutung der Stakeholder im Unternehmen gilt *R. Edward Freeman*. Seiner Überzeugung nach ist ein Unternehmen nichts anderes als eine Zweckgemeinschaft zur Generierung von Nutzen – gleich welcher Art. Demnach können Gewinne nur durch die Zusammenarbeit aller Akteure erzielt werden bzw. durch reibungslose Zusammenarbeit verbessert werden. *"Corporates are just the vehicles by which stakeholders are engaged in a joint and cooperative enterprise of creating value for each other."*[236]

Nach dem Verständnis von *Freeman* geht der Wert (Value) eines Unternehmens weit über die monetäre Ebene des Shareholder Value und des Stakeholder Value hinaus. Es werden verstärkt ethische und moralische Werte eingefordert.[237] Diesem Grundprinzip folgt der Ansatz der *Corporate Social Responsibility (CSR).*

Dass es von positivem Einfluss sein wird, die für die Leistungserbringung unverzichtbaren Akteure bei strategischen Entscheidungen zu berücksichtigen, ist eine Binsenweisheit. Dazu gehören insbesondere die Mitarbeiter/-innen des Unternehmens, die letztlich das operative Geschäft ausüben. Corporate Social Responsibility, in Deutschland auch unter den Begriffen *Unternehmerische Sozialverantwortung* oder – etwas übersteigert – *Nachhaltige Unternehmensführung* bekannt,[238] impliziert ethische Aspekte vor dem Hintergrund der Berücksichtigung der Stakeholder-Theorie. Die Europäische Kommission veröffentlichte 2001 in ihrem *Grünbuch* die Definition:

236 Freeman 2007, S. 6.

237 Freeman 2007, S. 82 ff. Es werden intrinsische und instrumentale Werte unterschieden. Zu den intrinsischen gehören Grundprinzipien der Ethik und Moral, während die instrumentalen Werte dazu dienen, diese praktizieren zu können. Beide werden durch die Bedürfnisse der Stakeholder bestimmt.

238 Der Ausdruck "sozial" wird in jüngster Zeit häufiger durch "gesellschaftlich" ersetzt.

"Soziale Verantwortung der Unternehmen (Corporate Social Responsibility – CSR) ist ein Konzept, das den Unternehmen als Grundlage dient, um auf freiwilliger Basis soziale und ökologische Belange in ihre Unternehmenstätigkeit und in die Beziehungen zu den Stakeholdern zu integrieren." [239]

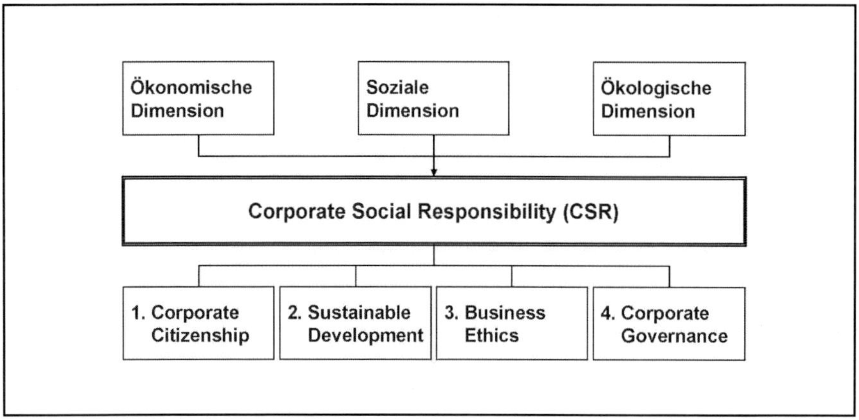

Abb. 20: CSR und verwandte Konzepte[240]

Während Shareholder Value und Stakeholder Value gleichermaßen Methoden zur Unternehmensbewertung darstellen wie auch als wertorientierte Unternehmensstrategie Verwendung finden, handelt es sich beim CSR-Ansatz eher um eine Organisationsstrategie, die jedoch nicht zwangsläufig auf monetäre Aspekte ausgerichtet sein muss (vgl. Abb. 20 zu den inzwischen verwandten Konzepten). Unstrittig ist vielmehr, dass es dabei um die Implementierung von sozialen Normen und ökologisch ausgerichteten Maßstäben in die üblicherweise gewinnorientierte Unternehmensstrategie geht. Es wird nicht nur eine größere Zahl von Stakeholdern in ihren Zielsetzungen berücksichtigt; darüber hinaus werden Verhaltensregelmäßigkeiten und kulturelle Gewohnheiten sowie ethische Kodizes des sozialen Miteinanders explizit integriert. All dies erfolgt vor dem Hintergrund der Ressourcenschonung. Letztlich geht es nicht nur darum, welches Unternehmensziel es zu erreichen gilt, sondern auch auf welchem Weg.

Strategische Ansätze wie *CSR* wurden verschiedentlich bereits durch die Wissenschaft konkretisiert und ergänzt (vgl. Abb. 20). Mit dem Prinzip der nachhaltigkeitsorientierten Unternehmensführung beschäftigten sich u.a. bereits *Meffert/Kirchgeorg*, *Matten/Wagner*, *Zabel*, das *Institut für ökologische Wirtschaftsforschung (IÖW)* und das *St. Galler Institut für Wirtschaft und Ökologie (IWÖ)*.[241]

239 Europäische Kommission 2001.

240 Merten 2008, S. 3.

241 Vgl. zusammenfassend und beurteilend Siebenhüner 2001, S. 378 ff.

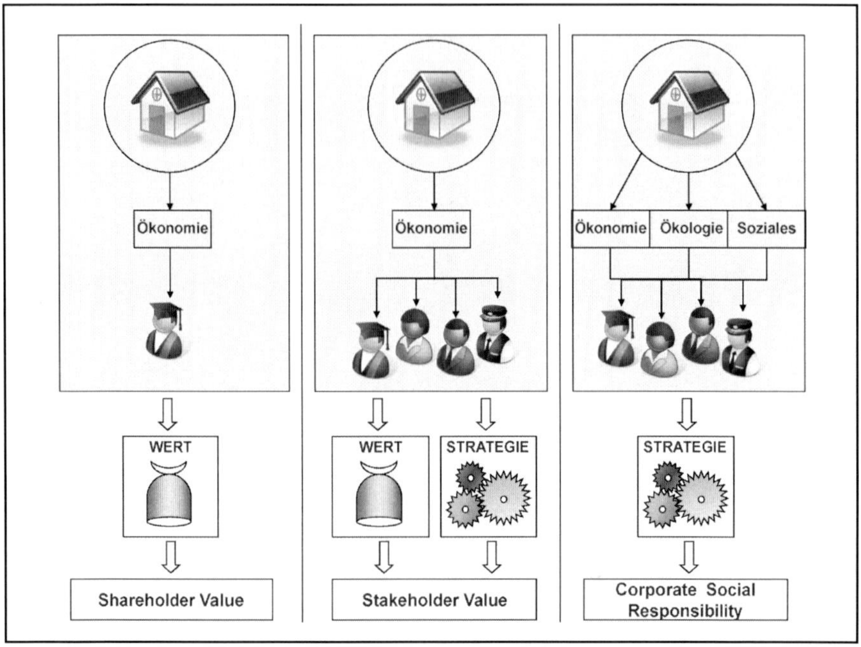

Abb. 21: Struktureller Vergleich Shareholder Value, Stakeholder Value und CSR[242]

CSR ist eine Managementstrategie, die von Unternehmen jeglicher Branchen praktiziert werden kann. Wie bereits dargestellt, handelt es sich bei den Geschäftspartnern von Immobilienprojekten durchaus um eine den Unternehmensstrukturen vergleichbare Gruppierung. Auch hier finden sich Akteure verschiedener Kompetenzbereiche für einen längeren Zeitraum zusammen, um an einer gemeinsamen Aufgabe zu arbeiten. Insofern ist der Gedanke des CSR durchaus auf die hiesige Fragestellung übertragbar. Im Zentrum steht dabei die Verwirklichung der Nachhaltigkeitsforderung im Zuge des Planungs- und Realisierungs*prozesses* von Gebäuden (Unternehmensebene), weniger das Objekt an sich (Produktebene) – also im engeren Sinne die Formen der Zusammenarbeit der Akteure und ihre Verfahrensweisen im Zuge der Leistungserbringung.

242 Eigene Darstellung.

10.1.7 Problemfelder und Grenzen des CSR

Der Grundgedanke des CSR ist nicht so modern, wie es oft durch seine Befürworter dargestellt wird. CSR gab es ansatzweise bereits in der neoklassischen Theorie. Marktwirtschaften funktionieren nur durch die freiwillige Einhaltung von sozialen Normen, denn nur durch Respekt und Vertrauen gegenüber anderen Marktteilnehmern ist ein Tausch von Gütern überhaupt möglich.[243] Auch die Neue Institutionenökonomik gründet sich im Rahmen ihrer Erkenntnisse zu *relationalen Verträgen* auf die Einhaltung sozialer Normen.[244] Um den Forderungen der Nachhaltigkeitslehre nachzukommen, bedarf es aber einer weiter gefassten Auslegung. Die Einbeziehung der Ansprüche zukünftiger Generationen, denen keine Verschlechterung der Umwelt zugemutet werden darf, ist in der praktischen Umsetzung des CSR-Ansatzes nur äußerst selten enthalten. Insofern ist die deutsche Bezeichnung 'Nachhaltige Unternehmensführung' eine irreführende Übersetzung des englischen Originals.[245] Begründet wird die begrenzte Sichtweise der schwachen bis kritischen Nachhaltigkeit gern mit dem Argument, dass sich die Bedürfnisse noch nicht Geborener heute noch nicht absehen lassen.

Über den ursprünglichen Zweck der Theorie des CSR gehen die Meinungen auseinander. Ob CSR zuerst ein unternehmerischer Dienst an der Gesellschaft zur Steigerung der Wohlfahrt im volkswirtschaftlichen Sinn ist oder aber dem eigentlichen Zweck der Erzielung von Unternehmensgewinnen dient, hängt wohl in erster Linie vom Standpunkt des Betrachters ab. Teilweise wird Unternehmen vorgeworfen, CSR nur als Marketinginstrument zu verwenden, um eigennützige und kurzfristige Handlungen zu verschleiern, das sog. *Greenwashing*. Greenpeace veröffentlichte 2002 den *Corporate Crime Report*, der konkrete Fälle in mehreren international tätigen Großkonzernen schildert, die als grobes unternehmerisches Fehlverhalten, kaschiert durch CSR-Maßnahmen, eingestuft werden.

Aus welchen Gründen, ideologischen oder marktwirtschaftlichen, ein Unternehmen sich zur Einführung von CSR entschließt, ist im Einzelfall unterschiedlich. Wenn man davon ausgeht, dass die Geschäftstätigkeit von Unternehmen ein ständiger Kampf um Wettbewerbsvorteile ist,[246] helfen Strategien wie CSR, sich am Markt einen Vorsprung zu verschaffen. Mediale Aufmerksamkeit und Imagegewinn ist garantiert, wenn man von Investitionen in soziale oder grüne Projekte berichten kann.

243 Knack & Kaefer 1997.

244 Richter & Furubotn 2003, S. 327 und Kubon-Gilke 1997, S 138, 418.

245 Entwickelt von W. J. Bowen im Jahr 1953.

246 Porter & Kramer 2006.

Letztlich kann CSR im Rahmen des Qualitätsmanagements oder der Profilbildung am Markt zu Wettbewerbsvorteilen führen – jedenfalls solange die überwiegende Mehrheit der Mitbewerber von einer Einführung absieht. Der Nutzen für Ökologie und Gesellschaft ist, bei konsequenter Befolgung der Leitlinien, ohnehin gegeben.

Die Frage, ob Corporate Social Responsibility als Steuerungssystem der Planungs- und Realisierungsprozesse von Gebäuden dienlich sei, muss mit einem klaren 'Ja' beantwortet werden. Die Problematik dieses Ansatzes besteht jedoch in der praktischen Anwendung und Verbreitung in der Immobilienbranche in mehrerlei Hinsicht:

- *Grundsatz der Freiwilligkeit.* Ob CSR auf der Agenda der Unternehmensstrategie steht, bleibt der Geschäftsführung überlassen. Anreizgeber kann zwar der Markt sein, dennoch handelt es sich möglicherweise nicht um die einzige Option, wenn Umsatz und Gewinn gesteigert werden sollen. Den Entscheidern sollte jedoch klar sein, dass CSR nicht nur einen Teilbereich der Unternehmenskultur ausmacht, sondern ein eigenständiges Konzept der Unternehmensführung darstellt. Nachhaltigkeitsmanagement erfordert die Integration ökologischer und sozialer Ziele in das konventionell (stark ökonomisch) ausgerichtete Management und bedarf eines langfristigen Bestrebens.[247] Seine Einführung kann für ein Unternehmen durchaus einen Meilenstein in der Entwicklung darstellen, was aber zunächst auch eine gewisse Hemmschwelle vor dem Hintergrund der Freiwilligkeit bedeutet.[248]
- *Grundsatz der freien Auslegung.* Das Verständnis nachhaltiger Unternehmensführung ist breit gefächert. Wie CSR im operativen Geschäft in konkreten Fällen umgesetzt wird, ist teilweise schwer in konkreten Maßnahmen fassbar und andererseits aufgrund der Fülle von Informationen und Daten, die zur Verfügung stehen, nicht unbedingt leicht übertragbar – auch bedingt durch die verschiedenen Unternehmensstrukturen und Geschäftszwecke. Auf der Managementebene lässt sich die Strategie recht einfach und klar formulieren, während man sich in der Umsetzung üblicherweise auf bestimmte Einzelaspekte konzentriert bzw. reduziert. Vermehrt sind hier Ansätze zur Steigerung der Ressourceneffizienz und zur Ausweitung des Umweltmanagements, Verbesserung von Dialog und Kommunikation und umfassendere Betrachtungen zum Unternehmenswert festzustellen (z. B. mittels Stakeholder Value oder Öko-Rating), die jedoch recht isoliert verfolgt werden ohne strukturierte Integration in ein Nachhaltigkeitsmanagement.[249] Soziale und ökologische Projekte werden

247 Über das Verständnis von Nachhaltigkeitsmanagement und Empfehlungen und Instrumente der Umsetzungen vgl. beispielsweise: BMU 2007.

248 Der Grundsatz der Freiwilligkeit kann auch als Chance interpretiert werden, wenn man davon ausgeht, dass zu starre Regeln fallweise besondere Anstrengungen zur Folge haben, sie zu eigenen Gunsten zu umgehen. Die Herausforderung liegt oft darin, einen Mittelweg zwischen freier Wahl und Verpflichtung zu finden. Fengler 2007, S. 41.

249 Schaltegger, Herzig & Klinke 2007, S. 28 f.

also oftmals unabhängig vom eigentlichen Kerngeschäft initiiert.

- *Messbarkeit der Ausprägung.* CSR- und Nachhaltigkeitskriterien sind vielfach qualitativer Ausprägung. Eine Messbarkeit ist in der Regel zwar möglich, jedoch methodisch angreifbar, nicht auf jeden Geschäftszweck anwendbar und schwer zu standardisieren. Vorhandene Initiativen wie die *Global Reporting Initiative (GRI)* existieren bereits, um hier eine Entwicklung voranzutreiben.
- *Aufwand und Zumutbarkeit der Durchführung.* CSR und seine Berichterstattung bedeutet mitunter zusätzlichen Aufwand im täglichen Geschäft und der Verwaltung. Insbesondere bei derart komplizierten Gütern wie Gebäuden ist eine erhebliche Datensammlung und Auswertung erforderlich, die möglicherweise von kleineren Dienstleistungsbüros nicht wirtschaftlich leistbar ist. Eine Projektierung unter CSR-Aspekten macht aber nur Sinn, wenn sich alle Akteure gemäß ihrer Teilleistung den Statuten verpflichten.
- *Mangel an Kontrollsystemen.* Die Einhaltung von CSR ist nicht hinreichend kontrollierbar. Zwar sind inzwischen bereits CSR-Ratings wie *TÜVRheinlandSTAR* oder *ISO* Zertifikate für Unternehmen erhältlich,[250] jedoch gibt es zurzeit nichts Vergleichbares für temporäre Projektpartnerschaften, die einen Zusammenschluss von eigenständigen Unternehmen darstellen.
- *Mangel an Sanktionen bei Versagen.* Falls die selbst gesteckten Ziele nicht erreicht werden und die selbst auferlegten Verpflichtungen umgangen werden, gibt es keine Sanktionen, Rechtsfolgen oder Auflagen zur Nachbesserung. Letztlich besteht für das Unternehmen jederzeit die Möglichkeit, von der Umsetzung der eingeführten CSR-Maßnahmen wieder Abstand zu nehmen.
- *Nachhaltigkeit light.* Bei Managern werden CSR-Strategien, egal in welchem Umfang sie betrieben werden, gern mit 'Nachhaltigem Wirtschaften' gleichgesetzt. Faktisch ist in der aktuellen Praxis kaum ein Entscheider in der Lage, die Unterschiede zu erklären, geschweige denn die verschiedenartige Umsetzung im eigenen Unternehmen anhand tatsächlicher Prozesse aufzuzeigen, wie auch die Umfragen gezeigt haben. Dass auf diese Weise ein Beitrag zur notwendigen grundlegenden Veränderung der Wirtschaftstätigkeit eher gering ausfällt, liegt auf der Hand.[251]

Wenn einzelne Akteure innerhalb des geschäftlichen Verbundes den Statuten von CSR-Ratings folgen, so handelt es sich zweifellos um einen Aspekt, der die nachhaltige Erstellung und Bewirtschaftung von Gebäuden fördert und zu begrüßen ist.

250 Seit 2002 beschäftigt sich auch die Internationale Organisation für Normung mit CSR. Seit 2010 gilt nun die ISO 26000 (Internationale Organisation für Normung (ISO) 2010), immerhin nicht nur für Unternehmen, sondern auch für Organisationen wie Verbände, Parteien, Behörden.

251 Leitschuh 2009, S. 68 f.

Eine immer wiederkehrende Schwierigkeit in den Prozessen liegt vielmehr bei den Akteurs-Schnittstellen, also bei der Übergabe von Leistungsbereichen, die gemeinsam erbracht werden oder an deren Abwicklung mehrere Stakeholder beteiligt sind. Nachhaltigkeitskriterien, die ein Unternehmen im Innenverhältnis lebt (d. h. gegenüber Mitarbeiter/-innen und anderen eigenen Ressourcen), werden unter Umständen im Außenverhältnis teilweise aufgegeben, weil der Koalitionspartner sich seinerseits nicht kooperativ verhält (gestörtes Vertrauensverhältnis), weil Forderungen in der Hierarchie höher stehender Akteure nicht CSR-konformes Verhalten in bestimmten Situationen effizienter erscheinen lassen oder einfach, weil die gewählten Kommunikationswege die Gesamtstrategie nicht zu vermitteln vermögen.

Das Schnittstellenproblem ist im Grunde zurückzuführen auf das *Dynamische Akteursmodell* mit den unterschiedlichen Werten und Zielen der Akteure, das sich in der Praxis und gegenüber Dritten als das eingangs beschriebene Spannungsverhältnis zwischen Berufsgruppen und Branchen äußert und ursächlich im Rollenverhalten zu suchen ist. Aber nicht nur akteursrollenspezifisch motivierte Differenzen können zu Effizienzverlusten von unternehmerischen Nachhaltigkeitsstrategien führen.

Ein weiterer Grund für eine fehlende Stringenz bei der Verfolgung nachhaltiger Ziele liegt in der Struktur und Dynamik von Gruppen. Die nachhaltige Ausrichtung von strategischen Entscheidungen kann durch die Koalition der Stakeholder geschwächt oder auch gestärkt werden. Auf diesen Umstand ist voranstehend bereits des Öfteren hingewiesen worden (vgl. Kap. 9).

Bekannte Strategien des Unternehmensmanagements eignen sich also nur sehr bedingt für die Umsetzung von Nachhaltigkeitskonzepten in der Immobilienwirtschaft. Eine Steuerung sollte auf einer anderen Ebene ansetzen. Im Folgenden geht es nun darum, zu untersuchen, wie die identifizierten Barrikaden nachhaltigen Entscheidens bisher gelöst oder gänzlich vermieden wurden und welchen Einfluss bereits existierende Steuerungssysteme (*Governance)* nehmen bzw. welches Potenzial und welche Grenzen ihnen immanent sind, um nachhaltiges Planen, Bauen und Bewirtschaften zu gewährleisten.

Zunächst soll in Kürze erläutert werden, worum es sich bei dem Begriff *Governance* handelt und wo eine Abgrenzung zum Begriff *Steuerung* sinnvoll und notwendig ist. Institutionen sind es, durch die Governance erfolgt und die ihre Eingriffstiefe und -breite festlegen. Danach wird auf institutionelle Techniken, die Steuerungsinstrumente, eingegangen.

10.2 Governance und Steuerung – Verständnis, Abgrenzung, Anwendung

Der englische Ausdruck 'Governance' meint nicht einfach die 'Steuerung' von Akteuren. Er impliziert ein verwandtes, aber anderes Verständnis von Regelungssystemen, als es in der Steuerungstheorie anzutreffen ist. Die gesellschaftswissenschaftlich korrekte Unterscheidung der Disziplinen wird hier nach *Mayntz* wiedergegeben:

> *"Während die Steuerungstheorie einem akteurszentrierten Ansatz folgt, ist die sich entwickelnde Governance-Theorie institutionalistisch und fragt nach der Beschaffenheit von Regelungsstrukturen, in denen öffentliche und private, hierarchische und netzwerkartige Formen der Regelung zusammenwirken. [...] Bei ihr [der Steuerungstheorie] steht das handelnde Steuerungssubjekt im Vordergrund, bei der Governance-Theorie dagegen die Regelungsstruktur [...]"* [252]

Sehr oft wird unter Governance beides verstanden: eine sich auf das Handeln beziehende regelnde Struktur wie auch der Prozess der Regelung selbst. Durch die generalistisch angelegte inhaltliche Breite erscheint es hier angebracht, die akademisch korrekte Unterscheidung nicht weiterzuverfolgen, um von den Kernaussagen der Thematik nicht abzuschweifen. Daher werden im Folgenden die Begriffe *Governance* und *institutionelle Steuerung* synonym verwendet als:

> *"[...] das Gesamt aller nebeneinander bestehenden Formen der kollektiven Regelung gesellschaftlicher Sachverhalte: von der institutionalisierten zivilgesellschaftlichen Selbstregelung über verschiedene Formen des Zusammenwirkens staatlicher und privater Akteure bis hin zu hoheitlichem Handeln staatlicher Akteure."* [253]

Die Soziologie beschreibt verschiedene Arten von Regelungsformen, die in der Lage sind, Akteure zu lenken. Sie werden in drei Motivkomplexe eingeteilt:[254]

1. Sanktionsorientierung (Zwang, rechtliche Bindung)
2. Identifikation (Anpassung und Orientierung an anderen Akteuren)
3. Internalisierung (innerliche Bejahung, persönliche Überzeugung der Richtigkeit)

252 Mayntz 2005, S. 1 u. 6.

253 Mayntz 2003, S. 72.

254 Rehbinder 2003, S. 153 ff.

Gemäß betriebswirtschaftlicher Lehre wäre eine andere Aufstellung zu bevorzugen, die zweifellos gegenüber der obigen Darstellung nicht nur feine Bedeutungsunterschiede beinhaltet, sondern auch von einem anderen Schwerpunkt, dem der Kosten und Gewinne, ausgeht:

1. Ordnungsrechtliche Bindung
2. Kosten-Nutzen-Verhältnisse
3. Image

Durch Ansprechen dieser Motivkomplexe – je nach Organisation oder Individuum treten stärker die soziologischen oder die betriebswirtschaftlichen in den Vordergrund – können Stakeholder veranlasst werden, bestimmte Ziele zu unterstützen (beispielsweise CO_2-Reduktion bei der Bauproduktherstellung), die durch einschlägige Entscheidungen und Handlungen vorangetrieben werden. Mithilfe von Instrumenten, die genau auf einen oder mehrere Motivkomplexe ausgerichtet werden, findet die institutionelle Steuerung der Akteure statt, sofern Kenntnisse über die latente Empfänglichkeit der Zielgruppe für die Motivkomplexe vorhanden sind.

Die Instrumente zur organisationalen und individuellen Verhaltensbindung arbeiten in der Hauptsache mit den zwei besonders effektiven 'Triggern': *Geld und Rechten.* Beide Trigger können eingesetzt werden, um einerseits Anreize und andererseits Verpflichtungen zu schaffen (vgl. Abb. 22). Innerhalb unseres heutigen Wirtschaftssystems sind sie omnipräsent.

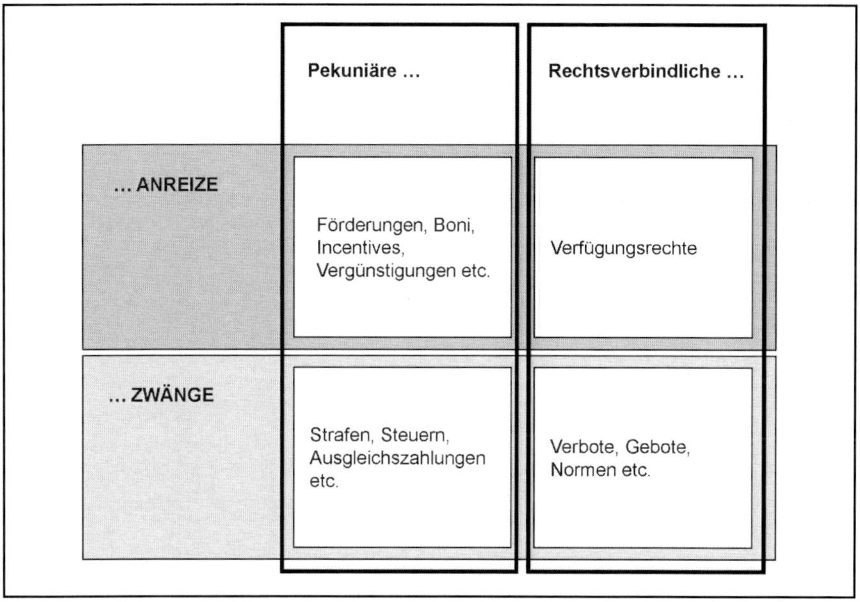

Abb. 22: Varianten der Trigger zur institutionellen Steuerung von Akteuren[255]

Um Regelsysteme auf Basis dieser Trigger zu entwickeln und einzusetzen, d. h. um Verhaltensbindung zu praktizieren, bedarf es der Arbeit von *Institutionen*. Nur durch sie kann eine akteursübergreifende Steuerung erfolgen.

10.3 Das Regelsystem der Institutionen

Im *Dynamischen Akteursmodell* wurde bereits dargestellt, dass sämtliche Entscheidungen basierend auf den rolleninduzierten Zielen und Werten der Akteure durch eine Art Filter geschleust werden, bevor sie in Handlungen münden können. Diesen Filter bilden die Institutionen. Sie sind Gegenstand der nachfolgenden Untersuchung.

Ein Kritikpunkt der Neoklassik liegt in der Ausschließlichkeit der individualistischen Betrachtungsweise. Das Individuum lebt nicht im Vakuum. Es finden Einwirkungen statt, die durch gesellschaftlichen Austausch geprägt sind und weit über Rolle und Status hinaus mitbestimmend sind. Um in die vielschichtige Interaktion der Akteure eine Ordnung zu bringen und um Ansprüche der Gesellschaft gegenüber dem Stakeholder-Verbund geltend machen zu können, bedarf es eines Regelwerks. Mithilfe

255 Eigene Darstellung.

dieses Regelwerks können Dilemmastrukturen kontrolliert, gestaltet und verändert werden. Ihr Zweck ist es unter anderem, unerwünschte Interaktionen zu unterbinden und gesellschaftlich gewünschte zu fördern und so zu gestalten, dass bestimmte übergeordnete Ziele erreicht werden,[256] wie z. B. die Mehrung des volkswirtschaftlichen Nutzens, die Sicherstellung von ethischem Verhalten gegenüber Minderheiten oder die Begrenzung der Übernutzung natürlicher Ressourcen und den daraus resultierenden, eingangs beschriebenen sozialen und ökologischen Folgen. Den Institutionen kommt demnach eine regulierende aber auch normierende Aufgabe zu, die durch Politik und Rechtswesen ausgeführt wird. *Homann* definiert wie folgt:

> *"Institutionen werden [...] rekonstruiert als standardisierte Lösungen wiederkehrender Interaktionsprobleme ... Die Politik ist [...] im Kern Management von Institutionen zur Beherrschung von Dilemmastrukturen."* [257]

Nun sind politisch-rechtliche Institutionen nicht die einzigen Regelgeber, daneben existieren ähnlich effektive marktliche, die mittelbar auch über Politik steuerbar sind.

10.3.1 Grundlagen und Begriffe

Unter Institutionen sind Regelsysteme zu verstehen, die individuelles Verhalten innerhalb der Gesellschaft steuern, wie z. B.:

1. Konzerne, Märkte, Behörden, Gesellschaftliche Gruppen => Volkswirtschaftliche Auffassung des Institutionenbegriffs

aber auch

2. Gesetze, Normen, Prämien, Paradigmen, ethische Grundsätze => Soziologische Auffassung des Institutionenbegriffs

Im Folgenden werden unter *Institutionen* nur Systeme gemäß Punkt 1 subsummiert. Es handelt sich hier um *Regelsysteme für soziale Ordnungen*. Sie bedienen sich spezieller Instrumente gemäß Punkt 2, die zumeist als Restriktionen interpretiert werden; es wird aber auch mit Anreizen gearbeitet. Beschrieben wird das Zusammenspiel von Institutionen und ihren Instrumenten insbesondere durch die Theorie der Neuen Institutionenökonomik (vgl. Kap. 7).

---

256 Homann & Meyer 2009, S. 103.

257 Homann & Meyer 2009, S. 49, 107.

Streng genommen ist der Begriff der *Institution* von dem der *Organisation* (i. S. v. Unternehmen) abzugrenzen, was in der neueren Soziologie mehr oder weniger strikt befolgt wird. Innerhalb der Wirtschaftswissenschaften wird die Trennung nicht konsequent durchgehalten; die Definitionsgrenzen verschwimmen.[258] Innerhalb dieser Arbeit wird das Unternehmen differenziert gesehen. Teilweise kann es die Funktion einer Institution einnehmen und wird dann als solche benannt. An anderen Stellen wiederum kann das Unternehmen selbst Gegenstand von Steuerung sein und wird dann den Organisationen zugeordnet.

Institutionen als solche zu identifizieren setzt nicht nur deren theoretische Definition voraus. Es dürfte stellenweise schwierig sein, sie zu erkennen, da sie derart tief und subtil in das tägliche Leben von Individuen eingreifen, dass man ihre Steuerungswirkung aufgrund von Gewohnheit oder anderen stärker in Erscheinung tretenden Reglements kaum wahrzunehmen vermag. Dies trifft insbesondere auf soziale Normen zu.[259]

Einflusspotenzial und Wirksamkeit der Institutionen sind deshalb von Interesse, weil sie in der Lage sind, Entscheidungen und Handlungen von ganzen Akteursgruppen, Rollenvertretern und sogar Märkten zu beeinflussen. Sie können binnen kurzer Zeit andere Einflussgeber aushebeln, neue schaffen und vorhandene nivellieren. Es besteht aber auch ein schwer kalkulierbares Risiko der Entstehung von Folgewirkungen mit möglicherweise unerwünschten Konsequenzen, was eine Korrektur bestehender Instrumente erforderlich werden lässt. Diesem Umstand ist bei der Betrachtung von vorhandenen Steuerungsmitteln der Nachhaltigkeit Rechnung zu tragen.

Bevor eine Institution Einfluss ausüben kann, muss sie als solche anerkannt sein, d. h. allgemein verbreitet und in ihrem Daseinszweck respektiert sein. Ansonsten besteht das Risiko, dass neuerliche Konflikte unter den Akteuren ausgelöst werden, deren Schlichtung doch eigentlicher Zweck der Institutionen ist.

10.3.2 Kategorien und Wirkformen von Steuerungsinstrumenten

Die Unterordnung der Akteure ist ein wesentliches Element von Institutionen. Sie bedienen sich dazu Steuerungsinstrumente, durch die den Akteuren vermittelt wird, was geboten, verboten oder zulässig ist. Aus den oben beschriebenen Triggern *Anreiz und Zwang* (vgl. Abb. 24), entwickeln Institutionen konkrete Steuerungsinstrumente für gesellschaftliche Gruppen, die spezielle Konfliktsituationen unter den Akteuren klären, Intentionsinterferenzen berücksichtigen und Ziele der Allgemeinheit übergeordnet integrieren.

258 Vgl. hierzu exemplarisch Ostrom 2005, S. 822.

259 Ostrom 2005, S. 824.

Nach *Ostrom* können sieben Gruppen von Akteurs-Steuerungsinstrumenten in ihrer Funktionsweise unterschieden werden:[260]

1. *position rules.* Festsetzung der Menge an Rollen in einer Situation oder innerhalb eines Projektes, ihre Inhalte und ihre Verteilung unter den Akteuren (z. B. Leistungsbild des Architekten).
2. *boundary rules.* Beeinflussung der Zahl der Beteiligten, ihre Akteurseigenschaften, die Teilnahmebedingungen bei Eintritt in ein Netzwerk und die Konditionen bei Ausscheiden (z. B. Vertragsgrundlagen bei Beauftragung von Generalunternehmern).
3. *authority rules.* Eingrenzung der Kompetenzen und Verpflichtungen der einzelnen Akteure innerhalb ihrer Rollen (z. B. Einholen von behördlichen Genehmigungen).
4. *information rules.* Bestimmung des Beitrags an Informationen, den Akteuren innerhalb ihrer Rolle in Entscheidungssituationen abverlangt wird (z. B. jährliche Veröffentlichung der Unternehmensbilanz).
5. *scope rules.* Spezifizierung der möglichen Bandbreite der Wirkungen mit den zugeordneten Handlungsspielräumen, Bedingungen für den Umgang mit Teil- und Endergebnissen (z. B. Ausgleichsflächenregelung bei Neuversiegelung von Bodenfläche).
6. *aggregation rules.* Beschreibung der Umrechnungsfunktion oder des Gewichtungsfaktors, um Ergebnisse abzubilden, wie zu bestimmten Anlässen eine Entscheidung zu treffen ist (z. B. Ermittlung von Wahlergebnissen, Berechnung von Grund- und Geschossflächenzahl, Rechenregeln für die Ökobilanzierung).
7. *payoff rules.* Pflichten und Rechte bei der Wahl aller denkbaren Handlungsalternativen. Erforderliche, zulässige und unzulässige Handlungen in Bezug auf andere Akteure und Güter (z. B. zulässige Gebäudenutzungen in einem Gebiet, Besteuerung von Immobilientransaktionen, Abwälzen von Vermieterpflichten in gewerblichen Mietverträgen).

Der Instrumentenmix aus den oben dargestellten sieben Gruppen bestimmt eine Vielzahl von grundlegenden Systemeigenschaften, wie die Funktionsweise des Marktes, die Form des Rechtssystems und die volkswirtschaftliche Leistung. Änderung oder Aufhebung einzelner Instrumente führt in der Regel zu veränderten Reaktionen der Akteure auf die übrigen Instrumente. Das Instrumentengeflecht unterliegt umgekehrt auch der Beeinflussung durch die Marktteilnehmer und muss ständig nach den Erfordernissen und Bedürfnissen der Gruppe angepasst werden. Beispielsweise dann, wenn wachsendes Marktungleichgewicht zu moralisch nicht vertretbaren Umständen

260 Ostrom, Gardner & Walker 1994, S. 41 ff. Die zugeordneten Beispiele entstammen der Interpretation der Verfasserin.

führt (Mietsteigerungen aufgrund von Wohnungsknappheit im unteren Segment) oder wenn bestimmte Strategien wie nachhaltiges Bauen stärkere Verbreitung finden sollen.

Die Neue Institutionenökonomik untersucht nicht nur die Phänomene institutioneller Steuerung, sondern generiert auch Vorschläge zu ihrer Verbesserung. Dabei unterliegen die Instrumente keinem Selbstzweck (d. h. es geht nicht darum, dass sie möglichst häufige Anwendung finden), vielmehr ist es als erstrebenswert anzusehen, institutionelle Ziele so zu erreichen, dass möglichst geringe moralische Kosten entstehen (vgl. Kap. 9).

Im folgenden Abschnitt werden die für die Bau- und Immobilienbranche relevanten Steuerungsinstrumente der Nachhaltigkeit zusammengestellt, kategorisiert und anhand ihrer Wirkung bewertet. Dabei wird besonderes Augenmerk darauf gelegt, ob und inwieweit die identifizierten Barrieren nachhaltigen Bauens einbezogen werden.

10.4 Die Steuerungsinstrumente der Institutionen im Bau- und Immobilienbereich

In Deutschland und europaweit existieren im Wesentlichen vier Gruppen institutioneller Instrumente, die direkt auf das Thema nachhaltiges Planen, Bauen und Betreiben von Immobilien abzielen. Sie sind entweder an das Gesetz angelehnt oder marktlich orientiert.

Zu unterscheiden sind:

I. Instrumente des Marktes

II. Instrumente des Rechts

III. Instrumente von Politik & Interessengruppen

IV. Instrumente einzelner Stakeholder

Tabelle 16 präsentiert eine Übersicht über wesentliche Steuerungsinstrumente, die für Immobilienakteure relevant sind beziehungsweise starken Einfluss auf sie ausüben. Diese Instrumente stellen Hilfsmittel dar, um Institutionen zu stützen und Insubordination zu verhindern. Es handelt sich also um Taktiken, die die Nachfrage und den Bestand an nachhaltigen Gebäuden fördern sollen.

Die Gruppierung der Steuerungsinstrumente orientiert sich am Typus des Steuerungsapparates, nicht an der anvisierten Zielgruppe. Eine zielgruppengemäße Aufteilung erscheint nicht sinnvoll, da die meisten Instrumente an mehrere Akteursgruppen gerichtet sind. Gerade das ist auch als ein besonderes Qualitätskriterium zu werten. Je mehr Stakeholder an ein gemeinsames Instrument gebunden werden, desto mehr wird der Einfluss der distribuierenden Institution gestärkt und desto effektiver kann eine Steuerung stattfinden.

I. Instrumente des Marktes	**II. Instrumente des Rechts**	**III. Instrumente von Politik & Interessengruppen**	**IV. Instrumente einzelner Stakeholder**
1. Alternative Finanzierungsformen	1. Baugesetze	1. Finanzhilfen	1. Selbstverpflichtung (z. B. CSR)
2. Kapitalsubventionierung	2. DIN Normen	2. Public/Private Equity Investments	2. Freiwillige und verhandelte Abkommen (z. B. Code of Conduct)
3. Mikrokredite	3. Produktdeklarationen	3. Staatsanleihen	3. Beschaffungsrichtlinien
4. Soft Loans	4. Energieausweise	4. Bildungsprogramme	4. Laststeuerung bei Stromabnehmern
5. Grüne Investmentfonds	5. Revisionspflicht/ Auditierung	5. Öffentliche Umweltinformation (z. B. Corporate Crime Report)	5. Soft Law Agreements (z. B. Charta, Deklaration)
6. Emissionsrechtehandel			6. Interne Audits
7. Zertifizierungssysteme	7. Gebühren		
8. Rating-Systeme	8. Besteuerung/ Steuerbefreiung		
9. Energie-Contracting	9. Haftung		

Tab. 15: Instrumentenkatalog der Institutionen[261]

261 Überarbeitet und ergänzt nach Wallbaum et al. 2010, S. 7. Ausführliche, wenngleich nicht branchenbezogene Darstellung vgl. Huber 2001, S 362 ff.

Im Folgenden wird jede der Gruppen I–IV daraufhin untersucht, inwieweit sie und ihre Instrumente sich eignen, auf die in der vorgenommenen Analyse identifizierten Barrieren nachhaltigen Entscheidens einzuwirken.

10.4.1 Instrumente des Marktes

Unter Instrumenten des Marktes (vgl. Tab. 16) werden Steuerungsmittel verstanden, die einerseits von den wirtschaftenden Akteuren selbst initiiert worden sind, andererseits auch in Kooperation des Staates mit Wirtschaftsverbänden entstanden sind (wie z. B. bei der Entwicklung eines Nachhaltigkeits-Zertifizierungssystems für Deutschland). Instrumente des Marktes versuchen, entweder den Akteuren Anreize zu setzen, freiwillig bestimmte Handlungen vorzunehmen und dabei Regeln einzuhalten, oder sind darauf angelegt, eine Konkurrenzsituation unter den Akteuren zu erzeugen, die ebenfalls ein bestimmtes Verhalten bewirkt.

Letztgenannte Mechanismen können sich im Laufe der Zeit unter Umständen verselbstständigen. Dann wäre ein Zustand erreicht, in dem Marktteilnehmer sich des Instrumentes bedienen *müssen*, da sie sonst das Risiko eingehen, nicht mehr wettbewerbsfähig zu sein. Beispielsweise wäre ein Schaden des Projekt- oder Unternehmensimages zu erwarten, wenn ein einzelner Akteur sich der Teilnahme an einem Rating-Verfahren entzöge, während die Mehrheit der übrigen Marktteilnehmer etwas derartiges bereits mehrfach durchlaufen hätte.

Identifizierte Barrieren		Wirkungen von Instrumenten des Marktes
1.	Inter- und Intrarollenkonflikte +	Die Marktteilnehmer entwickeln verständlicherweise bevorzugt Instrumente, die ihnen zweckdienlich sind und ihre besonderen Anforderungen erfüllen. In vielen der in Tabelle 15 gelisteten Instrumente spiegelt sich bereits der Rollenkonflikt wieder, einerseits renditestarke Investments tätigen zu wollen und monetären Mehrwert zu generieren und andererseits ökologische Aspekte zumindest ansatzweise einzubeziehen. Auf diese Weise befriedigt die Finanzbranche das sogenannte "grüne Gewissen" vieler Akteure. Dass es sich dabei tatsächlich mehr um ideologisch motivierte Entscheidungen handelt, denn um nutzenmaximierende, belegen die Ergebnisse der Umfragen. Immerhin findet eine Beschäftigung mit der Nachhaltigkeitsthematik statt, wenn auch nur, um Rollenkonflikte zu vermeiden oder vorübergehend zu beruhigen. Mit der Entwicklung von Zertifizierungssystemen für Gebäude wird zum ersten Mal ein marktliches Instrument installiert, das umfassend soziale und ökologische Nachhaltigkeitsdimensionen vertritt und über seine zunehmende Bedeutung (Nachfrage) am Markt die ökonomische Nachhaltigkeitsdimension vorantreibt. Rollenkonflikte können unter Verwendung dieses Instrumentes zu einem frühem Zeitpunkt ausgeschaltet werden. Einen anderen, aber ähnlich effektiven Ansatz verfolgt der Emissionsrechtehandel. Er macht sich die ureigene Funktion unseres Wirtschaftssystems zu eigen, dem Tausch von Gütern, nur dass es sich hierbei um Rechte anstatt um Produkte handelt, die den Besitzer wechseln. Wie bereits dargestellt, bilden Geldeinheiten und Verfügungsrechte die Grundlage der Ökonomie, weshalb der Emissionsrechtehandel ebenfalls ein geeignetes Instrument bei der Moderation von unterschiedlichen Rolleninhalten darstellt.

2.	Unvollkommenheit des Rationalitätsprinzips –	Für einen funktionierenden Markt ist es von großer Bedeutung, das Verhalten und die Wertmaßstäbe der Partner zu kennen. Es wäre zu erwarten, dass in der Praxis nur solche Instrumente Verwendung finden, die den Entscheidungsfindungsprozessen der Akteure entsprechen. Dem ist aber nicht so. Die marktlichen Steuerungsinstrumente basieren tatsächlich überwiegend auf dem Prinzip der begrenzten Rationalität, das nicht dem wirklichen Entscheiden mithilfe erweiterter Rationalität entspricht. Keine Ausnahme bilden die Zertifizierungssysteme, die sozialer Verantwortung und Umweltbewusstsein zwar einen hohen Stellenwert einräumen, jedoch Nachhaltigkeit nicht als Prinzip, sondern als Handelsware betrachten. Das führt zwar vereinzelt zu qualitätvollerer gebauter Umwelt, überwindet aber nicht die Hürde, grundsätzlich integrativ rationale Entscheidungen bei allen Akteuren zu veranlassen.
3.	Schwerpunkt der Nutzen- und Wertdimension 'Wirtschaftsleistung' –	Die starke Präsenz jener Akteure mit monetärer Nutzenerwartung führt entsprechend zu vielen Marktinstrumenten, die genau auf ihre Ziele zugeschnitten sind. Auf diese Weise wird die Schwerpunktlage monetärer Nutzendimensionen fatalerweise noch verstärkt.
4.	Opportunistische Ziele der Akteure =	Ähnlich wie bei den Instrumenten des Rechts kann auch bei den marktlichen Instrumenten schwer eingeschätzt werden, wie sich der Einfluss auf die persönlichen Ziele einzelner Akteure auswirkt. Hierzu wäre es erforderlich, die speziellen Umstände im konkreten Fall zu kennen.
5.	Gegenläufige Primärziele unter den Akteuren +	Um im Wettbewerb bestehen zu können, sind die Akteure ständig auf der Suche nach Innovationen. Dabei sind diejenigen Akteure im Vorteil, die sich besonders für die Belange und Präferenzen der Geschäftspartner einsetzen. Instrumente des Marktes können sich nur dann durchsetzen, wenn alle Beteiligten ihre Position ausreichend vertreten sehen. Ansonsten werden alternative Investitionen mit anderen Partnern getätigt, die ggf. über besser zugeschnittene Methoden verfügen. Die Instrumente des Marktes sind demzufolge üblicherweise recht gut auf unterschiedliche Primärziele der Akteure abgestimmt.

6.	Mangelnde ebenenübergreifende Stringenz =	Es kann auch bei der ebenenübergreifenden (vertikalen) Zusammenarbeit (Individuum, Rollenverband, Stakeholder-Netzwerk) kein marktliches Steuerungsinstrument ausgemacht werden, das nachhaltige Entscheidungen auf allen Ebenen befördert und bevorzugt.

Tab. 16: Wirkung von Instrumenten des Marktes auf Barrieren nachhaltigen Entscheidens[262]
– Überwiegend negative Auswirkung auf das Hemmnis (Verstärkung)
+ Überwiegend positive Auswirkung auf das Hemmnis (Abschwächung)
= Keine Auswirkung auf das Hemmnis bzw. keine Relevanz

10.4.2 Instrumente des Rechts

Die Instrumente des Rechts (vgl. Tab. 17) dienen Behörden der Städte, Länder und des Bundes, hier verstanden als Gesetzgeber und Legislative. Sie zeichnen sich in der Hauptsache dadurch aus, dass sie obligatorischer Natur oder haftungsrechtlich relevant sind. Der Akteur unterliegt der Verpflichtung zur Einhaltung bestimmter Regeln, nicht nur bei Planung und Bauausführung, sondern auch im Zuge der Bewirtschaftung, Nutzung und Transaktion von Gebäuden. Instrumente des Rechts haben daher eine hohe Bindungswirkung und können sehr gezielt bezüglich bestimmter Akteursgruppen und im Hinblick auf zu erreichende Zwecke installiert werden. Ihre Einführung unterliegt jedoch anspruchsvollen Verfahren.

262 Eigene Darstellung.

Identifizierte Barrieren		Wirkung von Instrumenten des Rechts
1.	Inter- und Intrarollenkonflikte =	Gesetze, technische Normen, Deklarationen etc. dienen dem Zweck, die Qualität des Produktes (hier: Gebäude) sicherzustellen und die Geschäftsverhältnisse der Akteure untereinander zu ordnen und ggf. zu klären. Sie konzentrieren sich auf den Austausch der Akteure untereinander und ihr Handelsgut. Sie beziehen sich damit ausdrücklich *nicht* auf das Selbstverständnis des Akteurs in seiner Rolle und bleiben bei Rollenkonflikten, die gesellschaftlich definiert werden, außen vor. Es kann allenfalls eine indirekte positive Einflussnahme stattfinden durch Bewußtseinsschärfung über den Zeitverlauf.
2.	Unvollkommenheit des Rationalitätsprinzips =	Instrumente des Rechts erfordern bestimmte situative Voraussetzungen, um angewendet werden zu können. Um in möglichst vielen Fällen Klärung herbeiführen zu können und Rechtswirksamkeit zu erlangen, ist ein gewisses Maß an Abstraktion erforderlich. Konkrete Anweisungen, wie in bestimmten Fällen zu handeln ist, und welche Eingangsfaktoren zu berücksichtigen sind, werden vermieden. Das Prinzip integrativ rationaler Handlungen kann schon deshalb nicht Eingang finden, weil keine Standards existieren, die im Streitfall (gerichtliche Auseinandersetzung) eine Beweisführung ermöglichen. Allein die Definition von Standards scheitert an dem weit verzweigten Verständnis von Nachhaltigkeit (stark, schwach, kritisch und ggf. Mischformen).
3.	Schwerpunkt der Nutzen- und Wertdimension 'Wirtschaftsleistung' +	Durch die festgesetzten Forderungen an Güte, Qualität und Garantien bei der baulichen Ausführung wirken Instrumente des Rechts ausgleichend zu den monetären Nutzenaspekten einzelner (einflussstarker) Akteure. Sofern dadurch Anreize für Investitionen verloren gehen, werden beispielsweise steuerliche Vergünstigungen angeboten, die diesen Trend wieder umkehren sollen (Beispiel der Vergünstigungen für auflagenstarkes denkmalgerechtes Sanieren und Bauen).
4.	Opportunistische Ziele der Akteure =	Eine Einflussnahme durch Instrumente des Rechts ist schwer einschätzbar, da opportunistische Ziele aus der persönlichen Situation des einzelnen Akteurs herrühren. In der Regel kann davon ausgegangen werden, dass die rechtlichen Instrumente zumindest keine aktive Rolle spielen. Sie können das Verfolgen rein opportunistischer Ziele erschweren, aber auch erleichtern. Akteure suchen konkret nach "Schlupflöchern" in der Gesetzgebung.

5.	Gegenläufige Primärziele unter den Akteuren =	Grundsätzlich sind Instrumente des Rechts nicht vorgesehen, jedem Stakeholder zu größtmöglichem Nutzen durch Projekte jedweder Art zu verhelfen, es findet aber fallweise eine indirekte (und dadurch unkontrollierte) Unterstützung oder Behinderung statt, wie beispielsweise beim Nutzer-Investor-Dilemma. Eine allgemeingültige Aussage kann hierzu allerdings nicht getroffen werden, da Sekundäreffekte rechtlicher Instrumente immer erst im Nachhinein offenbar werden und positiver wie negativer Natur für die Akteure oder die Projektstrategie sein können.
6.	Mangelnde ebenenübergreifende Stringenz –	Ähnlich wie bei der Barriere der gegenläufigen Primärziele sind Instrumente des Rechts nicht das adäquate Medium, um Verständigungsprobleme zu lösen und strategische Ziele von Akteuren in die Tat umzusetzen. Allerdings dürfen sie, gerade im Fall von Nachhaltigkeitsstrategien, die im gesellschaftlichen Interessen sein sollten, auch kein Hindernis darstellen. Diese Voraussetzung ist nicht immer gegeben, wie beispielsweise durch oft langwierige bürokratische Verfahren, inkonsequente und regionaltypische Anwendung der Denkmalschutzgesetze oder Festhalten an Normen, die nicht mehr den allgemein anerkannten Regeln der Technik entsprechen. Solche Vorgänge erschweren im Stakeholder-Netzwerk mühsam verhandelte Planungsentscheidungen zusätzlich.

Tab. 17: Wirkung von Instrumenten des Rechts auf Hemmnisse nachhaltigen Entscheidens[263]
– Überwiegend negative Auswirkung auf das Hemmnis (Verstärkung)
+ Überwiegend positive Auswirkung auf das Hemmnis (Abschwächung)
= Keine Auswirkung auf das Hemmnis bzw. keine Relevanz

10.4.3 Instrumente von Politik und Interessengruppen

Einige Instrumente, die Nachhaltigkeitsaspekte bei Gebäuden verbreiten sollen, sind nicht eindeutig der rechtlichen oder marktlichen Seite zuordenbar. Sie verfügen nicht über die Bindungswirkung der Instrumente des Rechts, unterliegen aber auch nicht dem marktwirtschaftlichen Zwang, einen ökonomischen Mehrwert liefern zu müssen. Instrumente von Politik und Interessengruppen (vgl. Tab. 18) gehen einen hybriden Mittelweg, indem sie einerseits der Idee Nachhaltigkeit zu verbreiten verpflichtet sind, andererseits auch Anreize setzen können (z. B. finanzielle), die für alle Markt-

263 Eigene Darstellung.

teilnehmer von Interesse sind. Auf diese Weise wird Nachhaltigkeit beispielsweise als Gegenleistung für finanzielle Hilfen eingefordert.

Politik und Interessengruppen nutzen aber ihre Popularität, nicht nur um zu fördern, sondern auch um Gegner ihrer "guten Sache" öffentlich an den Pranger zu stellen. Instrumente der Abschreckung wie der *Corporate Crime Report* machen sich die Tatsache zu nutze, dass Imageschädigung am Markt den Exitus bedeuten kann und Unternehmen aus Angst vor diesem Schicksal freiwillig bereit sind, in Nachhaltigkeit zu investieren.

Identifizierte Barrieren		**Wirkung von Instrumenten von Politik & Interessengruppen**
1.	Inter- und Intrarollenkonflikte =/+	Zu den Eigenschaften der politischen Institutionen gehört es unter anderem, Konflikte zu moderieren und sich trotz Meinungsverschiedenheiten gemeinsam bestimmter Anliegen zu widmen. Der Politik ist der Umgang mit verschiedenen Rollenvertretern vertraut. Ihre Instrumente so zu entwickeln, dass sie rollenübergreifende Akzeptanz finden und ihnen zu Popularität und Verbreitung verhelfen, gehört zum Kerngeschäft von Politik und Lobby. Die aufgeführten Instrumente können jedoch den Anspruch nicht ganz befriedigen. Anreize über Finanzhilfen zu setzen (z.B. zinsgünstige Darlehen), ist oft kurzfristig wirksam, jedoch nicht nachhaltig. Wird das Anreizprogramm zurückgezogen, stirbt absehbar auch das beabsichtigte Ziel. Als wesentlich effektiver dürften sich Bildungsprogramme zur Nachhaltigkeit, insbesondere bei Kindern und dem beruflichen Nachwuchs herausstellen. Zukünftigen Rollenkonflikten in der Gesellschaft kann vorgebeugt werden, indem alte Rollenbilder durch eine neue Generation verändert werden. Enthüllungskampagnen wirken bereits in der Gegenwart. Sie sind unter Umständen in der Lage, Rollenkonflikte aufzulösen, um nachhaltigem Handeln den Vorzug geben zu können. Möglicherweise wirken Instrumente der Abschreckung aber nur kurzzeitig. Die Effektivität solcher Maßnahmen ist also eher unbestimmt.

2.	Unvollkommenheit des Rationalitätsprinzips =/+	Ob finanzielle Hilfen, Förderungen oder Begünstigungen bei nachhaltigen Bauprojekten mittelfristig zu einer neuen Qualität rationaler Entscheidungen führen werden, sei angezweifelt. Umso erfolgversprechender dürften diesbezüglich aber Bildungsprogramme gewertet werden, die Akteuren die notwendige kritische Reflexion in Bezug auf ihre bisherigen, begrenzt rationalen Entscheidungen ermöglicht.
3.	Schwerpunkt der Nutzen- und Wertdimension 'Wirtschaftsleistung' –	Instrumente der Politik in Form von Anreizen sind üblicherweise monetärer Art. Verfügungsrechte können von dieser Institution in der Regel nicht vergeben werden. Jedoch bestünde die Möglichkeit, andere Anreizsysteme zu entwickeln, was derzeit nicht geschieht. Daher unterstützen Politik und Interessengruppen die starke Fokussierung auf den ökonomischen Nutzen von Gebäuden und damit die Einflussstärke der Finanzakteure und Investoren.
4.	Opportunistische Ziele der Akteure =	Zu den verborgenen Zielen einiger Akteure kann auch in Bezug auf politische Instrumente schwer Stellung bezogen werden. Jedenfalls ist derzeit kein Instrument identifizierbar, das opportunistisches Verhalten direkt oder indirekt zu steuern vermag.
5.	Gegenläufige Primärziele unter den Akteuren =	Die aufgeführten politischen Instrumente sind in Bezug auf die Nivellierung von unterschiedlichen Interessen nicht hilfreich. Durch die Art der installierten Programme wird angestoßen, dass bauliche Investitionen unter Nachhaltigkeitsgesichtspunkten überhaupt getätigt werden; es findet jedoch keine Auseinandersetzung mit dem Projektteam statt, sodass Nachhaltigkeit in Planung und Prozessen keine Rolle spielt. Demzufolge werden Hindernisse aus gegenläufigen Akteurszielen nicht tangiert.
6.	Mangelnde ebenenübergreifende Stringenz =	Die vertikale Zusammenarbeit zwischen den Akteuren wird im nachhaltigen Sinn kaum tangiert. Lediglich das Instrument der Bildungsprogramme könnte – je nach inhaltlicher Ausrichtung – es ermöglichen, dass Nachhaltigkeitsziele beim Durchlaufen mehrerer Entscheidungsinstanzen nicht verloren gehen.

Tab. 18: Wirkung von Instrumenten der Politik und Interessengruppen auf Barrieren nachhaltigen Ent scheidens[264]
– Überwiegend negative Auswirkung auf das Hemmnis (Verstärkung)
+ Überwiegend positive Auswirkung auf das Hemmnis (Abschwächung)
= Keine Auswirkung auf das Hemmnis bzw. keine Relevanz

264 Eigene Darstellung.

10.4.4 Instrumente einzelner Stakeholder

Neben den bisher aufgezeigten Steuerungsinstrumenten der Institutionen des Rechts, des Marktes sowie von Politik und Interessengruppen existiert eine Reihe weiterer, die bisher nicht zugeordnet werden konnte. Dabei handelt es sich um Verfahren, die Unternehmen oder Gesellschaften für sich selbst entwickelt haben oder für ein besonderes Projekt konzipierten (vgl. Tab. 19). Dahinter steht fast immer erstens die Verbesserung des Firmenimages gegenüber Projektpartnern und Kunden und zweitens die Reduktion von Kosten. Da diese Instrumente auf freiwilliger Basis angewendet werden, jederzeit verändert oder abgesetzt werden können und ausschließlich der Besserstellung der steuernden Institution selbst dienen, ist zu hinterfragen, ob sie überhaupt als Steuerungsinstrument für eine nachhaltige bauliche Entwicklung in Deutschland bezeichnet werden dürfen. Der Vollständigkeit halber seien sie hier genannt.

Zudem können sie wertvolle Anregungen für die zukünftige Erarbeitung von Instrumenten anderer Institutionen liefern. Politische Institutionen beobachten das veränderte Marktverhalten aufgrund von unternehmerischen Selbstverpflichtungen aufmerksam, um daraus Lehren für die spätere Gesetzgebung zu ziehen. Gegebenenfalls werden die hier getesteten Instrumente später in modifizierter Form mit rechtlicher Bindungswirkung ausgestattet. Dem Markt wird signalisiert: '*Solange Ihr Eure Versprechen zum vereinbarten Handeln einhaltet, wird der Gesetzgeber auf Sanktionen und Verpflichtungen verzichten.*' Auf diese Weise können die Instrumente einzelner Akteursgruppen mittelbar starken Bindungscharakter erhalten.

Identifizierte Barrieren		Wirkung von Instrumenten einzelner Stakeholder
1.	Inter- und Intrarollenkonflikte +	Neben Imageverbesserung und Kostenreduktion kann der Zweck eigener Instrumente auch in der Reduzierung interner Interessenskonflikte liegen. Durch Formulieren eigener Statuten, die für alle Unternehmensmitglieder gleich welcher Rolle gelten, können Prioritäten der Nachhaltigkeit in der Firmenstrategie verortet werden.
2.	Unvollkommenheit des Rationalitätsprinzips +	Akteurseigene Instrumente zur Nachhaltigkeitssteuerung sind auf der strategischen Ebene dazu geeignet, den Entscheidern das Bewusstsein zu vermitteln, dass Nachhaltigkeit nicht nur in einzelnen Abläufen integriert wird, sondern alle Entscheidungsprozesse betroffen sein müssen. Dazu ist das nutzenmaximierende Entscheidungsprinzip konsequent zu erweitern. Die aufgeführten Instrumente können dazu hilfreich sein.

3.	Schwerpunkt der Nutzen- und Wertdimension 'Wirtschaftsleistung' –	Akteure mit monetärer Zielsetzung, die eigene Instrumente zur Bindung an Nachhaltigkeitsziele entwerfen, tun dies erwartungsgemäß, um für zukünftige Projekte Investitionsrisiken zu begrenzen. Die Instrumente werden so gestaltet sein, wie sie der Art der Nutzenerwartung gegenüber dem Projekt bestmöglich entsprechen. Vorhandene pekuniäre Ziele werden demnach auf diese Weise eher untermauert denn gemildert. Alles andere würde einer Neuausrichtung des Geschäftszwecks gleichkommen, was kaum die Absicht für die eigene Entwicklung von Nachhaltigkeitsinstrumenten sein dürfte.
4.	Opportunistische Ziele der Akteure =/+	Die opportunistischen Ziele Einzelner bleiben den Projektpartnern üblicherweise verborgen, da sie sich innerhalb des Netzwerkes auf diese Weise am besten verfolgen lassen. Somit können hauseigene Instrumente der Unternehmen oder der Geschäftspartner wenig ausrichten, es sei denn, sie korrelieren mit der Personalstrategie. Konzepte wie Corporate Social Responsibility wären als einzige geeignet, das Nachhaltigkeits-Hemmnis des Opportunismus zu beeinflussen.
5.	Gegenläufige Primärziele unter den Akteuren =	Selbstverpflichtungen und verhandelte Abkommen lassen sich nur einführen, wenn die Emittenten dieser Instrumente sich auf die gegenseitigen Verantwortlichkeiten einigen konnten und der Überzeugung sind, die Zielsetzung des Projektpartners mittragen zu können. Es handelt sich demzufolge um eine absolut gängige vertragliche Vereinbarung, jedoch hier unter Einbeziehung nachhaltiger Gesichtspunkte – kein wirklich innovatives Instrument, da Nachhaltigkeitsaspekte wieder nur als Nebenbedingung geführt werden.
6.	Mangelnde ebenenübergreifende Stringenz +	Die vertikale Stringenz nachhaltiger Entscheidungen kann tatsächlich durch spezifische Instrumente einzelner Akteure verbessert werden, optimalerweise unter der Voraussetzung, dass auch auf horizontaler Ebene (bei der Akteurskooperation, den Unternehmens-Allianzen) entsprechende Abkommen geschlossen wurden. Ansonsten würde der nachhaltig ausgerichtete Entscheidungsprozess auf der Ebene des Rollenverbands gestoppt, um auf der Ebene des Stakeholdernetzwerkes dem Risiko verwässert zu werden, ausgesetzt zu sein. Die Umsetzung von ebenenübergreifenden Instrumenten liegt in der Verantwortung von Schlüsselakteuren.

Tab. 19: Wirkung von Instrumenten einzelner Stakeholder auf Barrieren nachhaltigen Entscheidens[265]
– Überwiegend negative Auswirkung auf das Hemmnis (Verstärkung)
+ Überwiegend positive Auswirkung auf das Hemmnis (Abschwächung)
= Keine Auswirkung auf das Hemmnis bzw. keine Relevanz

10.5 Ursachen und Hintergründe der defizitären Steuerungssituation

Insgesamt scheint es, dass die verschiedenen Institutionen bei der Entwicklung von Nachhaltigkeitsinstrumenten für Güter und Leistungen der Bau- und Immobilienbranche keinem roten Faden gefolgt sind, sich untereinander auch nicht auf ein gemeinsames Konzept beziehen. Es finden sich Überlagerungen wie auch Lücken bei der Steuerungswirkung. Dafür können verschiedene Problemfelder verantwortlich gemacht werden, die sich folgenreich zeigen bei:

- der Integration der Steuerung
- der Folgen- und Wirkungsabschätzung der Instrumente
- den Kosten und dem Personalaufwand

10.5.1 Integration der Steuerung

Obwohl Deutschland bereits seit 2002 über eine nationale Nachhaltigkeitsstrategie verfügt, ist der Immobilien-Policymix in Deutschland offenbar ohne übergeordnetes System patchworkartig und unkoordiniert entstanden. Ob im Vorfeld eine Analyse der Besonderheiten immobilienspezifischer Akteursnetzwerke vorgenommen wurde, ist anzuzweifeln. Auch branchenübergreifend wird Deutschland eine nur schwache horizontale und vertikale Integration der Nachhaltigkeitsstrategie in die Politik bescheinigt,[266] wofür letztlich auch die verfassungsmäßige Struktur des Landes (wie der Föderalismus) ursächlich ist.

Eine aktuelle Studie im Auftrag des Bundesministeriums für Bildung und Forschung (BMBF/FONA) hat Nachhaltigkeitsstrategien im internationalen Vergleich gegenübergestellt und kommt für Deutschland zu dem Ergebnis, dass in Politik und Regierung eine Beteiligung externer Akteure an der Entwicklung kaum stattfindet.[267] So fehlt weitgehend eine allgemeine ausgewogene Integration der marktlichen Steuerungsinstrumente in die politischen. In Bezug auf den Teilbereich der Bau- und Immobili-

265 Eigene Darstellung.

266 Stigson 2009, S. 59 ff.

267 Quitzow 2011a (noch unveröffentlichtes Manuskript).

enbranche trifft dies im Besonderen zu. Insgesamt dienen politische Nachhaltigkeitsstrategien eher kommunikativen Zwecken, also einer positiven Außendarstellung. Elemente wie Fortschrittsberichte, Steuerungs- oder Beratungsgremien sind auf Bundesebene vereinzelt eingeführt worden, finden aber auf Länderebene und in den Kommunen selten ein korrespondierendes Pendant.

Eine starke politische Dominanz bei der Steuerung kann gleichwohl problematisch sein. Zwar werden diejenigen Stimmen immer lauter, die den Institutionen des Rechts und der Politik die hauptsächliche Verantwortung für die Durchsetzung nachhaltigen Lebens im Allgemeinen und nachhaltigen Bauens im Besonderen zuschieben, was von deren Vertretern vermehrt auch auf internationaler Bühne kaum noch in Abrede gestellt wird:

> *"To overcome these barriers governments must take the lead by prioritizing the building sector in their national climate change strategies [...]"* [268]

Dennoch ist unbestritten, dass nachhaltige Steuerung nur ganzheitlich durch ein Ineinandergreifen aller Institutionen erfolgreich sein kann. Die ordnungsrechtlichen Zwänge der Institutionen des Rechts sind allein weder ausreichend noch effektiv. Im Extremfall können übergeordnete Institutionen auch als Gegner verstanden werden, gegen die es sich abzugrenzen gilt und deren Auflagen mit allen Mitteln zu umgehen versucht wird.[269] Allgemein zeichnen sich die in Deutschland zum Einsatz kommenden Instrumente durch Gebote (Standards) und Verbote aus, was von den Wirtschaftsakteuren bisweilen als Einschränkung marktkonformer Unternehmensführung und Benachteiligung im internationalen Wettbewerb interpretiert wird.

Verpflichtungen aus Geboten und Verboten wird insbesondere dann nicht entsprochen, wenn der Akteur die Zweck-Mittel-Beziehung (Äquivalenz zwischen ökologischer Last und Ausgleichsinstrument) nicht erkennt, die Schärfe der eingeforderten Verpflichtung nicht nachvollziehen kann oder sich gegenüber anderen Akteuren (auch international) wiederholt übervorteilt sieht. So läuft ordnungspolitische Steuerung Gefahr, unflexibel, ungerecht und unverhältnismäßig zu sein. Hinzu kommt eine anzuzweifelnde Wirtschaftlichkeit bei Einführung und Begleitung, die ex ante schwer einzuschätzen ist.

Um dennoch die strategische Zielsetzung nachhaltigen Wirtschaftens zu gewährleisten, ohne im Versagensfall kostenintensive Sanktionsmaßnahmen durchsetzen zu müssen, sind Steuerungsinstrumente sinnvoll, die den Akteuren einen gewissen Spielraum an Eigenverantwortung und freier Entscheidung lassen. Hier wird eine Kombination der politisch-administrativen mit dezentralen Kooperationssystemen (wie eigenständig entwickelten und marktlich verhandelten) bedeutsam, deren Erfolg einer Evaluation unterliegt.[270] Der Begriff des 'New Public Management' hat sich etabliert.

---

268 UNEP 2009, S. 8.

269 Wirnschimmel 1999, S. 106. Das Alpha-Beta-Gamma-Omega-Modell (vgl. Kap. 8) beschreibt unter anderem konfligierende Situationen, die sich aus hierarchischen Rangpositionen ergeben.

270 Fürst 1995, S. 105.

10.5.2 Folgen- und Wirkungsabschätzung

Es verbleiben einerseits große Lücken in der vorhandenen Instrumentenliste, um die beschriebenen Barrieren nachhaltigen Entscheidens zu beseitigen, andererseits ist nicht ausgeschlossen, dass sich vorhandene Instrumente so überlagern, dass der Steuerungseinfluss gemindert oder sogar neutralisiert wird. Die Entwicklung, Veränderung oder Abschaltung eines Instrumentes führt mit hoher Wahrscheinlichkeit zu einem geänderten Akteursverhalten in Bezug auf andere Steuerungsinstrumente.[271] Solche Effekte sind im Vorfeld schwer abschätzbar, was gelegentlich zum Erstarren des Entwicklungsprozesses führen mag, aus Sorge, die allgemeine Situation noch zu verschlimmern.

An anderer Stelle sind bereits gute politische Steuerungsansätze erarbeitet worden, jedoch in ihrer administrativen Durchführung mit derart geringer Bindungswirkung ausgestattet, dass sie nicht die Beachtung finden, die wünschenswert wäre (beispielsweise ist zu nennen der *Leitfaden Nachhaltiges Bauen* des Bundes). Neue und effektive Steuerungsansätze zur Förderung nachhaltigen Bauens könnte die aktive Einbindung von Unternehmen und der Privatwirtschaft zu sogenannten *Policy-Shaping-Partnerschaften* darstellen.[272] Dabei setzt man auf Dialog zwischen den Partnern bei der Vorbereitung gesetzlicher Rahmengebung und der Entwicklung politischer Strategien, wie dies durch Selbstverpflichtungen in etwa zu *Corporate Social Responsibility* oder *Biodiversity in Good Company* im Unternehmensleitbild umgesetzt werden könnte.

10.5.3 Kosten und Personalaufwand

Letztlich ergeben sich Fragen hinsichtlich der Finanzierbarkeit von Steuerungsinstrumenten. Insbesondere in Bezug auf die politischen Instrumente sind Anreizsysteme wie Förderungen und Subventionen und ihre Kontrollen zu finanzieren; bei Zwangssystemen wie Strafen und Steuern sind erhebliche Mittel für gerichtliche und außergerichtliche Streitfälle einzukalkulieren. Darüber hinaus erfordert bereits die Implementierung der Instrumente teilweise erheblichen Aufwand an Zeit, Personal- und Sachkosten. Politische Entscheidungsprozesse sind erfahrungsgemäß zäh. Ihre Umsetzung in geltendes Recht in einer Demokratie ist naturgemäß langwierig – insbesondere dann, wenn späteres Nachbessern möglichst verhindert werden soll, um das Image der Institution nicht zu belasten.[273] Auch für die Gebäudewirtschaft ist

271 Olson 1965, S. 825.

272 Quitzow 2011b.

273 Fürst 1995, S. 112.

der Klimaschutz mit Kosten verbunden, die bei Weitem nicht vollständig durch höhere Gewinne aus Mieten und Vertrieb sowie Einsparungen bei den Energiekosten aufgewogen werden. Mit dem Bündel an derzeitigen Instrumenten ist es fraglich, ob die ehrgeizigen Ziele der Bundesregierung[274] und die hinsichtlich der Klimaveränderung notwendigen Verhaltensänderungen erreicht werden können.

10.6 Stand der Konfliktbewältigung bei der Nachhaltigkeitssteuerung

Anhand der zusammengetragenen Barrieren im Zusammenhang mit nachhaltigkeitskonformen Entscheidungen wurden die aktuell in Deutschland verbreiteten Steuerungsinstrumente in Bezug auf Immobilien bewertet. Dabei wurden die Instrumente rechtlicher, marktlicher und politischer Institutionen, sowie akteurseigene Instrumente getrennt untersucht. Das Ergebnis muss als unbefriedigend bezeichnet werden.

Die folgende Tabelle 20 stellt die aktuelle Steuerungssituation in Bezug auf die identifizierten Barrieren nachhaltigen Entscheidens zusammenfassend dar.

Obwohl durchaus eine nennenswerte Anzahl von Instrumenten zur Verfügung steht und unterschiedliche Ansätze existieren, werden viele der identifizierten Barrieren durch sie nicht berührt oder sogar noch verstärkt. Vor diesem Hintergrund verwundert es nicht, dass es bei den Immobilienakteuren größtenteils bei Absichtserklärungen bleibt, während tatsächliches nachhaltiges Entscheiden im geschäftlichen Alltag eher schwerfällt.

274 Eekhoff 2009.

		Instrumente des Marktes	Instrumente des Rechts	Instrumente von Politik & Interessen-gruppen	Instrumente einzelner Sta-keholder
1	Inter- und Intrarol-lenkonflikte	+	=	=/+	+
2	Unvollkommenheit des Rationalitäts-prinzips	–	=	=/+	+
3	Schwerpunkt der Nutzen- und Wert-dimension 'Wirt-schaftsleistung'	–	+	–	–
4	Opportunistische Ziele der Akteure	=	=	=	=/+
5	Gegenläufige Pri-märziele unter den Akteuren	+	=	=	=
6	Mangelnde ebe-nen-übergreifende Stringenz	=	–	=	+

Tab. 20: Steuerungseinfluss auf identifizierte Barrieren nachhaltigen Entscheidens. Ergebniszu sammenfassung der Analyse[275]

– Überwiegend negative Auswirkung auf das Hemmnis (Verstärkung)
+ Überwiegend positive Auswirkung auf das Hemmnis (Abschwächung)
= Keine Auswirkung auf das Hemmnis bzw. keine Relevanz

Basierend auf oben geführter Argumentation muss im Einzelnen festgestellt werden:

1. Inter- und Intrarollenkonflikte werden durch die bestehenden Instrumente tendenziell entschärft.
2. Die Unvollkommenheit des Rationalitätsprinzips wird unterschiedlich gestreift. Eine Verbesserung der Situation kann derzeit – wenn überhaupt – nur von akteurseigenen Instrumenten erwartet werden.
3. Der Schwerpunkt der Nutzen- und Wertdimension 'Wirtschaftsleistung' wird durch die bestehenden Instrumente überwiegend verstärkt. Lediglich die Instrumente des Rechts versuchen hier entgegenzuwirken.
4. Opportunistisches Verhalten der Akteure kann durch die bestehenden Instrumente weder erkannt noch verhindert werden. Einwirkungen jedweder Art sind im Allgemeinen nicht erkennbar.

275 Eigene Darstellung.

5. Gegenläufige Primärziele unter den Akteuren werden durch die Instrumente kaum tangiert. Teilweise findet eine Abschwächung der Barriere statt. Insgesamt wird dieses Hemmnis eher nicht berührt.
6. Mangelnde ebenenübergreifende Stringenz wird als Barriere von einigen Instrumenten, insbesondere den rechtlichen, noch stärker negativ beeinflusst. Dagegen dürften gezielte Instrumente der Stakeholder selbst geeignet sein, die Problematik zu entschärfen.

Für das weitere Vorgehen wird folgender Frage nachgegangen, die vorwiegend inhaltlich – weniger strukturbezogen – orientiert ist:

- Wo liegt zum gegenwärtigen Zeitpunkt das Potenzial für verbesserte Instrumente und wo müssen sie ansetzen?

Darüber hinaus wird auf weitere Fragen eingegangen werden, die sich formal-strukturell orientieren:

- Welchen Institutionen sollten die Instrumente zugeordnet sein?
- Wie könnte ein Grundgerüst zum Ablauf der Implementierung eines ganzheitlichen instrumentellen Systems aussehen?

Wenngleich die letzten beiden Fragen im Rahmen dieser Arbeit nicht in aller Ausführlichkeit behandelt werden können, da Komplexität und Umfang zweifelsfrei einer eigenen Untersuchung bedürfen, so kann doch stellenweise ein kurzer Einblick nicht unterbleiben.

Das folgende Kapitel ist der Thematik zugedacht, gegen die Barrieren nachhaltigen Entscheidens einige konzeptionelle Ansätze aufzuzeigen.

10.7 Originäre Methoden der Nachhaltigkeitssteuerung

Dass in dieser Situation dennoch eine gewisse Zahl von Gebäuden und Prozessen unter Berücksichtigung einiger, wenngleich nicht konsequent aller Nachhaltigkeitsaspekte realisiert wird, ist fast verwunderlich. Doch dies ist wohl eher der Popularität des Themas in anderen Lebensbereichen geschuldet (Ernährung und Gesundheit, Wetter und Klima, Energie und Ressourcen) denn den Bemühungen der politisch-institutionellen Vertreter.

Der kurze Abriss über die Art, wie derzeit Governance im Immobilienbereich betrieben wird, zeigt: Die Herausforderungen stecken nicht nur in der Entscheidung über Inhalte der Nachhaltigkeitsimplementierung, sondern auch in der formalen Gestaltung und strukturellen Anordnung der Instrumente innerhalb der Institutionen.

In der ökonomischen Forschung finden sich bereits zwei anerkannte Methoden, auf die geänderten Anforderungen der Steuerung von Akteursverhalten einzugehen:

- die Umweltsteuer nach *Pigou*
- die handelbaren Emissionsrechte (Zertifikate) nach *Coase*

Beide werden kurz umrissen und in ihrer Brauchbarkeit in Bezug auf die Dezimierung der identifizierten Barrieren nachhaltigen Entscheidens beurteilt.

10.7.1 Die Umweltsteuer

Bei der Umweltsteuer geht es darum, die Akteure über monetäre Belastungen zu einem umweltfreundlichen Verhalten zu veranlassen. Hintergrund ist der Ansatz *Arthur C. Pigous*, der bereits 1912 vorschlug, externe Effekte über ein fiskalisches Äquivalent zu internalisieren, d. h. durch Festsetzen eines Preises Umweltgüter aus dem Schatten der Kostenneutralität zu holen, um sie im Sinne marktwirtschaftlicher Vorgänge künstlich zu verknappen. Die Umwelt geht auf diese Weise in die rein ökonomisch bewertende Wirtschaftlichkeitsrechnung von Unternehmen ein. Sie wird als Steuer über Instrumente des Rechts in den Markt integriert. Zunächst erscheint diese Methode systemkonform zu sein, da sie die verschiedenen Systemparameter gleichzeitig anspricht und einbezieht.

Dennoch offenbaren sich nach nunmehr 100 Jahren der intensiven Diskussion der Pigou-Steuer deutliche Schwierigkeiten und offene Fragen:

- Es wird ganz klar nur die ökologische Dimension der Nachhaltigkeit fokussiert und nicht auf die soziale Dimension abgestellt. Der Ansatz ist nach heutigem Anspruch zu kurz gefasst.
- Die Höhe der Steuersätze bzw. Abgaben ist nicht neutral und unanfechtbar ermittelbar. Für die zugrunde liegenden Äquivalente der Umweltbelastungen sind verschiedene Alternativen denkbar. Hinzu kommt die Frage nach der Verrechnung der ökologischen Sekundärwirkungen, die kaum vorhersehbar sind. Für die Akzeptanz in der Gesellschaft ist jedoch ein allgemein anerkannter und fairer Maßstab zwingend notwendig.
- Die Praktikabilität der Umweltsteuer ist ferner dadurch infrage gestellt, dass lediglich die ökologischen Wirkungen menschlichen Handelns betrachtet,

monetarisiert und ausgeglichen werden sollen, was einem Kurieren von Symptomen – nicht der Krankheit – gleichkommt. Für den Fortbestand der Akteurspräferenzen (mit beispielsweise steigenden Flächen- und Komfortansprüchen, die trotz höherer Technikeffizienz die Umweltbelastung nicht sinken lassen), wird keine Lösung angeboten.[276]

- Auf die Einführung einer Umweltsteuer ist das deutsche Steuerrecht nicht vorbereitet. Es bedarf einer grundsätzlichen Reform des aktuellen Steuersystems, um diesen Ansatz verfolgen zu können. Wie schwierig eine große Steuerreform offenbar ist, zeigen die halbherzigen Vorstöße verschiedener Regierungen der vergangenen Jahrzehnte. Eine Umweltsteuer in Form eines Erweiterungsbausteins auf das bestehende System wäre dagegen ineffektiv und gesellschaftspolitisch nicht durchsetzbar.
- Bezogen auf die besondere Situation der Nachhaltigkeit bei Gebäuden ist die Umweltsteuer als Instrument möglicherweise nicht optimal zielführend. Sie umfasst die Gesamtheit der Güter. Gleichzeitig wäre sie in ihrer Zielgruppenorientierung auf wenige Akteursgruppen eingeschränkt (Verursacherprinzip) und dementsprechend als alleiniges Steuerungstool nicht ausreichend.
- Sinn und Zweck einer Umweltsteuer sollte erstrangig sein, eine Verhaltensänderung bei den Akteuren hervorzurufen – und nicht zur finanziellen Sanierung eines verschuldeten Staatshaushalts beitragen. Diese Prämisse hat leider die Tendenz zu versanden. Die Festsetzung der Abgabenhöhe muss schon rein rechtlich einem betriebswirtschaftlich fundierten *Kostendeckungsprinzip* entsprechen, wodurch die Verhältnismäßigkeit zwischen volkswirtschaftlich legitimierten Gebührenanteilen (Äquivalenz der Steuerhöhe zur Umweltlast) und den Kosten der Leistungsbereitstellung zu hinterfragen wäre.[277]

Hierbei handelt es sich nur um einige der in der Wissenschaft diskutierten Schwierigkeiten hinsichtlich der Umweltsteuer. Sie alle haben letztlich dazu geführt, dass hierzulande bisher noch kein brauchbares Steuerungsinstrument in Anlehnung an die Pigou-Steuer installiert wurde und absehbar wohl auch keine Durchsetzung finden wird.[278] Stattdessen existiert eine abgeschwächte Version, die sich in Form von Umweltgebühren instrumentalisiert hat (Abwasser-, Abfall-, Verpackungsgebühren). Ihre originäre Aufgabe liegt dann auch nicht in der Lenkung von Akteursverhalten, sondern in der Finanzierung von Umweltschutzmaßnahmen und sozialen Projekten, wenngleich sie durchaus über Lenkungseinfluss verfügt, sobald ihre Höhe zur

276 Lee 2004a, S. 12.

277 Lee 2004b, S. 182, 204.

278 Die in Deutschland umgesetzte *Ökosteuer* stellt keine Umweltsteuer im engeren Sinn dar, da es sich um die partielle Umgestaltung bestehender Steuergesetze hin zu einer stärker ökokonformen Lenkung handelt. Die Einnahmen daraus kommen weniger der Umwelt zugute als vielmehr den angeschlagenen sozialen Sicherungssystemen.

Überschreitung der Grenzkosten führt.[279] Umweltgebühren als öffentlich-rechtlichen Finanzinstrumente können im Endeffekt also ebenfalls über eine steuernde Wirkung verfügen.

Kritisch bei der Lenkungsaufgabe durch Steuern und Gebühren ist leider ihre starkte Abhängigkeit von der institutionellen Kontrolle. Erstens ist ihre Wirkung direkt an die lückenlose Durchsetzung der Instrumente gebunden, was bereits vorstehend als problematisch diskutiert wurde, und zweitens ist für die zu steuernden Akteursgruppen oft kein direkter Bezug zur Verbesserung der Umweltsituation erkennbar. Die Zurechenbarkeit der Wirkung ist uneindeutig – insbesondere dann, wenn ein Teil der Einnahmen aus Umweltgebühren anderen staatlichen Einrichtungen zugeführt wird. Einsicht und Verständnis der Akteure über die Notwendigkeit der Steuern und Gebühren ist so nicht zu erwarten, ein Umstand, der im ungünstigsten Fall zu Opportunismus und zur Nutzung sogenannter Gesetzeslücken führen könnte, im besten Fall strukturelle Veränderungen zur Konsequenz hat (z.B. Investitionen in andere Produkte/Dienstleistungen). Die Lenkung verkehrt sich ins Gegenteil ihrer beabsichtigten Wirkung.

10.7.2 Handelbare Emissionsrechte (Zertifikate)

Stärker an der Institution des Marktes orientiert sich ein Ansatz, der auf *Ronald H. Coase* von 1960 zurückgeht. Das sogenannte *Coase-Theorem* beschreibt das Auftreten externer Effekte wie die Übernutzung natürlicher Ressourcen als Mangel an den Akteuren zugewiesenen Verfügungsrechten. Durch die Betrachtung der Umwelt als allgemeines Gut, wird persönliche Verantwortung abgelehnt, beziehungsweise nicht erkannt. Gleichzeitig steigen Gebrauch und Verbrauch aufgrund des kostenlosen und scheinbar unbegrenzten Angebots. Durch privatrechtliche Vereinbarungen wie Handel und Tausch (was auf rechtlicher Basis zu reglementieren wäre), die durch die Akteure freiwillig und optional geschlossen werden, könnte eine marktliche Steuerung erfolgen, die die Umweltnutzung automatisch begrenzt. Als Handelsmedium werden Zertifikate ausgegeben, deren Gesamtheit maximal der vertretbaren Ressourcennutzung entspricht.

Eine wesentliche Voraussetzung für die Effektivität eines solchen Steuerungsinstrumentes ist die Vermeidung bzw. Minimierung von Transaktionskosten im Zuge des Handels.[280] Weiterhin ist es erforderlich, die mit dem Besitz von Zertifikaten einhergehenden Verfügungsrechte ex ante genau zu definieren. Ansonsten wird der Anreiz, sich dieses Instrumentes zu bedienen, gebremst, da Transaktionen sich nicht mehr lohnen oder nur ungewissen Nutzen bringen (Risikogeschäft). Zu starre rechtliche Beschränkungen könnten der Effektivität dieses (wie auch anderen) marktwirtschaftlichen Instrumentes entgegenwirken.

279 Huber 2001, S. 355 ff.

280 Neus 2003, S. 111.

Die Idee des Emissionsrechtehandels ist seit 2003 in geltendes Recht umgesetzt worden – zunächst auf europäischer Ebene, dann seit 2004 auch in Deutschland durch das TEHG (Treibhausgas-Emissionshandelsgesetz). Es sieht vor, dass eine Treibhausgasreduktion durch kontinuierliche Reduzierung der erhältlichen Zertifikate erzwungen wird. Derzeit liegt der politisch ausgehandelte Kompromiss bei einer Reduzierung von 2 % von 2007 bis 2012. Der Preis eines Zertifikates bestimmt sich durch Angebot und Nachfrage.

Zielgruppe und Teilnehmer am Zertifikatehandel sind die Verursacher von Treibhausgasemissionen, wie Kohlendioxid emittierende Betriebe (Eisen- und Stahlverhüttung, Kokereien, Raffinerien, Glas-, Keramik- und Ziegelindustrie etc.). Nicht inkludiert werden etwa die Hälfte der europäischen Kohlendioxidemittenten wie Privathaushalte, Transportgewerbe und Landwirtschaft. Eine Erweiterung der Zielgruppe und die Ausdehnung auf Emittenten anderer schädigender Gase sind geplant.

Bereits kurz nach seiner Einführung konnten am Markt Veränderungen festgestellt werden, die darauf schließen lassen, dass das Instrument tatsächlich eine gewisse Lenkungswirkung besitzt. Zwar konnte bei den Treibhausgasemissionen ein nennenswerter Rückgang verzeichnet werden, allerdings ist der Erfolg nicht zweifelsfrei allein der Einführung des Zertifikatehandels zurechenbar.

Problematisch erscheint bei dem Coase-Ansatz das Verursacherprinzip zu sein. Selbst wenn vorausgesetzt wird, dass das Emissionshandelsgesetz für alle Treibhausgasverursacher gelten würde, geht die Gleichung '*x Zertifikate = y Emissionsrechte = Ressourcenerhalt*' nicht auf. Es erfolgt zwar durch die sinkende Zahl an ausgegebenen Zertifikaten eine stetige Begrenzung der maximal zulässigen Einwirkungen auf die Umwelt, aber die wahren Schäden am Ökosystem werden dadurch nicht quantifiziert und können somit auch nicht den Verursachern zugerechnet werden. Es ist anzunehmen, dass der Preis eines Zertifikates nicht die Höhe der Umweltschäden ausgleicht, die der Gegenwert des Zertifikates als zulässige Emissionsmenge festsetzt – allein wegen der schwer zu prognostizierenden Folgeschäden. Somit stellt sich die Frage, wie mit den Kosten der nicht verrechneten Umweltbelastung umgegangen werden soll.

Die Umweltsteuer nach Pigou und der Emissionshandel nach Coase gehören zu den wissenschaftlich stark diskutierten und kritisch beleuchteten Steuerungsinstrumenten für eine nachhaltige Entwicklung und stehen leider relativ allein der Umweltproblematik gegenüber. Dabei gilt es obendrein zu beachten, dass in der Wissenschaft die These existiert, dass beide Steuerungsinstrumente parallel nicht die angestrebte Wirkung der Verbesserung der volkswirtschaftlichen Situation erzielen können, also nur Entweder-oder eingesetzt werden sollten.[281] Da die Steuerung nach dem Coase-Theorem vorangetrieben wurde, verbliebe für die Umweltsteuer im Augenblick kein Raum. Hier beginnt die Suche nach Alternativen.

281 Endres 1976a, S. 158. Als "Messwerkzeug" dient dem Autor das Kriterium des Pareto-Optimums, das nicht erreichbar sei, wenn beide Instrumente gemeinsam Anwendung finden.

11 Vorschlag eines Systems der Nachhaltigkeitssteuerung

Die Lücken der institutionellen Steuerung konnten anhand einer Gegenüberstellung der Barrieren nachhaltigen Entscheidens mit den bestehenden Steuerungsinstrumenten identifiziert werden. Im Ergebnis sind Defizite feststellbar, die erstens inhaltlich durch neu ausgerichtete Zielsetzungen, und zweitens formal-strukturell durch differenziertes Andocken bei den Institutionen bereinigt werden müssen.

Hierzu wird der Ansatz eines akteurs- und institutionenübergreifenden Steuerungskonzeptes entwickelt, im Folgenden beschrieben als *Sustainable Governance*.

Die Ineffektivität von instrumentalisierten Geboten und Verboten beim Entscheidungsverhalten von Akteuren hat Institutionen des Rechts bisher nicht davon abgehalten, genau auf diesen Grundfesten ihre Umweltpolitik abzustellen.[282] Staatliche Institutionen werden beispielsweise in Zusammenhang mit dem Klimaschutz als 'fördernd und hemmend gleichzeitig' beschrieben.[283]

Jedoch kann nach den Erkenntnissen der theoretischen Akteursanalyse nicht erwartet werden, auf diese Weise nachhaltiges Wirtschaften zu verbreiten und zu verankern. Anhand des *Dynamischen Akteursmodells* wurde gezeigt, dass der Handlungstrieb des Individuums von seinen Werten und Zielen abhängt, die von vielerlei Parametern bestimmt (Intuition, Rolle, Status und Kompetenzen) und auch durch soziale Gruppen geformt werden. Steuerungseingriffe sollten demzufolge nicht erst in letzter Instanz erfolgen, wo lediglich eine Korrektur, jedoch keine Weichenstellung mehr möglich ist. Dabei kommen die Institutionen des Rechts nicht umhin, die Instrumente anderer Institutionen einzubinden und einem gemeinsamen System zu unterstellen.

282 Endres 1976b, S. 1.

283 Beschorner et al. 2005, S. 110. Zwar werden vereinzelt Anreize gesetzt, jedoch besteht erstens aufgrund der schlechten Haushaltslage kaum Durchsetzungskraft und zweitens werden an anderer Stelle Hemmnisse geschaffen (z.B. Denkmalschutzgesetze). Überzeugung und Einsicht bei den Akteuren werden nicht angestrebt.

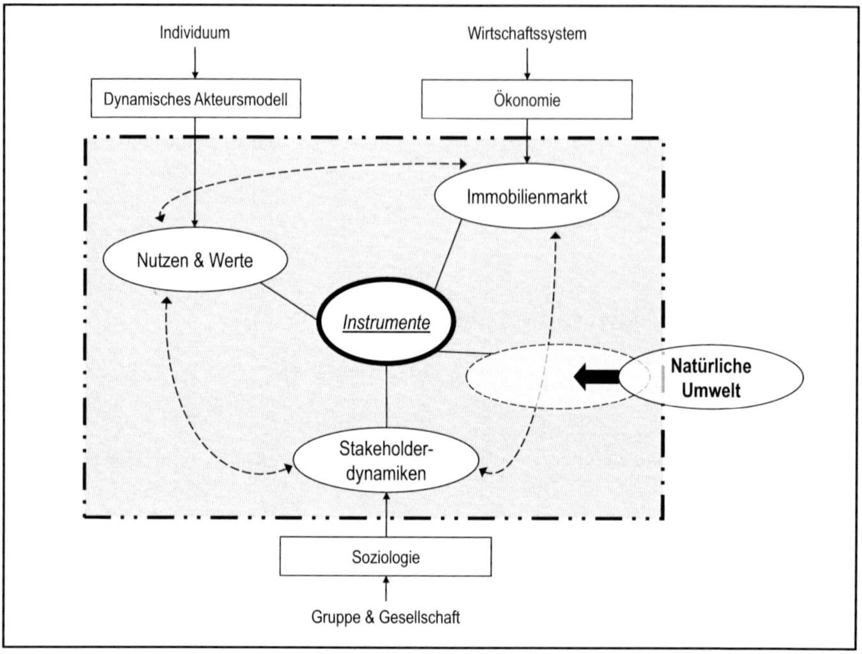

Abb. 23: Durch Steuerungsinstrumente zu erfassende Systemparameter[284]

Den Anspruch an die Institutionen zur Entwicklung von Steuerungsinstrumenten für die Immobilienwirtschaft veranschaulicht Abbildung 23. Die Komposition der Werte und Ziele der Akteure war bisher (und bleibt) immer bestimmend für den Erfolg von Steuerungsinstrumenten. Ein weiterer Faktor, den es beim Einsatz von Instrumenten zu berücksichtigen gilt, ist das geltende Wirtschaftssystem, der Immobilienmarkt, der in gewisser Weise für den Akteur zielprägend ist, da durch ihn Angebot und Nachfrage von Gebäuden koordiniert werden, was wiederum Präferenzen in Bezug auf ihre Ausstattung und Qualität beeinflusst. Mit beiden Faktoren in Interaktion und Abhängigkeit steht jegliche Dynamik innerhalb von Netzwerken und Projektgruppen, die erforderlich ist, um den erzielbaren Nutzen und die erhofften Werte möglichst effizient und sicher zu erreichen. Inmitten dieses Dreierverbunds fand klassisch die Steuerung durch Institutionen statt. Es ist erforderlich, diesem System die natürliche Umwelt als gleichrangigen Partner beizufügen. In einem solchen Status würde sie nicht bloßer Ressourcenlieferant sein, sondern – je nach dem zugrunde liegenden Nachhaltigkeitsgrad (stark, schwach, kritisch) – zugunsten der eigenen Sicherung und Stärkung den übrigen Systempartnern Grenzen setzen.

284 Eigene Darstellung.

Rekapitulierend befindet sich die Betrachtung nun an folgendem Punkt (vgl. Abb. 24): Die erforderlichen Eingangsfaktoren für eine Nachhaltigkeitssteuerung wurden ermittelt und die besonderen Schwächen des derzeitigen Entscheidungsverhaltens in Form von sechs konkreten Barrieren identifiziert. Sie rühren aus dem Objekt in Form der spezifischen Nutzen- und Wertdimensionen, dem Individuum in seinen Rollen, Status und den einschlägigen Kompetenzen (vgl. das *Dynamisches Akteursmodell*), sowie das ihn umgebende Netzwerk der gesamten Stakeholder. Es wurde festgestellt, dass zwar einige Steuerungsinstrumente vorhanden sind, diese jedoch nicht ausreichen, um die Umweltproblematik in den Griff zu bekommen. Was fehlt, ist ein gut bestückter Instrumentenkasten, mithilfe dessen Akteure veranlasst werden, nachhaltige Entscheidungen in nachhaltige Gebäude umsetzen. Es müssen neue beziehungsweise modifizierte Steuerungsinstrumente implementiert werden. Mithilfe einer solchen umfassende Instrumentenpalette sind die Institutionen gemeinsam in der Lage, den Barrieren nachhaltigen Entscheidens entgegen zu steuern und sie letztlich zu überwinden.

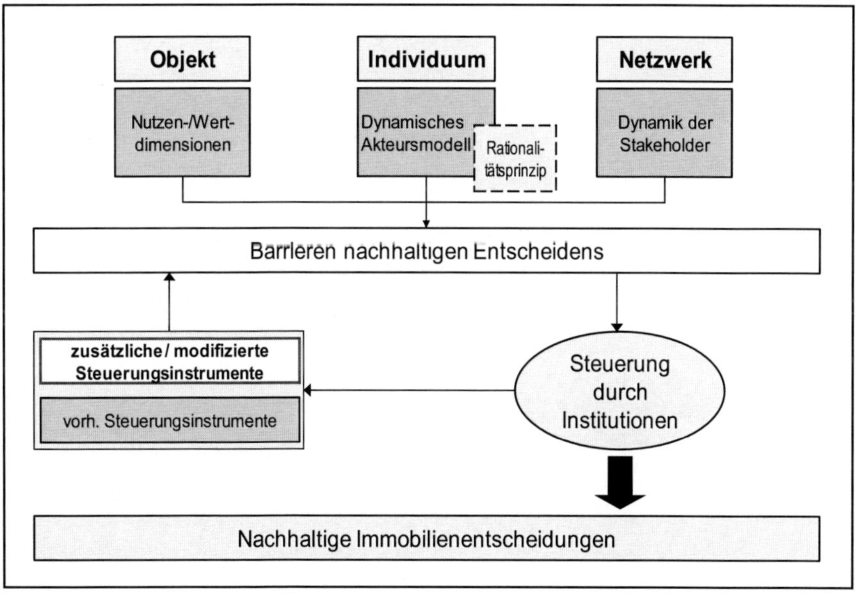

Abb. 24: Stand der Untersuchung[285]

285 Eigene Darstellung.

11.1 Sustainable Governance – Steuerung durch Politik und Markt

Die gesellschaftsweite Implementierung einer Nachhaltigkeitsstrategie im Allgemeinen und die akteursübergreifende Verbreitung nachhaltigen Bauens im Besonderen ist – das haben die Untersuchungen der voranstehenden Kapitel gezeigt – eine systemische Aufgabe. Es ist nicht zu erwarten, dass ein einziges Steuerungsinstrument oder einige wenige erfunden werden können, die das Umweltproblem lösen werden. Eine ganzheitliche Herangehensweise ist erforderlich, bei der nicht nur die gebaute Umwelt, sondern auch jede andere Form der menschlichen Lebenswirklichkeit anvisiert wird und zum Gegenstand der Verhaltensänderung im nachhaltigen Sinn gemacht wird. Einen fehlenden systemischen Ansatz beklagen auch andere wissenschaftliche Arbeiten, die sich zwar auf unterschiedlichem Weg dieser Thematik oder einer ähnlichen Fragestellung nähern, jedoch keinen praktikablen Standard in Form konkreter Steuerungsmittel für eine Umsetzung aufzuweisen haben.[286]

Die institutionelle Steuerung von Individuen oder Gruppen zur Erreichung eines bestimmten Ziels oder zur Unterlassung von entgegengerichteten Aktivitäten ist eine anspruchsvolle strategische Aufgabe, die wie jede andere gute Vorbereitung, ein begleitendes Monitoring und nicht zuletzt eine Vision des angestrebten Zustands erfordert.

An diesem Punkt ist der Rückgriff auf die breite theoretische Analyse des Entscheidungsverhaltens von Akteuren nötig. Der Einblick in ökonomische Modelle hat das tradierte Wirtschaftssystem als eine Ordnung beschrieben, die ökologische und soziokulturelle Effekte im Wesentlichen als Externalitäten klassifiziert und ihnen – zumindest im geschäftlichen Bereich – nur geringen entscheidungsrelevanten Status einräumt. Eben jener wird stärker, wenn er sich entweder als Wettbewerbsvorteil am Markt anbietet oder gesetzlich verankert ist. Diesem Umstand ist Rechnung zu tragen und unter dieser Prämisse sind alle Anstrengungen der Steuerung hin zu einer nachhaltigen Entwicklung zu beurteilen.

Entscheidungen und Verhalten zu steuern, ist ein hauptsächlicher Zweck der Institutionen. Die aufgeführten Steuerungsinstrumente basieren auf dem Prinzip, Akteure zu nachhaltigem Verhalten zu veranlassen, was aufgrund ihrer Werte und Ziele und marktwirtschaftlichen Regeln sonst nicht für sie in Betracht käme bzw. nur als Mittel zum Zweck für sie von Relevanz wäre. Die große Mehrzahl der aktuellen Lenkungsmaßnahmen fußt auf dieser Grundlage, unter anderem auch deshalb, weil sie schnelle Wirkung zeigt. Leider erfordert sie dauerhafte und breit gestreute Instrumente und Kontrollmechanismen. Entfiele die Steuerung der Institutionen, bestünde die Gefahr,

286 Wallbaum et al. 2010; Ostrom 2005; Kopfmüller 2009.

dass ihre bis dato erreichte Anschubwirkung unverzüglich verpuffen würde, es sei denn, Wettbewerbsvorteile seien weiterhin zu erwarten.[287]

Optimalerweise wäre es dann der Markt selbst, der die organisatorische Steuerung hin zu einer nachhaltigen Entwicklung übernimmt;[288] zunächst jedoch hätten die implementierten Lösungen mit dem Wirtschaftsverhalten der Akteure mindestens kompatibel zu sein.

Es existieren vielfältige Vorschläge für das, was es zu tun gilt, um Steuerungslücken zukünftig zu vermeiden. Die Diskussionen reichen von einem autoritären Umweltstaat bis hin zu einer sich von allein regulierenden Marktwirtschaft unter ökokonformen Rahmenbedingungen (Wettbewerb grüner Güter). Während eine 'Ökodiktatur' schon deshalb nicht ernsthaft propagiert werden kann, weil es an ihrer Durchsetzbarkeit fehlt, aber auch, weil sie inhaltlich in ihrer Effektivität anzuzweifeln ist[289] – die Erfahrungen mit Diktaturen basierend auf religiösen oder wissenschaftlichen Theorien (z. B. Sozialismus) sind einschlägig bekannt – ist letztere Überlegung des *grünen Marktautomatismus* eher eine Hoffnung denn ein verlässliches Szenario. Möglicherweise sind die bisher am Markt erzielten Erkenntnisse über nachhaltige Immobilien, ihre Vorteilhaftigkeit und ihr gesellschaftliches Erfordernis tatsächlich ausreichend, nach und nach akteursübergreifend Verbreitung zu finden, sodass langfristig eine automatische Marktregulierung unter nachhaltigen Gesichtspunkten stattfindet. Die Frage ist nur, ob man es sich leisten kann, darauf zu vertrauen. Prognosen der Marktentwicklung sind schwierig und das Risiko fehlerhafter Schlussfolgerungen kann nicht eingegangen werden. Zeit für Korrekturen in Form von Trial-and-Error-Verfahren hin zu einer effektiven Nachhaltigkeitsstrategie bleibt kaum. Benötigt wird ein umfassendes System von Steuerungsinstrumenten, das die Lücken nachhaltigen Entscheidens überbrückt und das Netzwerk aller Akteure umspannt.

Die Lösung liegt also in einem Mittelweg.

Sustainable Governance, die Steuerung der Akteure zum nachhaltigen Wirtschaften, hier unter besonderer Beachtung gebäuderelevanter Aspekte, ist nicht in einem einzigen Schritt leistbar. Es stellen sich zum gegenwärtigen Zeitpunkt zwei Denkmodelle dar, wie nicht nachhaltigem Entscheiden begegnet werden kann. Sie werden im Folgenden weiter vertieft.

1. Der Akteur muss ein neues Verhaltensmuster adaptieren.

---

287 In Managerkreisen hat sich der Begriff *Sustainable Business* etabliert. Gemeint ist dabei nicht – wie zu wünschen wäre – eine Unternehmensführung unter nachhaltigen Gesichtspunkten in Ergänzung des CSR, sondern die Erwirtschaftung von Unternehmensgewinnen durch Investitionen in Produkte und Prozesse, die im Zuge des globalen Ökotrends Wertschöpfung versprechen.

288 Mitusch 1999, S. 3. Das Optimalitätskriterium liegt in den Strukturen, die einen optimalen Zusammenhang zwischen marktlichem Umfeld und Akteursverhalten herstellen.

289 Beckenbach et al. 1999, S. 78.

2. Solange dies nicht zu erreichen ist, muss der Akteur dazu gebracht werden, kontinuierlich entgegen seinem erlernten Verhaltensmuster zu agieren.

Beide Ansätze ergänzen sich. Da Punkt 1 unter Umständen nicht in absehbarer Zeit realisierbar ist, braucht es eine Methodik, die als Zwischenphase geeignet ist, um den Weg hin zur eigentlichen Zielsetzung zu überbrücken. Hierzu ist ein geeignetes Instrumentarium bereitzustellen.

11.2 Steuerung zur Überwindung erlernter Verhaltensmuster – extrinsische Motivation

Selbst bei einer Vielzahl von bisherigen und neu entwickelten Instrumenten ist nicht gesichert, dass sämtliche Barrieren nachhaltigen Entscheidens beseitigt werden können. Die komplexen Zusammenhänge aller zeitlichen, räumlichen und persönlichen Eingangsfaktoren in Entscheidungssituationen verhindern eine maßgeschneiderte Lösung für jedweden Anlass. Allerdings sollte es möglich sein, die derzeitige Lage deutlich zu verbessern.

Steuerungsinstrumente, die von außen auf Akteure einwirken und durch Zwang oder Anreiz ihr Entscheidungsverhalten beeinflussen, erzeugen bei der Zielgruppe eine *extrinsische Motivation*, sich demgemäß zu verhalten. Die voran beschriebenen Instrumente, die direkt auf die Bau- und Immobilienwirtschaft Bezug nehmen, sind überwiegend extrinsischer Natur. Als extrinsisch sind Motivationen zu verstehen, die darauf basieren, dass das Individuum für eine bestimmte Verhaltensweise entsprechende Entlohnung erwartet, also zu diesem Verhalten deshalb bereit ist, weil eine Gegenleistung versprochen wurde. Der Akteur geht analytisch vor und wägt seine Vor- und Nachteile ab.

Dabei ist also für die Motivation der erzielbare Nutzen, ausgedrückt durch den Anreiz und das Motiv, in Kombination mit der eingeschätzten Chance des tatsächlichen Eintritts des Szenarios ausschlaggebend.

11.2.1 Struktur und Anforderungen extrinsischer Instrumente

Um die identifizierten Barrieren nachhaltigen Entscheidens beim Planen, Bauen und Betreiben von Immobilien anzugehen, bedarf es einiger ergänzender institutioneller Hilfsmittel im derzeit aktiven Handlungsrahmen. Dazu werden Vorschläge unterbreitet, die in das vorhandene Steuerungssystem eingebaut werden können und sich ebenfalls der extrinsischen Motivation der Akteure bedienen. Diese Ansätze lassen sich den bekannten Institutionen zuordnen und können inhaltlich und strukturell analog den bisherigen Instrumenten ausgestaltet werden. Jedoch sind explizit drei grundsätzliche Anforderungen, basierend auf den vorstehend erworbenen Erkenntnissen, zu berücksichtigen.

Als Anforderungen an neu entwickelte institutionelle Steuerungsinstrumente sind nach der vorgenommenen theoretischen Analyse zu nennen:

- Orientierung der Gestaltung am *Dynamischen Akteursmodell*
- Anspruch der integrativen Rationalität
- Antizipierung möglicher Gruppeneffekte

Das im Folgenden vorgeschlagene Instrumentarium versucht eine Antwort auf diese drei Prämissen zu finden. Sie sind als ein Paket von Empfehlungen zu verstehen, das in Gänze die Vervollständigung der bestehenden Ansätze hin zu einer umfassenden *Sustainable Governance* beabsichtigt. Die Wirkungsintensität zur Minimierung der identifizierten Barrieren nachhaltigen Entscheidens hängt auch davon ab, das volle Instrumentarium strategisch sinnvoll zu implementieren – anders ausgedrückt: *Sustainable Governance* ist mehr als die Addition einer Vielzahl von Steuerungsinstrumenten. Es kommt darauf an, sie institutionell, zeitlich und strukturell optimal zu verorten.

Dennoch ist es natürlich möglich, einzelne Ansätze herauszugreifen und singulär zu verfolgen. Dies bietet sich beispielsweise dann an, wenn die Institutionen Überschneidungen mit anderen Wirtschaftsbereichen außerhalb der Immobilien bezwecken, jedoch die Spezifika der verschiedenen Märkte keine gleichzeitige Einführung zulassen.

11.2.2 Empfehlungen beispielhafter Instrumente

a. Gebäudeemissionshandel

Hiermit wird das Prinzip des Emissionshandels, wie es bereits in Kapitel 10 beschrieben wurde, wieder aufgegriffen. Der Emissionshandel kann als ein marktkonformes Steuerungsinstrument die Internalisierung externer Umwelteffekte herbeiführen. Grundsätzlich ist vorstellbar, als Verursacher sämtliche bauliche Anlagen einzusetzen, die von Menschen räumlich genutzt werden, also einen *Gebäudeemissionshandel* auf Basis von CO_2-Emissionen zu begründen. Auf diese Weise würde etwa der oft beklagte Umstand der nicht auskömmlichen Miete bei nachhaltigen Gebäudesanierungen marktgerecht nivelliert. Eigner und Betreiber unsanierter Altbauten müssten Rechte zukaufen; Eigner und Betreiber nachhaltiger Gebäude könnten Rechte verkaufen und dadurch Gewinne erzielen. Mittelfristig wäre ein starker Anreiz geschaffen, alten Gebäudebestand nachhaltig zu verbessern.

b. Gebäudebilanzierung

Zur Implementierung eines CO_2-Gebäudeemissionshandels mit fairer Rechtezuordnung sind Quantitäten und Qualitäten der Gebäudeeigenarten bereitzustellen. Dazu bedarf es einer einheitlichen Methodik, die durch gegenwärtige Systeme nicht abgebildet wird.

Die Zertifizierungsprozesse für Nachhaltigkeits-Gütesiegel[290] erfassen zwar eine Bandbreite an nachhaltigkeitsrelevanten Informationen, sind in der aktuellen Form jedoch nicht geeignet, eine Rechtezuordnung vorzunehmen. Hinzu kommt, dass Schwachstellen die Anwendbarkeit generell in Frage stellen.

Für die Gebäudebilanzierung sind grundlegende Systematiken wie die Lebenszykluskostenanalyse und die Ökobilanzierung als Verrechnungsmethode von Nachhaltigkeitskriterien denkbar. Darüber hinaus wären noch weitere (analog der Zertifizierung zu betrachtenden Indikatoren – insbesondere soziale) ebenfalls für eine Gebäudebilanzierung von Belang. Durch die Gebäudebilanzierung könnten dann die erforderlichen Emissionsrechte für jedes Gebäude ermittelt und mit seinen tatsächlichen Lasten verrechnet werden. Das würde konkret bedeuten, dass den im Zuge der Gebäudeplanung, Errichtung, Nutzung und Entsorgung in Anspruch genommenen Umweltressourcen der Verbrauch an Emissionsrechten über einen Verteilungsschlüssel nachgewiesen würde. Die ermittelte Menge an Emissionsrechten, die für das Gebäude aufgewendet werden muss, wäre nicht vom Eigentümer veräußerbar. Emissionsrechte dagegen, die aufgrund nachhaltiger Gebäudequalität und intelligentem Nutzerverhalten nicht in Anspruch genommen werden, wären frei handelbar.

Die Gebäudebilanzierung würde als Ermittlungsmethode des Gebäudeemissionsrechteverbrauchs eine Grundvoraussetzung darstellen, um ein solches Instrument des Gebäudeemissionshandels überhaupt realisieren zu können.

c. Nachhaltigkeitsberichterstattung für Immobilienakteure

Fokussierten die vorstehend genannten Instrumente die nachhaltige Gebäudequalität als solche, so wird hier ein Rüstzeug vorgeschlagen werden, das sich direkt an die Akteure richtet, also die Leistungsfähigkeit und Kompetenz der Unternehmen hinsichtlich nachhaltigen Handelns steuert.

---

290 Als Beispiel seien hier die deutschen Gütesiegel genannt: DGNB (Deutsches Gütesiegel Nachhaltiges Bauen) und BNB (Bewertungssystem Nachhaltiges Bauen für Bundesgebäude). Neben den deutschen können gleichermaßen die internationalen Systeme wie LEED, BREEAM, CASBEE etc. angeführt werden, die auch in Deutschland Anwendung finden.

Hierzu ist auf die Nachhaltigkeitsberichterstattung bzw. das Performance-Reporting hinzuweisen. Dabei handelt es sich um eine offene Erklärung, in der Unternehmen ihr Handeln in Sachen nachhaltiger Unternehmensführung darlegen. Die Nachhaltigkeitsberichterstattung erfolgt derzeit auf freiwilliger Basis und beinhaltet die Erstellung turnusmäßiger Nachhaltigkeitsreports mit den finanziellen und nichtfinanziellen Leistungsindikatoren eines Unternehmens. Diejenigen Unternehmen mit den besten Nachhaltigkeitsberichten (respektive den umfassendsten Nachhaltigkeitsstrategien) werden durch Spitzenplätze in einem Ranking geehrt.

Bisher betreibt die Bau- und Immobilienbranche hierzulande selten Nachhaltigkeitsmanagement in dieser Form. Als Ursache kann unter anderem angeführt werden, dass die Komplexität von Immobilien eine Zusammenarbeit vieler Firmen erfordert und Kooperationen von Unternehmen zur Durchführung von Immobilienprojekten bei der Entwicklung der Guidelines bisher nicht berücksichtigt wurden. Analog den Feststellungen zur Unternehmensstrategie der *Corporate Social Responsibility (CSR)* ist auch hier eine Implementierung für temporäre Unternehmenszusammenschlüsse zum Zwecke der Immobilienprojektierung nicht vorgesehen. Hier besteht Entwicklungsbedarf. Ziel der Nachhaltigkeitsberichterstattung ist in erster Linie die Transparenz. Gerade in dieser Hinsicht wäre ein solches Instrument für die Immobilienbranche nützlich und für die allgemeine Entwicklung nachhaltiger Unternehmensführung und nachhaltiger Projektierung sinnvoll. In einigen Nachbarländern wie Frankreich und Großbritannien sind Nachhaltigkeitsberichte bei Gebäudeinvestoren bereits heute deutlich stärker verbreitet.[291]

Die Nachhaltigkeitsberichterstattung kann als extrinsisches Steuerungsinstrument fungieren, da sie eine Reihe von Chancen bietet, die Ziele und Nutzenaspekte der Akteure (insbesondere der Schlüsselakteure wie der Finanzierer & Investoren) anzusprechen:[292]

- Verbesserung des Leistungsoutputs durch Erkennen von Optimierungs- und Einsparpotenzialen
- Verbesserung des Controllings durch Performanceindikatoren als Frühwarnsystem
- Erhöhung der Marktattraktivität und Erschließung des Marktes für *Social Responsible Investments*
- Besseres Unternehmensrating durch nachhaltige Immobilienwerte
- Übereinstimmung mit aktuellen und künftigen Anforderungen an die Berichtspflichten von Unternehmen

291 Reichel 2011

292 Vgl. auszugsweise Lorenz & Thöne 2010.

d. Nachhaltige Bildungsentwicklung

Marktwirtschaftliche Steuerungsinstrumente kämpfen bisweilen mit Akzeptanzschwierigkeiten bei einer breiten Masse der Bevölkerung, insbesondere jenen Personen, die nicht über einschlägige Kenntnisse der Ökonomie und Wirtschaftslehre verfügen. Dieses konnte im Vorfeld der Diskussion um den Emissionshandel beobachtet werden. Deutschland ist in der Nachhaltigkeitsdebatte leider noch an einem Punkt, wo es zunächst weniger auf das *Wie* ankommt. Viel zu oft wird noch um das *Ob-überhaupt* gerungen. Einerseits ist das Problembewusstsein zum Thema Umwelt und Klima zumeist noch nicht beim Selbstverständnis des Individuums angekommen (persönliche Betroffenheit wird verdrängt), andererseit fehlt es an Informiertheit über Zusammenhänge. Immer mehr setzt sich die Überzeugung durch, dass eine nachhaltige Entwicklung nicht ohne eine Modernisierung der Gesellschaft, ihrer politischen Kultur und aktiven Beteiligung der Bürger einhergehen kann.[293] Nachhaltiges Leben und Wirtschaften ist demnach weit mehr als nur die Schonung von Umweltressourcen; es führt bei ganzheitlichem Verständnis zu tiefgreifener Erneuerung der Selbstdarstellung und Selbstwahrnehmung. Nachhaltigkeit zu kommunizieren bildet dafür eine Grundvoraussetzung. Hier eröffnet sich ein Bedarf an Instrumenten der Nachhaltigkeitskommunikation.

Ein sicherlich starkes Mittel, das im Zusammenhang mit der Nachhaltigkeitskommunikation zur Verfügung steht, ist die einschlägige Entwicklung der Bildung und Ausbildung aller Akteure, eine Aufgabe, die aufgrund der breiten Zielgruppe erhebliche finanzielle und logistische Kapazitäten erfordert. Inhaltlich wurde im öffentlichen Auftrag bereits ein erster Vorstoß erarbeitet und vorgestellt.[294] Es handelt sich bei Bildungskampagnen per se um ein besonders träges Medium, da es nur sukzessive eingeführt werden kann und erst im Zeitverlauf Wirkung zeigt. Somit ist es sinnvoll, eine Planung der gestaffelten Umsetzung zu entwerfen.

Hierzu wird vorgeschlagen, zunächst die Schlüsselakteure, dann Schüler, Auszubildende und Studierende und schließlich Akteure 2. bis 4. Ordnung als Zielgruppe ins Auge zu fassen.

Da Lehrmodule für Schüler ein langfristiges Steuerungsmittel darstellen, ist in der parallel an Bildungsformen der Nachhaltigkeit für die breite Masse der Akteure zu arbeiten. Die Streuung von Nachhaltigkeitsstrategien durch Schlüsselakteure wird erheblich vereinfacht, wenn parallel dazu Schulungen für Akteure 2. bis 4. Ordnung angeboten werden. Dies ist schon deshalb von Wichtigkeit, weil die Akteure in verschiedenen Projekten unter Umständen unterschiedliche Rollen einnehmen, die ihren Platz in der Akteurshierarchie verändern können. Ein Akteur kann in einem Projekt als Berater tätig sein und wird dort als Akteur 4. Ordnung über moderaten Einfluss verfügen, während er in einem anderen Projekt als Eigentümer eine Schlüsselrolle einnimmt.

---

293 Michelsen & Godemann 2007, S. 26

294 Lützkendorf & Barthel 2008.

Grundsätzlich sollte das Bestreben dahin gehen, eine gesellschaftsweite Bildungskampagne ins Leben zu rufen, die sich nicht nur auf das Leben in und mit Gebäuden konzentriert, sondern ganzheitlich auf alle Lebensbereiche angelegt ist.

e. Akteurslenkung und Diffusion

Eine wohlüberlegte Strategie der Bildungsentwicklung zur Nachhaltigkeit ist Voraussetzung der Sensibilisierung der Akteure für das Thema, Grundlage jeglicher Entscheidungen und Handlungen im nachhaltigen Sinn. Dennoch ist absehbar, dass dadurch nicht jeder Einzelne erreicht wird – zumindest nicht in der erforderlichen Dringlichkeit und notwendigen Tiefe. Informationen und Überzeugungen können aber auch auf anderem Weg verbreitet werden. Als strategische Ergänzung – nicht bloße Alternative – der es nachzugehen lohnt, sei die *Diffusion* genannt.

Diffusion bedeutet, über verschiedene Kommunikationskanäle Innovationen zu streuen und das Verhalten von Menschen zu beeinflussen. In diesem Sinne sind nachhaltige Immobilien als Güter mit innovativem Ansatz zu verstehen, die an eine Zielgruppe gebracht werden sollen. Sinn und Zweck der Methodik ist es, zu eruieren, welche Faktoren zu einer Übernahme oder Ablehnung des Produktes *nachhaltiges Gebäude* führen und wie eine Marktdurchdringung mittels Kommunikationsstrategien erreicht werden kann. Nach den vorhergehenden Erkenntnissen ist nicht von einem Automatismus bei der Ausbreitung von Nachhaltigkeitsstrategien auszugehen, was absehbar einen mühsamen Steuerungsprozess bedeuten wird. Die Diffusionsfähigkeit und -geschwindigkeit von nachhaltigem Entscheiden ist schwer vorhersehbar, weil sie einer Vielzahl von Einflüssen unterliegt, die kaum kalkulierbar sind und im Vorfeld schwer unterbunden werden können. Zu den ungewissen Faktoren gehören die Ausläufer der Steuerung anderer Branchen sowie anderer Staaten und Kulturen, aber auch Konjunkturzyklen und besondere Ereignisse wie z. B. Umweltkatastrophen und terroristische Akte.

Die Durchsetzung einer Innovation wie in diesem Fall der Nachhaltigkeitsstrategie bei Immobilien erstreckt sich nach *Rogers* über fünf Ebenen, bis sie letztendlich eine feste Größe im Marktgeschehen bildet (vgl. Abb. 25). Derzeit findet Diffusion im immobilen Kontext insbesondere auf Ebene I und II statt, wo Akteure über nachhaltiges Bauen informiert und von seiner Sinnhaftigkeit überzeugt werden sollen. Längst sollte aber auf breiter Basis Ebene IV betreten werden, wo Akteure veranlasst oder verpflichtet werden, Entscheidungen im Sinne nachhaltigen Planens, Bauens und Betreibens von Immobilien umzusetzen. Dies ist bisher leider nur vereinzelt der Fall. Es bedarf verstärkter Diffusionsmittel, gerade die Ebenen IV und V ins Auge zu fassen, wobei zu erwarten ist, dass dadurch automatisch eine Streuwirkung auf die Ebenen I bis III erzeugt wird. Die Kommunikationskanäle ergänzen sich und ihre Effekte diffundieren in die jeweils benachbarten Ebenen. In diesem Zusammenhang wird auch wieder die hierarchische Ordnung der Akteure mit ihren Netzwerkstrukturen relevant, wo sowohl ebenenübergreifende (vertikal) wie auch rollenübergreifende (horizontale) Beeinflussung stattfindet. Diffusionsprozesse werden insbesondere von

Akteuren vorangetrieben, die im Verständnis dieser Arbeit den Akteuren 4. Ordnung zuzuordnen sind und über moderaten Einfluss auf das konkrete Immobilienprojekt verfügen.[295] Während sie bei einschlägigen Bildungskampagnen eher nachrangige Berücksichtigung finden werden, können sie durch Diffusion zwar nicht zielgerichtet, aber vielschichtig und in größerer Breite erreicht werden.

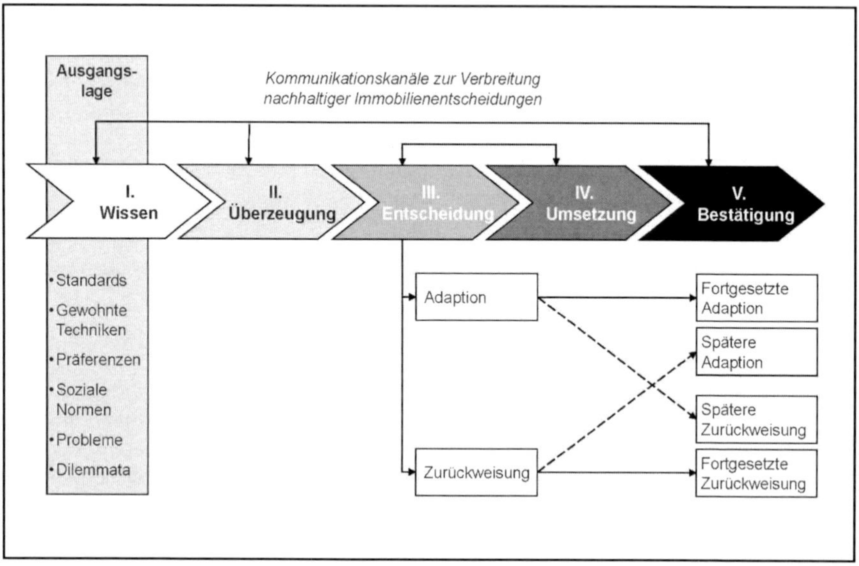

Abb. 25: Eingriffsebenen im Zuge der Entscheidung zur Übernahme von Nachhaltigkeitsstrategien[296]

Letztlich kann über Diffusion auch eine Rückmeldung an die steuernden Institutionen stattfinden, welche Instrumente zur weiteren Verbesserung der Möglichkeiten nachhaltigen Entscheidens wünschenswert bzw. notwendig sind. Diffusion kann zur Schaffung von rechtlichen, finanziellen und sonstigen Voraussetzungen beitragen, die auf Dauer eine Verankerung von Nachhaltigkeit bzw. ihre Realisierung in der Praxis ermöglichen und vereinfachen. Hier erfolgt dann die Festschreibung in Form von DIN-Normen und Richtlinien und die Anerkennung bei Förderprogrammen und Rechtsstreitigkeiten.

---

295 Tews & Jänicke 2005, S. 367.

296 Darstellung aus dem Englischen übertragen und überarbeitet nach Rogers 2003, S. 169 ff.

f. Die Stakeholder-Management-Matrix

Ein durch Bildung und Information geschärftes Bewusstsein für das Erfordernis des nachhaltigen Bauens ist – das haben die Umfragen gezeigt – noch kein Garant für seine Realisierung in Form nachhaltiger Gebäude; ein per Gesetz verordneter Gebäudeemissionshandel desgleichen noch kein Garant für Ressourcenschonung und umweltverträgliches Leben. Die oben skizzierten Instrumente vermögen viel, sind aber für sich genommen nicht ausreichend, dem Anspruch der Nachhaltigkeitstheorie gerecht zu werden.

Hintergrund ist die Tatsache, dass von *oben* verordnete Strategien nicht greifen, wenn sie nicht bis auf die unterste Entscheidungsebene vordringen bzw. dort nicht mitgetragen werden. Die Akteure sind versucht, durch versteckten Opportunismus oder Intentionsinterferenzen persönliche Ziele unter (gerade noch) Einhaltung der institutionellen Vorgaben zu priorisieren.

Es bedarf daher zusätzlich einer Steuerung auf Akteursebene. Dazu wird die *Stakeholder-Management-Matrix* vorgestellt. Sie trägt zur Lenkung eine Zusammenschlusses von Projektpartnern (Organisationen oder Einzelunternehmern) bei.

Wie bereits ausgeführt sind eine Vielzahl von Akteuren an Entscheidungen im Projektverlauf beteiligt, wobei jedes Individuum durch Hierarchien des Teams und der vernetzten Gruppenmitglieder in seiner Entscheidung beeinflusst wird. Für eine gemeinsame Zusammenarbeit unter der Prämisse der nachhaltigkeitsstrategischen Ausrichtung des Gebäudes existieren bisher zwar einige Vorbilder in der Praxis, aber keine Methodik. Somit zeigen sich Barrieren bei ebenenübergreifenden Entscheidungsprozessen und bei der Konsensbildung innerhalb von Allianzen. Der Umgang mit Projektpartnern wird durch Stakeholder Value-Strategien ökonomisch einseitig, durch Corporate Social Responsibility nicht unternehmensübergreifend abgebildet.

Um zu schnellen und tragfähigen sowie transparenten Entscheidungen zu gelangen, ist es angebracht, erstens die Menge der Einflussnehmer zu kontrollieren und zweitens auf bewährte Handlungskonzepte zurückzugreifen.

Die Akteurshierarchie innerhalb der Projektgruppe verhält sich proportional zum Mitspracherecht bei nachhaltigen Entscheidungen. Demgemäß sind höherrangige Akteure intensiver in die Entscheidungsfindung einzubinden als niederrangige. Die Zusammenarbeit unterscheidet sich im Inhalt, bei Frequentierung und Kommunikation, bei der Übernahme von Entscheidungskriterien und durch die Richtung des Austausches von Informationen und Arbeitsergebnissen.

Diesbezüglich können Projektpartner in zweierlei Hinsicht beurteilt werden: erstens durch ihre *Motivation* bezüglich des Projektes (als Produkt aus Nutzen und Erfolgswahrscheinlichkeit), zweitens durch ihren *Einfluss* auf die Entscheidungsfindung anderer Stakeholder. Beides ist miteinander im Zusammenhang zu betrachten und stärker oder weniger stark bestimmend für Projektverlauf und Projektausgang.

Andere Akteure in den Entscheidungsprozess mit einzubinden, ist – so wurde ausführlich dargelegt – für den eigenen Teilerfolg empfehlenswert und zugunsten des Gesamterfolges notwendig; eine Eingrenzung der Vielzahl von Ansprüchen und Verpflichtungserklärungen zu treffen, jedoch unumgänglich. Um innerhalb des eigenen Unternehmens oder Teams zu einer Akteurshierarchie in Bezug auf Motivation und Einfluss der Projektpartner zu gelangen, kann beispielsweise der Paarweise Vergleich angewendet werden. Folgende Aspekte sind schwerpunktmäßig zu berücksichtigen:

- Welche Stakeholder sind prioritär zu kontrollieren, zu informieren, zu beraten? (Kommunikationsstrategie)
- Welche Meilensteine sind mit den einzelnen Stakeholdern eng abzustimmen? (Zulässigkeit der Einflussnahme)
- Welche Stakeholder dienen der eigenen Leistungserbringung direkt, welche sind untergeordnet hilfreich? (Abhängigkeiten und Austauschbarkeit bei Ausfall)
- Wie ausgeprägt ist die Zielsetzung der Stakeholder gerade in Bezug auf nachhaltiges Planen und Bauen? (Unterstützung durch Spezialkenntnisse und nachhaltige Werte)

Die Ergebnisse der Analyse lassen sich in einer Matrix verorten (vgl. Abb. 26). Daraus lassen sich Normstrategien ableiten, die dem situativen Erfordernis und der konkreten Netzwerkumgebung angepasst werden. Je nach Quadrant, in dem die Stakeholder eingeordnet werden, kann als Normstrategie beispielsweise definiert werden:

Quadrant a. Beobachten und betreuen des Akteurs unter minimalem Aufwand.

Quadrant b. Regelmäßig informieren und beraten des Akteurs mit moderatem Aufwand.

Quadrant c. Zuarbeit verwerten und einbinden des Akteurs unter moderatem Aufwand.

Quadrant d. Eng mit dem Akteur kooperieren, fördern und Einfluss nehmen unter hohem Aufwand.

In Ergänzung zur Klärung akteurseigener Strategien im Umgang mit Projektpartnern können anhand der *Stakeholder-Management-Matrix* auch objektive Erkenntnisse über den jeweiligen Stellenwert eines Akteurs innerhalb des Netzwerks gewonnen werden. Schließlich geht es bei der Entscheidungsfindung jedes Einzelnen auch um die komparablen Verpflichtungen gegenüber anderen. So ist für Akteure, die das Netzwerk moderieren, wie beispielsweise Projektsteuerer, der Austausch von gegenseitig geschuldeten oder erwünschten Leistungen der Teilnehmer ein wesentliches Anliegen.

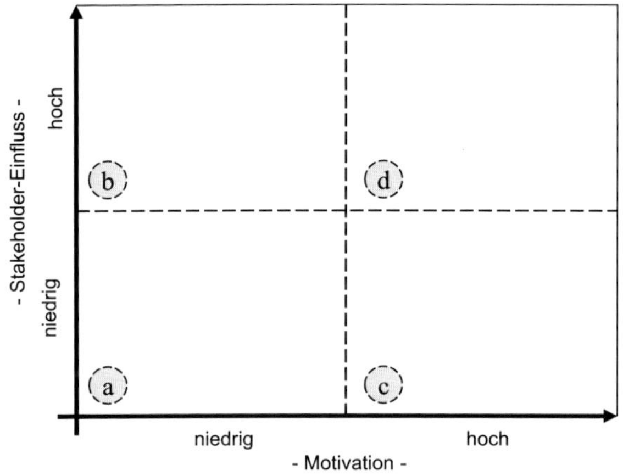

Abb. 26: Stakeholder-Management-Matrix (Modell)[297]

Der eruierte Leistungstausch könnte schließlich in einer Art *Stakeholder-Bilanz* münden. In ihr würden Vermögen (Leistungspotenzial eines Akteurs = Aktiva) und Verpflichtungen (Abhängigkeiten eines Akteurs = Passiva), die er im Rahmen seiner Rollenausübung gegenüber den übrigen Stakeholdern hat, einander gegenübergestellt. Vermögen und Verpflichtungen bezeichnen den eigenen Stellenwert für das Projekt, d. h. für das projektierte Gebäude. Die Stakeholder-Management-Matrix kann auf diese Weise als Hilfsmittel zur ganzheitlichen (internen wie externen) Strategiefindung dienen.

g. *Der neue Stakeholder-Value*

Durch die Erweiterung um monetäre und nicht monetäre Nutzenaspekte kommt eine weitere Verwendungsmöglichkeit der Stakeholder-Management-Matrix hinzu: die Ermittlung des Gesamtnutzens für die Akteursgemeinschaft. Interessant wird ein solches Vorgehen insbesondere für Akteure sein, die den Stakeholder Value ermitteln wollen, jedoch die Wertbeitragsanalyse (vgl. Kap. 9) als zu ökonomielastig empfinden und Transparenz über weitere (non-monetäre) Nutzenaspekte der Stakeholder gewinnen möchten. Die Stakeholder-Management-Matrix kann den Anspruch der Wertbeitragsanalyse mit den Zielen der Stakeholder-Relevanzmatrix vereinen. Dazu wäre zunächst erforderlich, den Einzelnutzen jedes Akteurs zu ermitteln, was beispielsweise mithilfe des EWA-Verfahrens[298] erfolgen kann. In einem dreistufigen

297 Eigene Darstellung.

298 Erweiterte Wirtschaftlichkeitsanalyse (EWA) nach Zangemeister. Basierend auf Zangemeister 2000, S. 94.

Prinzip werden monetäre Nutzenwerte über die bekannten finanzmathematischen Verfahren analysiert, um durch die nicht zu unterschätzende Menge der non-monetären Nutzenwerte, verarbeitet in nutzwertanalytischen Verfahren, ergänzt zu werden (vgl. Abb. 27).

Der auf diese Weise ermittelte Stakeholder Value ist eine Aggregation aus den Nutzenwerten aller Akteure über den gesamten Lebenszyklus der Immobilie.

Problematisch erscheint – neben der Erfassung sämtlicher relevanten Daten und der Aufstellung präziser Bewertungsregeln – die Abgrenzung insbesondere der indirekten Nutzenaspekte gegen direkte, um Doppelbewertungen gerade bei Sekundärwirkungen (Folgewirkungen) auszuschließen. Auch der bei Nutzwertanalyseverfahren übliche Gewichtungsprozess entbehrt nicht einer gewissen Subjektivität des Bearbeiters.

Da der Arbeitsaufwand eines solchen Verfahrens grundsätzlich hoch sein dürfte und der Stakeholder Value eines Gebäudes letztlich wohl nur von volkswirtschaftlichem Interesse ist, beschränkt sich die Anwendung allerdings eher auf akademische Fragen. Über eine Begrenzung des zeitlichen Horizontes (z. B. bis zum Ende einer Nutzungsphase) und der Konzentration auf einige wesentliche Akteure ließe sich aber erreichen, dass die Ergebnisse unter zumutbarem Aufwand bei akzeptablen Prognoseunsicherheiten erarbeitet werden könnten.

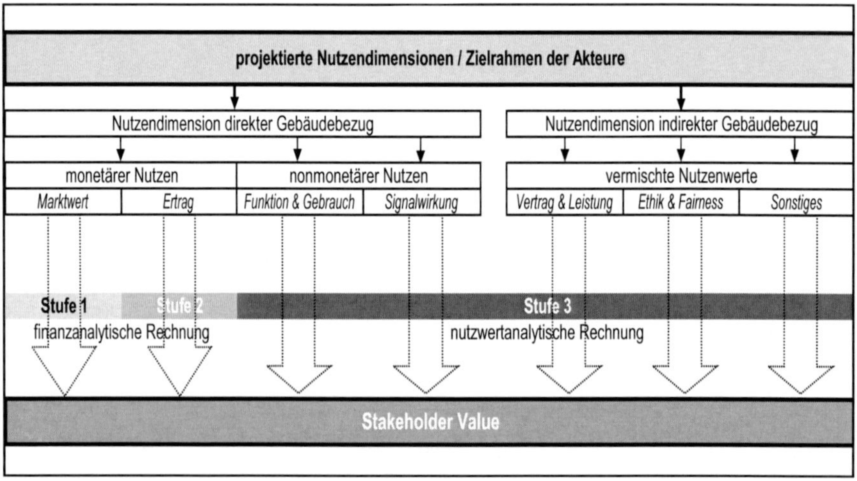

Abb. 27: Struktur einer Erweiterten Wirtschaftlichkeitsanalyse (EWA), wie sie auf Immobilien zur Ermittlung des Stakeholder Value anwendbar wäre[299]

299 Eigene Darstellung nach Zangemeister; Methodik überarbeitet.

h. Weitere Instrumente

Aus der empirischen und theoretischen Untersuchung geht hervor, dass sich Akteure sehr stark über wirtschaftliche Anreize steuern lassen. Entsprechende Instrumente dürften einen hohen Wirkungsgrad haben. Bei der Wahl und Entwicklung solcher (extrinsisch wirkenden) Instrumente sollte es also darum gehen, die anvisierten öko-sozialen Ziele in eine ökonomisch ausgerichtete Form zu bringen. Folgende weitere Instrumente könnten beispielsweise dazu dienen:

- Handelbare Bodenversiegelungsrechte
- Attraktive Finanzierungs- und Versicherungskonditionen für nachhaltige Gebäude
- Nachhaltigkeitsaspekte in der Wert- und Risikobewertung von Immobilien
- Vereinfachte Genehigungsverfahren für nachhaltige Planungskonzepte
- Steuerliche Vergünstigungen bei Transaktionen von nachhaltig ausgerichteten Portfolios und Einzelobjekten.

11.2.3 Die Wahl des angemessenen Steuerungsinstruments

Nach den oben genannten Vorschlägen eines möglichen Instrumentariums stellt sich die Frage, welches davon sinnvollerweise für wen einzusetzen ist. Begründet durch die Voraussetzungen der ausreichenden Motivation, Kompetenz und Autorisierung, die gemeinsam erforderlich sind, um nachhaltiges Handeln erwarten zu können, sollte die Wahl der Instrumente so ausgerichtet sein, dass eventuelle Lücken in der Akteurskonfiguration ausgeglichen werden. Abbildung 28 veranschaulicht die prinzipielle Zuordnung der Akteure zu empfohlenen Basisstrategien bei der Instrumentenwahl.

Als Beispiel läßt sich die Grafik wie folgt anwenden: Den Ergebnissen der empirischen Untersuchung zufolge scheint bei den Akteuren in der Rolle der Investoren & Finanzierer ein hohes Maß an Motivation vorhanden zu sein.[300] Dennoch findet nachhaltiges Planen und Bauen nicht durchgängig statt. Unter anderem werden mangelnde Fachkenntnis und Unsicherheit über eventuelle Handlungsfolgen beklagt.

Die Akteursgruppe der Investoren & Finanzierer befindet sich demnach im Quadranten C. Es fehlt an Mut, neue Methoden einzusetzen und alternative Ziele zu verfolgen, insbesondere weil man noch nicht über die wünschenswerte Erfahrung

---

300 Es wurde bereits vorstehend angedeutet, dass die Verlässlichkeit der getätigten Aussagen der Befragten kritisch betrachtet werden muss. So nehmen an Umfragen zur Nachhaltigkeitssituation eher Vertreter solcher Unternehmen teil, die der Thematik ohnehin eine hohe Aufmerksamkeit schenken und sich einer guten Position innerhalb der Zielgruppe sicher sind. Ferner sind die Meinungen Einzelner nicht unbedingt mit der Unternehmenspolitik identisch.

und notwendige Kompetenz verfügt, Immobilienprojekte nachhaltig auszurichten. Entsprechend ist die Vermittlung von Wissen und Fertigkeiten besonders wichtig; eventuell kombiniert mit temporären Garantien für den Fall, dass sich erheblicher Mindernutzen (materieller Art) einstellt – ein Risiko, dass aufgrund der überzeugenden Nutzenvorteile gegenüber konventionellen Projekten allerdings kalkulierbar sein dürfte. Die Akteursgruppe der Investoren & Finanzierer ist daher zunächst mit mehr Kompetenz über das Thema Nachhaltigkeit in der Immobilienwirtschaft auszustatten. Entsprechend sind die Steuerungsinstrumente zu wählen.

Basisstrategie A: Erhöhung der Motivation durch Verstärkung des Akteursnutzens. Vermittlung von Wissen und Fertigkeiten zur Kompetenzstärkung.

Basisstrategie B: Erhöhung der Motivation durch Verstärkung des Akteursnutzens. Inaussichtstellung der Autorisierung, Vergabe von Verfügungsrechten.

Basisstrategie C: Vermittlung von Wissen und Fertigkeiten zur Kompetenzstärkung. Inaussichtstellung der Autorisierung.

Basisstrategie D: Autorisierung der Akteure zur Umsetzung nachhaltiger Konzepte.

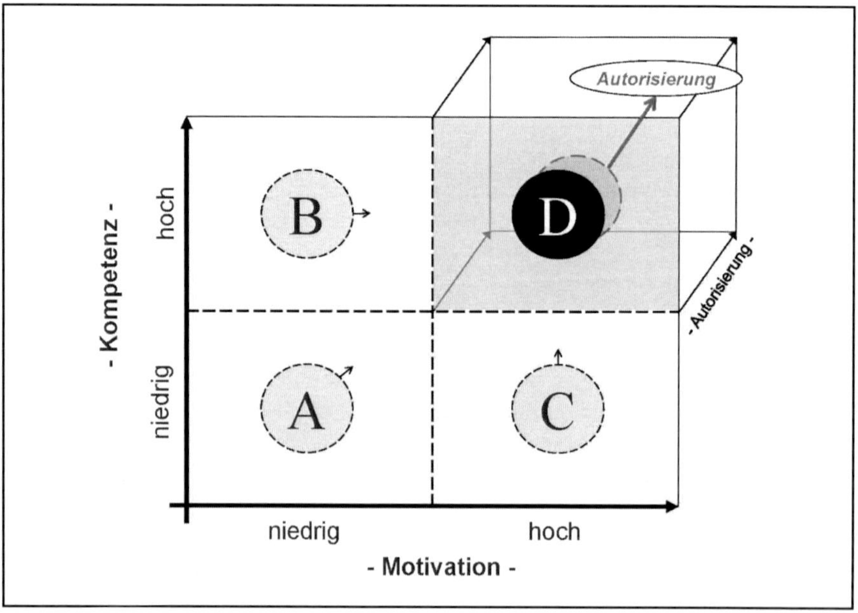

Abb. 28: Implementierung von Strategien anhand der Motivations-/Kompetenzrelation der Akteure[301]

301 Eigene Darstellung.

Andere Akteursgruppen wie die Nutzer verfügen naturgemäß über eine gute Vorstellung darüber, wie ihr gebautes Umfeld durch Nachhaltigkeit verbessert werden könnte. Sie sind kompetent, da sie den Nutzen aus Nachhaltigkeit in der Regel unmittelbar nachvollziehen. Die Nachfrage scheitert aber häufig an der Furcht vor höheren regelmäßigen finanziellen Belastungen, sodass die Motivation in Bezug auf nachhaltigen Wohn- und Arbeitsraum zu stärken ist. Nutzer sind in diesem Fall dem Quadranten B zuzuordnen. Ihre Motivation kann beispielsweise durch die Vergabe höherer Verfügungsrechte gesteigert werden.

Planer und Architekten gehören zu einer Akteursgruppe, die in der Regel über vergleichsweise hohe Kompetenz verfügt, da die Thematik des nachhaltigen Bauens für sie bereits seit Jahren zum Berufsalltag gehört und breit angelegte Aus- und Weiterbildungsangebote vorhanden sind. Die Umfragen haben ferner eine durchweg hohe Motivation bei der Umsetzung nachhaltiger Gebäudekonzepte ergeben. Die Planer lassen sich im Wesentlichen dem Quadranten D zuordnen. Hier fehlt letztlich die Autorisierung, nachhaltige Gebäude realisieren zu können, einerseits aufgrund der mangelnden Nachfrage durch Investoren und Bauherren, andererseits aufgrund ungünstig strukturierter Vergütungsregeln und schwerfälliger bürokratischer Abläufe beim Einholen von Genehmigungen.

Letztlich ist es geboten, jede Akteursgruppe in ihr spezifisches Motivations-/Kompetenzprofil einzuordnen, beispielsweise durch weit angelegte Umfragen unter den Rollenvertretern, wie es bisher hauptsächlich bei den Investoren geschehen ist. Erst dann wäre die Festsetzung geeigneter Steuerungsinstrumente möglich und sinnvoll.

11.3 Von der extrinsischen zur intrinsischen Steuerung – eine Vision

Wie dargestellt ist der institutionelle Aufwand, nachhaltiges Entscheiden mittels extrinsischer Steuerung zu induzieren, erheblich. Neben der Einbindung bereits vorhandener Steuerungsinstrumente in ein ganzheitliches System sind neue Instrumente zu entwickeln, durchzusetzen (gesellschaftlich, politisch) und konstant (z. B. durch ein Monitoring) zu begleiten, da Wirkungsintensität und Wirkungsdauer schwer zu antizipieren sein dürften. Ein erstrebenswerter Zustand wäre daher eine langfristige und breit streuende Wirkungsweise der Instrumente über ihre eigentliche Aktivierung hinaus, das hieße im Idealfall, irgendwann von Steuerungsmechanismen der Nachhaltigkeit unabhängig zu werden. Hierbei wäre eben jener Zustand erreicht, der eingangs bereits benannt wurde (vgl. Kap. 11.1):

Der Akteur hätte ein neues Verhaltensmuster adaptiert!

Dabei geht es nicht um Bequemlichkeit, die den Aufwand der Implementierung, Begleitung und Kontrolle scheut. Vielmehr müssen das Restrisiko der Steuerungslücken und die Attraktivität jeglichen unkontrollierbaren Opportunismus eliminiert werden, was über die bestehenden Techniken der extrinsisch wirkenden Akteursmotivation nicht vollständig möglich ist. Langfristig sind *intrinsisch* wirkende Steuerungsinstrumente zu bevorzugen.

11.3.1 Wesen und Wirkung intrinsischer Motivation

Intrinsische Motivation wirkt kognitiv. Sie veranlasst beim Individuum ein einschlägiges Verhalten, das automatisch auf Bedürfniserfüllung ausgerichtet ist. Dies kann über bewusstes oder unbewusstes Handeln erfolgen. Wenn nachhaltiges Leben ein Element der persönlichen Willensbildung ist, folgt der Akteur nachhaltigen Grundprinzipien, die Teil seiner individuellen Werte und Ziele sind – unabhängig davon, in welcher Rolle er agiert.

Die Einflussnahme über intrinsische Motivation ist demzufolge als ein sehr starkes Steuerungsinstrument zu sehen. Nachhaltiges Entscheiden würde – zumindest innerhalb eines regelarmen Systems – per se erfolgen. Umgekehrt zur derzeitigen Situation würde es also einer äußeren Steuerung bedürfen, gerade *nicht* nachhaltiges Entscheiden zu provozieren.

Allerdings wäre ein solches System auch nicht unproblematisch.

Intrinsische Steuerung könnte im Extremfall zu holistischem Verhalten führen, bei dem das Individuum seine auf sich selbst bezogenen Bedürfnisse gänzlich denen der Gemeinschaft unterordnet, was allerdings weder als umsetzbar noch als erstrebenswert dargestellt werden soll.[302] So wie nicht davon auszugehen ist, dass ein totalitärer Umweltstaat die Lösung sein kann (vollkommene Unterordnung wird eingefordert), ist auch ein Aufgeben jeglicher individuellen Präferenzen und opportunistischen Ziele (vollkommene Unterordnung wird freiwillig vollzogen) nicht real vorstellbar. Derartige Systeme laufen der menschlichen Natur zuwider und sind damit nicht als dauerhaft stabil zu bezeichnen – ungeachtet dessen, dass die bekannten formalen und informalen Regeln des sozialen Zusammenlebens und der volkswirtschaftlichen Entwicklung völlig außer Kraft gesetzt würden und Konsequenzen nach sich ziehen, deren hypothetische Detaillierung an dieser Stelle zu weit führen würde.

---

302 Eine negative Extremform der intrinsischen Steuerung wurde durch Sekten und staatliche Regime bereits in Form von psychologischer Manipulation, dem sogenannten *Brainwashing*, praktiziert.

11.3.2 Eingriffspunkte am Dynamischen Akteursmodell

Die Herausforderung liegt darin, das derzeitige Steuerungssystem langfristig zu einem überwiegend intrinsisch wirkenden Instrumentarium weiterzuentwickeln, um Steuerungslücken zu überbrücken und gleichzeitig die Steuerungsintensität und Instrumentendichte abzubauen. Dazu ist es hilfreich, erneut einen Blick auf das *Dynamische Akteursmodell* zu werfen.

Aus Abbildung 29 wird deutlich, an welcher Stelle der Entscheidungsbildung die institutionelle Steuerung eingreift. Die in Kapitel 10 zusammengetragenen Instrumente der marktlichen und politischen Institutionen wirken von außen (exogen) auf den Akteur ein und beeinflussen seine Ziele und Werte in der Regel nicht, die letztendliche Entscheidung allerdings dennoch. Der Akteur wäre dann in Versuchung, die Steuerungswirkung zu umgehen, um seine individuellen und opportunistischen Ziele möglichst weitgehend verwirklichen zu können, was unter Einschränkungen in nicht wenigen Fällen möglich ist (Steuerungslücken).

Folglich würde es in einer ähnlichen Situation *ohne* entsprechendes Steuerungsmittel ceteris paribus nicht zur selben Entscheidung kommen, da der Akteur seinen ureigenen Zielen ungehindert in vollem Umfang nachzugehen vermag.

Anders verhält es sich bei Instrumenten, die direkt auf die Akteurskonfiguration einwirken. Intrinsische Steuerung verankert die Prinzipien der Nachhaltigkeit beim Akteur in Form einer ethischen Norm,[303] der es situationsunabhängig zu folgen gilt. Ein Interesse, nicht nachhaltige Entscheidungen zu treffen, entsteht erst gar nicht, da Nachhaltigkeit eine Prämisse der akteursspezifischen Wertevorstellungen darstellt.

Gleiches lässt sich auch auf die Entscheidungsprozesse auf Stakeholderebene übertragen. Für Gruppen und Netzwerke gelten ebenfalls Normen, die in Form von Corporate Identity-Leitlinien oder Moralkodizes oftmals sogar schriftlich niedergelegt werden.

Zu berücksichtigen ist, dass es sich bei Abbildung 29 um ein idealisiertes Modell handelt. In der Realität enthalten viele der extrinsischen Instrumente auch Anteile, die intrinsische Wirkung aufweisen können, wie es beispielsweise bei der Diffusion und den Bildungsmodulen der Fall ist. Der Instrumentenmix stellt in Summe Wirkungen zur Verfügung, die bereits heute latent die Akteurskonfiguration, wie anhand des *Dynamischen Akteursmodells* gezeigt, beeinflussen – ein Trend, der zu verstärken ist.

303 Das Individuum wird durch verschiedene ethische Normen (sogenannte *Soll-Sätze*) geprägt, die je nach Kulturkreis, sozialer Herkunft, Generation variieren. In der normativen Ethik werden informelle Regeln der Moral und Sittlichkeit beschrieben, die unter anderem bei der Wahl zwischen Handlungsalternativen und im Umgang mit anderen Individuen von Bedeutung sind. Jedoch wird in der Philosophie parallel auch die Auffassung diskutiert, ob ethische Normen überhaupt existieren und trotz ihrer sehr subjektiven Eigenarten als Normen bezeichnet werden dürfen.

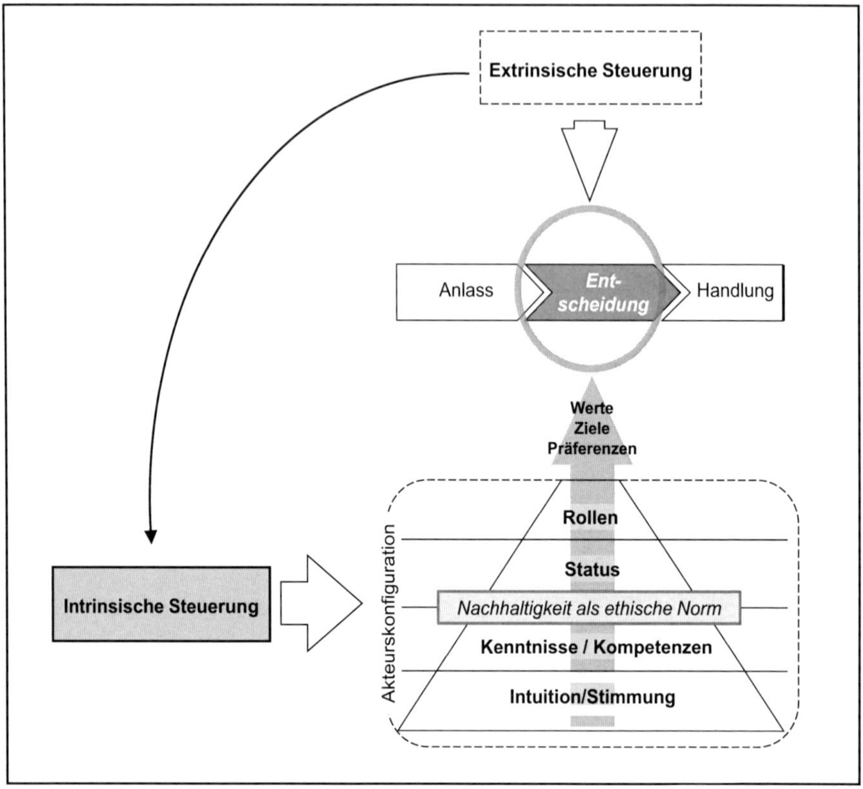

Abb. 29: Idealisierte Veränderung des Wirkungsweges der institutionellen Steuerung im *Dynamischen Akteursmodell*[304]

11.3.3 Selbstkontrolle als Wegbereiter intrinsischer Steuerung

Eingangs wurde ausführlich behandelt, dass Anomalien einen nennenswerten Anteil am rationalen Handeln haben und demzufolge nicht als Ausnahmeerscheinung abgetan werden können. Ihr Auftreten ist vielmehr ein fester Bestandteil der Rationalität des Individuums. Demzufolge kann Entscheidungsverhalten nur in einem begrenzten Rahmen ex ante beschrieben und institutionell gesteuert werden, da die Umstände der Situation und der Akteurscharakteristika speziell und extrem komplex sind. Das erschwert eine effektive Handlungskontrolle erheblich.

Seit den 1970er-Jahren hat sich in der Gesellschaft ein Bewußtseinswandel vollzogen, der unter anderem auch die erhöhte Aufmerksamkeit bezüglich Umweltschäden und Ressourcenverbrauch einschließt und sich dabei auch ganz konkret auf den

304 Eigene Darstellung.

Immobilienbereich bezieht. Dessen ungeachtet ist das Wissen um die Notwendigkeit nachhaltigen Entscheidens und tatsächlich daran anschließendes Handeln – das haben einerseits die Umfragen gezeigt und andererseits die theoretischen Befunde beschrieben – wohl eine logische, aber nicht zwingend eintretende Konsequenz. Der Appell an die Ratio der Akteure allein führt also nicht zum Ziel. Mit dem Instrument der Bildung und des Lernens existiert jedoch ein vielversprechendes Mittel, wie nicht nachhaltiges Handeln reduziert werden kann.[305]

In der Regel wissen Menschen um ihre mangelnde Stringenz bei rationalen Entscheidungen.[306] Dennoch findet nicht unbedingt eine (nachträgliche) Korrektur statt oder tritt ein Lerneffekt zu verändertem Verhalten in der Zukunft ein. Zur Problematik bei baulichen Entscheidungssituationen gehört es, dass einige Akteure nur zu einigen wenigen Anlässen in zeitlichen Abständen damit konfrontiert werden und verändertes Handeln somit in zeitlichen Sprüngen stattfindet (beispielsweise bei Nutzern, Beratern, Non-Property-Companys). Außerhalb von institutioneller Kontrolle kann und sollte dem Akteur deshalb auch ein gewisses Maß an Selbstkontrolle abverlangt werden. Das Bewusstsein um nicht nachhaltiges Entscheiden trotz rationaler Zweckmäßigkeit sollte zu entsprechenden Maßnahmen führen, die für alle Beteiligten bindend sind. Dabei ist zu berücksichtigen: Die Bereitschaft von Akteuren, sich verantwortungsbewusst gegenüber Natur und Mitmenschen zu verhalten, ist bekanntlich nur dann gegeben, wenn die überwiegende Mehrzahl der Mitglieder des Immobiliennetzwerkes sich daran hält (vgl. die Ausführungen über die *Tragik der Allmende* in Kap. 9).

Aus dieser Erkenntnis gehen die von Stakeholdern selbst induzierten Steuerungsinstrumente hervor wie Selbstverpflichtungen und ethische Kodizes. Sie können damit als ein Hilfsmittel gelten, den Übergang von der extrinsischen zur intrinsischen Steuerung zu fördern, da sie versuchen, die Werte und Ziele (entwickelt aus der Akteurskonfiguration) zu indoktrinieren, müssen dies aber durch angedrohte Sanktionen absichern. Nachhaltigkeit als Handlungsprinzip in der Immobilienwirtschaft zu installieren, lässt sich nicht allein auf freiwilliger Basis bewerkstelligen und benötigt erhebliche Vorlaufzeit.

11.3.4 Steuerung bei wechselnden Akteurskonstellationen

Wie eingangs dargestellt unterliegt jedes Akteursnetzwerk Veränderungen bei den Beteiligten. Bedingt durch lange Planungs- und Realisierungszeiten, Käufe und Verkäufe sowie durch veränderten Bedarf an Fachwissen während der Lebenszyklusphasen kommt es nicht nur zu einem Austausch von bisherigen Stakeholdern, sondern auch zu Bewegungen bei der Gruppengröße. Es stellt sich die Frage, wie sichergestellt werden kann, dass die neuen Teilnehmer die Nachhaltigkeitsstrategie

305 Becker 2003, S. 76.

306 Becker 2003, S. 71.

des Projektes nachvollziehen und ihrerseits bei Entscheidungen berücksichtigen. Es ist zumindest theoretisch möglich, dass ihre Motivation oder Kompetenz dem nicht enspricht. Dies kann beispielsweise eintreten durch Generationenwechsel in einem Unternehmen oder auch, wenn Akteure aus anderen Nationen und Kulturen hinzugezogen werden. In solchen Situationen sind zwei Szenarien denkbar.

- Der neu hinzukommende Akteur wird durch die übrigen Mitglieder des Netzwerks angeleitet und kontrolliert. Es sollte im Interesse des Projektteams sein, neue Teilnehmer auf den gemeinschaftlichen Kurs einzuschwören, da es durch gegenläufige Handlungen Einzelner selbst Sanktionen der Steuerungsinstrumente zu befürchten hat bzw. aufgrund eigener Überzeugung (intrinsischer Motivation) den Gesamtnutzen nicht gefährdet sehen will. Solche Homogenisierungsprozesse sind umso stärker, je etablierter die Strukturen sind.[307]
- Regulierungsmechanismen der Gruppen greifen möglicherweise nicht. Für diesen Fall müssen die Institutionen gerüstet sein und Steuerungsinstrumente bereithalten.

Obwohl erstrebenswert, sollte nicht selbstverständlich davon ausgegangen werden, dass in ferner Zukunft ein steuerungsfreier Zustand in der Immobilienwirtschaft erreicht werden kann. Die Vergangenheit hat gezeigt, dass Gesellschaften dazu tendieren, durch Umbrüche immer wieder zu stark eigennutzorientiertem Verhalten zurückzukehren (z. B. Kriege, politische Veränderungen, Naturkatastrophen). Somit ist immer wieder eine Überprüfung der Entscheidungsprozesse im Hinblick auf Nachhaltigkeitsaspekte notwendig und gegebenenfalls durch institutionelle Steuerung zu korrigieren.

11.4 Fazit: Nachhaltigkeit in der Immobilienwirtschaft durch Sustainable Governance

Nach dem gegenwärtigen Wissensstand über Nachhaltigkeitsaspekte in Entscheidungsstrukturen und deren Einflussgrößen bei gewerblichen Akteuren ist ein wohlstrukturiertes Lenkungssystem erforderlich, das alle Akteure erreicht – ungeachtet der Akteursrollen und hierarchischen Ebenen.

Diese Arbeit fokussierte einen der wesentlichen Wirtschaftsbereiche des Landes, den der Bau- und Immobilienbranche, die einen großen Teil der gesamten Güterproduktion und des Ressourcengebrauchs ausmacht.

307 Beschorner et al. 2005, S. 60.

Es wurde der ganzheitliche Ansatz der *Sustainable Governance* vorgestellt, der auf zwei unterschiedlichen Steuerungsprinzipien basiert: der extrinsischen und der intrinsischen Motivation der Akteure. Ersteres Prinzip zielt auf die Frage, wie zunächst die gegenwärtige Steuerung von Immobilienakteuren verbessert werden kann. Letzteres beabsichtigt, in ferner Zukunft eine Steuerung so weit wie möglich entbehrlich zu machen; erst dann wäre Nachhaltigkeit bei Gebäuden vollständig institutionalisiert. Jedoch sind beide gemeinsam notwendig, um die existenzbedrohenden Probleme von Mensch und Natur möglichst wirksam und zeitnah in den Griff zu bekommen.

Für den ersten Schritt der extrinsisch steuernden *Sustainable Governance* wurden mehrere Instrumente für den Bau- und Immobiliensektor vorgestellt. Sie basieren in Teilen auf bekannten Methodiken und wurden für die hier bearbeitete Aufgabe adaptiert. Andere Teilbereiche der Instrumente sind neuartig und bedürfen entsprechend einer dezidierten Ausarbeitung im Rahmen einer fortgesetzten Beschäftigung mit dem Thema.

Sustainable Governance kann als eine grundlegende Voraussetzung angesehen werden, wenn nachhaltiges Entscheiden an Bauobjekten eine gute Chance auf Umsetzung haben soll. Der Weg von den präferenzgesteuerten und situationsgebundenen Individualentscheidungen der Akteure bis zu nachhaltigen Gebäuden, die das Produkt einer Vielzahl von strategischen, operativen und organisatorischen Entscheidungen sind, erfordert diese geordnete Lenkung.

11.5 Sustainable Governance im nationalen Kontext

In den Einführungskapiteln wurde auf bundesweite Ziele hingewiesen, die mit der Forderung von Nachhaltigkeit in der gebauten Umwelt und im sonstigen täglichen Leben einhergehen. Vieles davon ist politisch ambitioniert und akademisch redigiert, sodass sich eine Übersetzung in die Sprache der Praxis als schwierig und bruchstückhaft darstellt. Die nationale Nachhaltigkeitsstrategie Deutschlands braucht Hilfsmittel für jede Branche, um verstanden zu werden.

Inhalt und Bedeutung des Begriffs 'Nachhaltigkeit' wurden eingangs kurz umrissen. Dabei wurde auch auf vorhandene Managementregeln und Umsetzungshilfen für die Immobilienwirtschaft und die Baupraxis eingegangen. Die Veröffentlichungen und Bildungsangebote über Vorteile und Notwendigkeit nachhaltigen Bauens reichen aber nicht aus, ein entsprechendes Entscheiden bei den Akteuren flächendeckend herbeizuführen und umzusetzen. Daraus resultierend wurde das Steuerungssystem der *Sustainable Governance* entwickelt, den Prozess zu unterstützen und zu beschleunigen. Es stehen also nun mehrere Module zur Verfügung, von denen jedes für sich als Einzelbaustein relativ ineffektiv ist, die jedoch gemeinsam über hohes Potenzial verfügen, zu einer Verbreitung der Nachhaltigkeit in der Bau- und Immobilienwirtschaft zu führen.

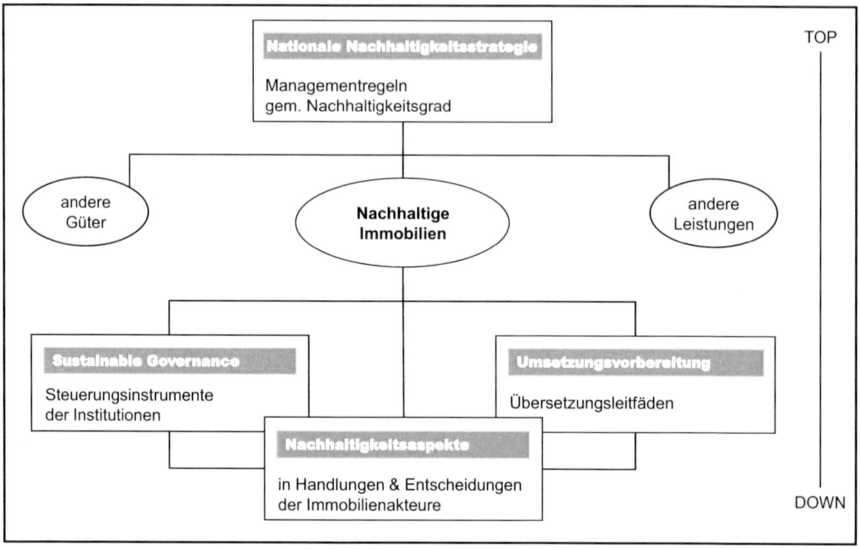

Abb. 30: Module eines Gesamtsystems der Nachhaltigkeit[308]

Abbildung 30 präsentiert wesentliche Module in einem Gesamtsystem, das Leben und Wirtschaften unter dem Nachhaltigkeitsanspruch bei Immobilien sicherstellt. Es kommt immer wieder zu Rückkopplungen und Sekundärwirkungen; generell kann aber auf keines der Module verzichtet werden, da jedes eine bestimmte Aufgabe im Entwicklungsprozess nachhaltiger Entscheidungspraxis zu erfüllen hat.

- Die nationale Nachhaltigkeitsstrategie, um Ziele und Inhalte der gebotenen nachhaltigen Entwicklung bundesweit abzustecken, global abzustimmen und auf die handelnden Stakeholder zu projizieren, womit auch die erforderliche Stärkung von Kompetenzen einhergeht. Stringenz und Umfang der Managementregeln variieren unter Umständen mit dem zugrunde liegenden Nachhaltigkeitsgrad (schwach, stark, kritisch, gegebenfalls weitere). Sie unterliegen daher prinzipiellen Abhängigkeiten mit dem aktuellen gesellschaftlichen Leitbild.
- *Sustainable Governance*, um die überwiegend nutzenorientierte Entscheidungskultur der Akteure auf sozial- und umweltkonforme Schwerpunkte zu lenken und um eine Autorisierung zu gewährleisten, auch akteursspezifische Vorteilhaftigkeiten durch nachhaltiges Entscheiden sicherzustellen. Die darin enthaltenen Instrumente der Institutionen sind gegebenenfalls (je nach Ergebnis der durchzuführenden Analysen) an die Motivations-/Kompetenzrelationen der verschiedenen Akteursgruppen anzupassen, um optimale Wirkung zu entfalten.

308 Eigene Darstellung.

- Die Umsetzungsvorbereitung, um die Inhalte der nationalen Nachhaltigkeitsstrategie auf einzelne Gewerke und Dienstleistungszweige herunterzubrechen und verschiedenen Akteursgruppen verständlich zu machen. Übersetzungsleitfäden müssen klar nachvollziehbare Handlungsanweisungen und Zieldaten für die Stakeholder enthalten. Sie fungieren als Vermittler zwischen komplexen strategischen Zielsystemen und dem operativen Geschehen.
- Die Entscheidungen des Akteurs, die zunächst passend zur eigenen Bedürfnisstruktur und unter Einbeziehung von Nachhaltigkeitsaspekten gefällt werden. Der Akteur agiert im Rahmen seines Verständnisses von Rationalität. Daneben werden seine Entscheidungen durch die Sozialbindung in der Gruppe, dem Stakeholder-Netzwerk, stark beeinflusst.

Bisher verläuft der Weg vom Akteur zur nachhaltigen Immobilie direkt über die Umsetzungsvorbereitung, d. h. den Entscheidern werden praktische Hilfen zum nachhaltigen Planen, Bauen und Bewirtschaften an die Hand gegeben und es wird erwartet (erhofft), dass automatisch adäquates Handeln erfolgt. Diese Erwartung hat sich nicht bestätigt. Die Gründe wurden vorstehend ausführlich dargelegt.

Dem entgegenzutreten wurden seitens der politischen Institutionen vereinzelt Anreize gesetzt und Sanktionen für das Überschreiten von Grenzwerten erlassen. Die zugrunde liegenden Nachhaltigkeitsgrade sind bis heute jedoch nicht eindeutig ablesbar und unterliegen stark der jeweils aktuellen Regierungslandschaft; sie variieren auch regional und werden länderspezifisch gehandhabt. Die nationale Nachhaltigkeitsstrategie hat lediglich Leitbildcharakter und existiert allenfalls in der Theorie.

Eine Gesamtstrategie zur Implementierung von Nachhaltigkeit bei Immobilien auf Basis des tatsächlichen Akteursverhaltens und vor dem Hintergrund des nationalen Nachhaltigkeitskonzeptes ist bisher nicht vorhanden. Um sie zu erarbeiten, kann jedoch auf bisherigen Forschungsansätzen aufgebaut werden.

Die Nachhaltigkeitsforschung verfolgt zwei differenzierte Herangehensweisen, um die ehrgeizigen Ziele der nationalen Nachhaltigkeitsstrategie umzusetzen: sie lassen sich als *Top-Down-* und *Bottom-Up-*Ansätze klassifizieren.

Top-Down beschreibt das Entwickeln einer Strategie basierend auf dem zugrunde gelegten Nachhaltigkeitsgrad der Gesellschaft bis zu den Einzelentscheidungen der Akteure. Das Endprodukt 'nachhaltiges Gebäude' wird definiert, also quantitativ und qualitativ in den geforderten Eigenschaften bestimmt. Ausgehend von diesem Zielsystem wird ein Anforderungskatalog entwickelt, der durch die Akteure zu erfüllen ist. Um die Erfüllung möglichst zu garantieren und den Prozess zu vereinfachen, werden einerseits Übersetzungsleitfäden herausgegeben, die auf den Managementregeln der Nachhaltigkeit gründen und andererseits institutionelle Instrumente installiert, die einen gewissen Druck aufbauen, nicht nachhaltiges Entscheiden zu vermeiden. Die Entscheidungen der Akteure orientieren sich an den fixierten Gebäudequalitäten.

Ein Beispiel für ein top-down wirkendes Steuerungsinstrument ist der Energieausweis. Er legt Grenzwerte fest, die gesetzlich verankert sind und zwingend eingehalten werden müssen, um eine Genehmigungsfähigkeit des Objektes erzielen. Den Akteuren verbleiben verschiedene technische und bautechnische Möglichkeiten, dieses Ziel zu erreichen. Nachteilig bei Top-Down-Strategien ist, dass die Akzeptanz bei Akteuren und ihre Berücksichtigung in der Praxis möglicherweise nicht gegeben sind. Außerdem sind aussagekräftige Daten über die tatsächliche Belastbarkeit der Umwelt und sich daraus ergebene maximale Eintragswerte nicht vorhanden, sodass Grenzwerte, wie beispielsweise im Energieausweis festgesetzt, in aller Regel nicht den Belastungsgrenzen natürlicher Ressourcen entsprechen. Für die Praxis werden in oft mühevollen Verhandlungen zwischen Vertretern unterschiedlicher Interessengruppen Ziel- und Eckdaten abgestimmt, die mehr auf Kompromissen beruhen als auf Forschungsergebnissen zur Klimaverträglichkeit.

Nachdem oftmals klare Ziele mit quantitativ festgesetztem Grenzwert (noch) nicht formulierbar sind, da es an geeigneten Messtechniken und brauchbaren Datensammlungen fehlt (Top-down-Strategie scheitert zwangsläufig) ist parallel der Bottom-Up-Ansatz voranzutreiben.

Bottom-Up beschreibt den Weg von der Akteursentscheidung bis zur nachhaltigen Immobilie. Hier wird der Fokus auf den Akteur gerichtet, der bestimmte Aspekte der Entscheidungsfindung zu berücksichtigen hat (integrativ rational), um so die Gestaltung des Produktes von vornherein nachhaltig auszurichten. Hintergrund ist der Gedanke, dass die Aggregation konsequent nachhaltigkeitskonformer Entscheidungen automatisch zu nachhaltigen Gebäuden führen muss und in Summe das ökologische Gleichgewicht gewahrt bleibt. Die Institutionen der Politik und des Marktes überwachen nachhaltige Entscheidungsprozesse und übernehmen die Kontrolle der Lenkung. Das Endprodukt des nachhaltigen Gebäudes resultiert aus dem von Beginn an *korrekten* Entscheidungsverhalten der Akteure.

Ein Beispiel für ein bottom-up wirkendes Steuerungsinstrument sind geforderte Produktdeklarationen von Baustoffen, die allein durch die Offenlegung von Inhaltsstoffen und Verfahren zwar noch kein nachhaltiges Gebäude zur Folge haben, aber die Aufmerksamkeit der Entscheider schärfen und letztlich durch veränderte Nachfrage zur Entwicklung von nachhaltigen Alternativprodukten beitragen. Es wird das Verhalten der Akteure in kleinen Schritten beeinflusst, ohne klare Ziele festzuschreiben. Nachteilig bei Bottom-Up-Strategien ist, dass der tatsächlich erreichte Nachhaltigkeitsgrad eventuell nicht ausreicht, um eine Lösung der Umweltproblematik zu erzielen. Es ist nicht absehbar, ob die Rechnung tatsächlich aufgeht.

12 Resümee

Die Lenkung von Immobilienakteuren zu einer nachhaltigen Entscheidungspraxis, die Grundvoraussetzung für nachhaltige Gebäude, kann nur durch ein System gelöst werden, das in sich stringent abgestimmt ist und das gleichzeitig genügend Flexibilität aufweist, sich auf die individuellen Ausgangssituationen der Akteure einzustellen. Während einige Akteure in nachhaltigkeitsorientieren Immobilienentscheidungen vorwiegend eine wirtschaftliche Chance sehen, verfolgen andere bereits heute ethische Motive, einem Nachhaltigkeitskonzept zu folgen. Dazwischen rangiert die Menge der Akteure, die mehr oder weniger in Richtung der einen oder der anderen Position tendiert. Alle müssen über ein Steuerungssystem wie *Sustainable Governance* erreicht werden, um innerhalb des Stakeholder-Netzwerks dem Anspruch nachhaltigen Planens und Bauens gerecht zu werden.

Abschließend soll eine Bewertung über die Möglichkeiten des Vorschlags der Steuerung hin zu einer konsequent nachhaltigen Entscheidungspraxis bei Immobilienakteuren vorgenommen werden. Dabei sind auch die zu erwartende Herausforderungen und Grenzen herauszustellen. Schlussendlich ergeben sich weitere Aufgaben für die Zukunft. In Form eines Ausblicks werden diese beschrieben.

12.1 Würdigung & Grenzen

Als problematisch bei der Entwicklung des Gesamtsystems der *Sustainable Governance* können sich folgende Umstände erweisen:

- Die fachübergreifende Zusammenarbeit und Kommunikation von Vertretern aus verschiedenen wissenschaftlichen Bereichen (Ökonomie, Ingenieurwesen, Naturwissenschaft).
- Die notwendige Abstimmung mit anderen Branchen und ihren Märkten.

- Die Durchsetzung eines möglichst lückenlosen Steuerungsinstrumentariums in Politik und Wirtschaft.
- Die mediale Adressierung und Überzeugung aller Bevölkerungsschichten, was durch Institutionen zu erfolgen hat, die zunächst selbst einmal über die entsprechende Grundhaltung und Qualifikation verfügen müssen.
- Der zeitliche Druck, die natürliche Umwelt zu entlasten, weitere Schädigungen zu unterbinden und Ressourcen zu schonen.

Erschwerend kommt hinzu, dass ein deutscher Alleingang keine Lösung darstellt. Parallel müssen Verhandlungen auf internationaler Bühne über die Implementierung ähnlich tief greifender Maßnahmen aufgenommen und auch gegen Rückschläge weitergeführt werden. Nationale Lösungen und/oder Strategien auf Teilmärkten allein können das Problem der schwindenden ökologischen Ressourcen und der sozialen Ungleichheit nicht lösen.

Grundsätzlich ist festzuhalten, dass *Sustainable Governance* ausgehend von den Akteuren und ihren Eigenarten der Entscheidungsfindung zu entwickeln und zu begleiten ist. Sie muss als Treiber dienen, die akteursbezogenen Nutzenaspekte auf die gesellschaftlich gebotenen und politisch entwickelten Absichten abzustellen.

Sustainable Governance muss zusätzlich die Funktion eines Mediators ausüben, indem sie durch Informieren und Überzeugen zum Ziel gelangt. Durch Zwang entstandene Bindungen dagegen erweisen sich aufgrund auftretenden Opportunismus der Akteure nicht als effektiv und bleiben instabil. Dennoch kann zumindest mittelfristig auf derartig wirkende Instrumente nicht verzichtet werden, da sie in besonderem Maß geeignet sind, den Prozess der nachhaltigen Entscheidungsentwicklung anzustoßen.

Demzufolge sind extrinsisch wirkende Steuerungsinstrumente, die Ressourcen für Kontrolle und Sanktionen aufzehren, zwar zu Beginn notwendig, aber auf Dauer kritisch zu hinterfragen. Wie ausgeführt ist der gegenwärtige Schwerpunkt der extrinsischen Instrumente nach und nach aufzugeben und gegen Instrumente mit intrinsischer Wirkungsweise einzutauschen. Gemäß aktuellem Kenntnisstand aus den empirisch ermittelten Daten zur Nachhaltigkeit ist das Instrumentarium anzupassen. Dabei ist eine komplette Neuausrichtung (beispielsweise aus Anlass eines politischen Machtwechsels) möglichst zu vermeiden. Sobald sich Verhalten und Entscheidungsprozesse der Akteure den institutionellen Nachhaltigkeitszielen annähern (Eintreten von Konformität mit dem Zielerreichungsgrad), wäre eine Justierung der Steuerung angebracht. Ist dieses über einen vorab umrissenen Zeitraum nicht der Fall, ist ebenfalls eine Korrektur der Steuerung – gegebenfalls hin zu verstärkt extrinsischer Wirkung – vorzunehmen. Es handelt sich dabei um ein Konzept, das über die Vorstöße des 'New Public Managements', wie sie bisher verstanden und betrieben wurden, hinausgeht.

Ziel sollte es sein, zu einem zukünftigen Zeitpunkt ein stabiles Steuerungssystem erreicht zu haben, das kaum noch der Inanspruchnahme extrinsischer Instrumente bedarf. Im Rahmen des dann vorherrschenden Wirtschaftssystems und ethischen Leitbildes werden womöglich andere Handlungsfelder von Prägnanz sein und eine gänzlich neue Strategie erfordern.

Eine weitere schwer kalkulierbare Facette speziell intrinsischer Steuerung ist ihre Streuwirkung. Sie kann zunächst positive Aspekte beinhalten, wie das Erreichen mehrerer Zielgruppen (Schlüsselakteure leiten andere Gruppen an) und ein sich rekursives Verstärken der Zielkomponenten Motivation und Kompetenz. Je stärker die Akteure motiviert sind, umso eher werden sie aus eigenem Antrieb danach streben, ihre Qualifikation zu verbessern und Kompetenzen auszuweiten. Allerdings bestehen durch Streuung und Sekundärfolgen auch Unsicherheiten in Bezug auf die Beeinflussung von Governance der Akteure anderer Branchen.

Es kann ex ante sicherlich keine Aussage getätigt werden, wann und wie die Entwicklung der Steuerung in Richtung intrinsischer Instrumente optimalerweise erfolgen müsste. Die Prognose der Entwicklung nachhaltiger Entscheidungen bei Akteuren, ihre Verbreitung bei Privatleuten und Kleinunternehmern, sowie bei Akteursrollenvertretern unterschiedlicher Nutzen- und Wertdimensionen ist ohne konstantes Monitoring unmöglich.

Wie dargestellt, führt selbst das Wissen um die Dringlichkeit noch nicht automatisch zu konsequentem Handeln. Selbst wenn nachhaltiges Entscheiden zumindest im Immobiliensektor theoretisch unterstellt wird, ergeben sich Herausforderungen, die extern auf die Immobilienwirtschaft einwirken. So muss für andere Wirtschaftsbereiche ein analoges Steuerungskonzept installiert werden, ohne sich gegenseitig zu behindern. Interaktionsinterferenzen bestehen zudem nicht nur bei Akteuren und ihren sozialen Netzwerken, sondern auch bei Steuerungsinstrumenten. Hierin dürfte absehbar die größte Schwierigkeit bestehen.

Auch bezüglich der Wirkung auf das Systemumfeld bildet das Monitoring der Steuerung und seinem nachgelagerten Akteursverhalten eine grundlegende Voraussetzung. Inwieweit Nachhaltigkeitsaspekte vermehrte Berücksichtigung finden, dürfte sich in einer Vielzahl von Kriterien niederschlagen (analog den eingangs erwähnten Managementregeln). Unter Umständen ist nicht immer eine direkte Messbarkeit gegeben oder die festgestellten Wirkungen können nicht zweifelsfrei mit der Implementierung der Steuerungsinstrumente in Zusammenhang gebracht werden. Die Hinwendung zur Nachhaltigkeit schlägt sich nur mittelbar und nur zeitverzögert in quantitativen Parametern nieder. Sozialwissenschaftliche Evaluationsverfahren sind jedoch noch nicht etabliert und hinreichend entwickelt.[309]

Um in dieser Situation nicht nur auf die beschönigenden Aussagen von Befragten angewiesen sein zu müssen (die Problematik von Umfragen wurde hinreichend dargestellt), ist nach Indikatoren zu suchen, die als Stellvertreter dienen und die

309 Eine tiefergehende Beschäftigung mit dem Thema 'Evaluation' liefern beispielsweise Meyer & Stockmann 2007.

nötige Reliabilität aufweisen. Vorgeschlagen wird hierzu, beispielsweise auf den noch in der Entwicklung befindlichen *Nationalen Wohlfahrtsindex* zurückzugreifen, der Aspekte der Nachhaltigkeit enthält.

Insgesamt ist die Messung von Nachhaltigkeit und ihrer fortschreitenden Verbreitung ein wichtiges Element effektiver Nachhaltigkeitssteuerung – ein Forschungsbereich, der an dieser Stelle leider nicht vertieft werden kann, aber in Zukunft die Wissenschaft intensiv beschäftigen dürfte.

12.2 Ausblick

Der Nutzen aus Gebäuden und Immobilien ist für jeden Stakeholder anders gelagert. Das Objekt vereint letztlich die Summe aller Erwartungen und Wünsche. Für den Einzelnen ist dieser Gesamtnutzen nur ein abstraktes Maß, für die natürliche Umwelt jedoch ist die daraus entstehende Gesamtlast maßgeblich. Da der Mensch ein Teil der natürlichen Umwelt ist und durch sie existiert und genährt wird, muss ihm die Lastenkontrolle ein hohes Anliegen sein.

Die Untersuchung hat aufgezeigt, dass sich diese Erkenntnis zunehmend durchsetzt, die erforderlichen Konsequenzen im Entscheidungsverhalten jedoch noch weitgehend auf sich warten lassen. Anhand der ökonomischen und soziologischen Theorie konnte dokumentiert werden, wo die Barrieren nachhaltigen Entscheidens in Theorie und Praxis liegen und wie sich die Hemmnisse überbrücken lassen.

Der Schlüssel liegt in der Steuerung menschlichen Entscheidungsverhaltens durch verschiedene Institutionen. Politik und Markt sind gemeinsam gehalten, Steuerungsinstrumente zu entwickeln, die kurz-, mittel- und langfristige Wirkung auf die Immobilienakteure zeigen. Sie sind vom reinen Anreiz/Zwang-Prinzip (extrinsisch) hin zum Motor eines Paradigmas der Nachhaltigkeit (intrinsisch) auszubauen. Absehbar erfordert die Durchsetzung einer Nachhaltigkeitsstrategie spürbaren persönlichen Nutzen für alle Stakeholder, doch langfristig wird der Gesamtnutzen als Treiber für Entscheidungen anerkannt werden müssen. Ob die Lösung möglicherweise in einer ökosozialen Marktwirtschaft auf globaler Ebene liegt, ist nicht zweifelsfrei vorherzusagen.

Grundsätzlich sollte hinterfragt werden, ob das in den Industrieländern vorherrschende Wirtschaftssystem zukünftig geeignet ist, das Leitbild der starken Nachhaltigkeit zu transportieren; es muss über Steuerungskanäle des akteursspezifischen Nutzens eine nachhaltige Entscheidungspraxis initiiert werden. Um Nachhaltigkeit durchzusetzen, müssen dazu alle gesellschaftlichen Akteure Chancen auf die Entwicklung der eigenen und gemeinschaftlichen Wohlfahrt erkennen können. Ein *nationaler Wohlfahrtsindex*, der auch die sozialen Kosten und die ökologischen Lasten mit einbezieht, könnte dem neoklassisch gefärbten Wohlstandsindikator BIP zur Seite gestellt werden. Die Ergänzung des *Human Development Index (HDI)* um Nachhaltigkeitsaspekte in Deutschland wie auch in anderen europäischen Staaten könnte ebenfalls die Funktion eines intrinsisch wirkenden Instrumentes entwickeln, das integrativ rationalem Entscheiden Vorschub leistet und die Entwicklung der Gesellschaft in Sachen Nachhaltigkeit reflektiert.

Politische und rechtliche Institutionen müssen unmissverständlich klar machen, wohin der Weg führen soll – und dass keine Parallelrouten im Angebot sind. Dazu ist ein föderalistischer Flickenteppich der Legislative ebenso ungeeignet wie parteipolitisches Machtgerangel. Für die Wirtschaft geht es darum, zu erkennen, dass nonmonetäre Gewinne nachhaltiger sind als bilanzierte Werte, und zu akzeptieren, dass Transparenz und Verantwortung gegenüber den Stakeholdern immer Bestandteil des Kerngeschäftes sind. Produktion und Dienstleistung können ohne Inanspruchnahme der natürlichen Umwelt und ohne soziale Systeme nicht funktionieren. Sie zu pflegen, sollte im Interesse einer jeden Unternehmung liegen.

Falls eine (auch nur teilweise) Abkehr von der streng quantitativ-wachstumsorientierten Entscheidungskultur in Betracht gezogen würde, wie es vereinzelt gefordert wird, müssten die bisher geltenden Regeln des Marktes infrage gestellt werden. Die Definition dieser Aufgaben wäre Bestandteil einer ethischen Diskussion, die in neuen sozialen Normen münden würde. Restriktive Menschenbilder wie der *Homo oeconomicus* und der *Homo sociologicus* wären weiterhin von wissenschaftlichem Interesse, müssten aber als Handlungsmodell vollständig überwunden werden; Menschenbilder wie der *Homo sustinens* treten dann an ihre Stelle.

Falls jedoch die Werte und Leitbilder des bisherigen Entscheidens und Wirtschaftens erhalten werden, sind die derzeitigen Steuerungsinstrumente (nicht nur in der Immobilienwirtschaft) wesentlich umzugestalten und systematisch zu verknüpfen.

In jedem Fall wäre *Sustainable Governance*, als Kern einer institutionellen Nachhaltigkeitssteuerung, ein wichtiges Werkzeug zur Beherrschung der eingangs geschilderten Megatrends.

Wenn sie auch kein Allheilmittel darstellt, so bildet sie doch eine wichtige Voraussetzung, um die natürliche Umwelt und den uns bekannten Lebensraum zu erhalten. *Sustainable Governance* zu entwickeln und zu begleiten ist eine auf Langfristigkeit ausgelegte Aufgabe, dessen Einführung mehrere Generationen dauern wird – letztlich ohne die Garantie auf Erfolg, jedoch mit sehr guten Chancen.

Literaturverzeichnis

Akerlof, George A., "The Market for Lemons", *The Quarterly Journal of Economics,* 1970, 488–500.
Alchian, Armen A. und Demsetz, Harold, "The Property Rights Paradigm", *The Journal of Economic History,* 1973, 16–27.
Andreoni, James, "Giving with impure altruism – applications to charity and Ricardian equivalence", *The journal of political economy,* 1989, 1447–1458.
Andreoni, James, "Impure Altruism and Donations to Public Goods – A Theory of Warm-Glow Giving", *The Economic Journal,* 1990, 464–477.
Aßländer, Michael S., *Handbuch Wirtschaftsethik*, Stuttgart: J. B. Metzler, 2011.
Bach, Maurizio, *Jenseits des rationalen Handelns: zur Soziologie Vilfredo Paretos*, Wiesbaden: VS, Verl. für Sozialwiss., 2004.
Bach, Sabine; Bilgeri, Alexander; Brettel, Malte et al., *Grundmodell einer dynamischen Theorie ökonomischer Akteure*, 2002.
Balks, Marita, *Umweltpolitik aus Sicht der neuen Institutionenökonomik*, Wiesbaden: DUV, Dt. Univ.-Verl., 1995.
Baumol, William J., "On Taxation and the Control of Externalities", *The American Economic Review,* 1972, 307–322.
Beckenbach, Frank; Hampicke, Ulrich; Leipert, Christian et al. (Hg.), *Zwei Sichtweisen auf das Umweltproblem: neoklassische Umweltökonomik versus ökologische Ökonomik*, Marburg: Metropolis-Verl., 1999.
Becker, Johannes, "Die Entscheidungsanomalien des homo oeconomicus", in Bekkenbach, F. (Hg.), *Psychologie und Umweltökonomik (Jahrbuch Ökologische Ökonomik),* Band 3, Marburg, 2003, 41–83.
Bernet, Jürg R., "Erfolgsstrategien für Immobilieninvestoren", *Zeitschrift für immobilienwirtschaftliche Forschung und Praxis,* 2006, 2–5.
Beschorner, Thomas; Behrens, Torsten; Hoffmann, Esther et al., *Institutionalisierung von Nachhaltigkeit*, Marburg: Metropolis, 2005.
Birkeland, Janis, *Building Assessment Systems Revising Environmental Impacts*, 2005.
BMU, *Nachhaltigkeitsberichterstattung: Empfehlungen für eine gute Unternehmenspraxis*, 2009.
BMU, *Nachhaltigkeitsmanagement in Unternehmen – von der Idee zur Praxis: Managementansätze zur Umsetzung von Corporate Social Responsibility und Corporate*

Sustainability, Berlin: Bundesministerium für Umwelt, Naturschutz und Reaktorsicherheit, 2007.

BMVBS, *Leitfaden Nachhaltiges Bauen*, Bonn: Druckerei BMVBS, 2001.

Bohrhardt, Ralf, *Soziale Rolle* (http://www.hs-coburg.de/fileadmin/fbs/bohrhard/Soziologie/Grundbegriffe/Rolle.pdf). Nov. 2009.

Braun, Hans-Gert, *Nutzentheorie und Nutzenanalyse: eine erneute Betrachtung der ökonomischen Wertlehre* [Habil.], Stuttgart: Univ., 1976.

Bryson, John R. und Lombardi, Rachel, "Balancing Product and Process Sustainability against Business Profitability: Sustainability as a Competitive Strategy in the Property Development Process", *Business Strategy and the Environment,* 2009, 97–107.

Busse, Daniela, *Decision Making and Sustainability. Does it Matter?*, Stockholm: Tagungsband ERES Conference 27.06.2009.

Cadman, David, "The Carbon Challenge", *Centre for the Study of Sustainable Building,* 2000.

Camerer, Colin F.; Loewenstein, George und Prelec, Drazen, "Neuroeconomics: Why Economics Needs Brains", *Scandinavian Journal of Economics,* 2004, 555–579.

Cole, Raymond J., *Motivating Stakeholders to Deliver Envirtonmental Change*, Building Research & Information, 39:5, 431-435, 2011.

Cortekar, Jörg; Jasper, Jörg und Sundmacher, Torsten, *Die Umwelt in der Geschichte des ökonomischen Denkens*, Marburg: Metropolis-Verl., 2006.

DEGI Research, *Immobilien FOKUS – Grüne Immobilienfonds. Eine Assetklasse mit Zukunft?*, 2009.

DeLisle, James R., *Appraisal, market analysis, and public policy in real estate: essays in honor of James A. Graaskamp,* Kluwer Acad. Publ., Boston, 1994.

Dobberstein, Monika, *Das prozyklische Verhalten der Büromarktakteure*, Dortmund, 2000.

Duesenberry, James Stemble, "Demographic and Economic Change in Developed Countries", *Comment on Becker,* Princeton, 1960.

Düsterlho, Jens-Eric von, *Das Shareholder Value Konzept: Methodik und Anwendung im strategischen Management,* Stuttgart 2003.

Dyckerhoff, Rainer, *Choquet-Erwartungsnutzen und antizipierter Nutzen,* Univ. der Bundeswehr, Hamburg,1994.

DZ Bank Research, *Immobilienbranche auf dem Weg zur Nachhaltigkeit – Branchenstudie*, 2009.

Eekhoff, Johann, "Teuer und ineffektiv", *Deutsches Ingenieurblatt,Nr. 09,* 2009.

Eichberger, Jürgen, *Grundzüge der Mikroökonomik*, Tübingen: Mohr Siebeck, 2004.

Eisenführ, Franz und Weber, Martin, *Rationales Entscheiden*, Tokio: Springer, 2002.

Ellmauthaler, Volkmar, *Analytische Gruppenarbeit nach Michael Balint*, 2003.

Endres, Alfred, *Die pareto-optimale Internalisierung externer Effekte*, Bern: Lang, 1976a.

Endres, Alfred, *Die pareto-optimale Internalisierung externer Effekte*, Bern: Lang, 1976b.

Erk, Susanne; Spitzer, Manfred; Wunderlich, Arthur P. et al., "Cultural objects modulate reward circuitry", *NeuroReport,* 2002, 2499–2503.

Ernst & Young Real Estate GmbH, "Nachhaltige Bewertung – Steigert Nachhaltigkeit den Wert von Immobilien?" *Ernst & Young Real Estate Trends,* 2009, 10–12.

Ernst & Young Real Estate GmbH, *Ist Zertifizierung für Sie ein Thema? – von Frensch, Stefanie,* 2008.

Europäische Kommission, *Grünbuch: Europäische Rahmenbedingungen für die soziale Verantwortung der Unternehmen KOM(2001)366,* 2001.

FAZ, "Bauch entscheidet beim Immobilienkauf mit", *Frankfurter Allgemeine Zeitung,* 2009, 39.

Fehr, Ernst und Gächter, Simon, *Fairness and Retaliation – The Economics of Reciprocity (Fairness und Vergeltung – die Ökonomie der Gegenseitigkeit),* Zürich, 1999.

Fehr, Ernst und Schmidt, Klaus M., *Theories of Fairness and Reciprocity – Evidence and Economic Applications,* Zürich, 2000.

Fengler, Jochen, "'Was Du nicht willst, das man dir tu'. Zum Verhältnis von Wirtschaft und Ethik", in Lenzen, E. und Fengler, J. (Hg.), *Berufsbild CSR-Manager,* Münster, 2007, 35–42.

Figge, Frank, *Stakeholder Value Matrix – Die Verbindung zwischen Shareholder Value und Stakeholder Value,* 2002.

Freeman, R. Edward und Gilbert, Daniel R., *Unternehmensstrategie, Ethik und persönliche Verantwortung,* New York: Campus-Verl., 1991.

Freeman, R. Edward; Harrison, Jeffrey S.; Wicks, Andrew C. et al., *Stakeholder theory – the state of the art,* Cambridge [u. a.]: Cambridge Univ. Press, 2010.

Freeman, R. Edward, *Managing for Stakeholders – Survival, Reputation, and Success,* New Haven, Conn: Yale University Press, 2007.

Fürst, Dietrich, "Wie gut passen Umweltabgaben in die Steuerungsstrukturen unseres politisch-administrativen Systems?" in Benkert, W. (Hg.), *Wo bleiben die Umweltabgaben? – Erfahrungen, Hindernisse, neue Ansätze,* Marburg, 1995, 103–118.

Gigerenzer, Gerd, *Bauchentscheidungen: die Intelligenz des Unbewussten und die Macht der Intuition,* München: Bertelsmann, 2007.

Götze, Stephan, "Mietrecht engt energetische Gebäudesanierung ein", *Greenbuilding, Nr. 03,* 2011.

Gothe, Kerstin; Busse, Daniela und Holl, Christian, *Perspektiven der kommunalen Wohnungswirtschaft,* 2007.

Greenbuilding, "Energiekonzept und Mietrecht in Einklang bringen", *Greenbuilding,* 2011, 10.

Häkkinen, Tarja; Huovila, Pekka und Tattari, Kai, "Eco-efficient Building Process", *International Conference: Sustainable Building 2002 Oslo,* Oslo, 2002.

Hahn, Frank H; Stigler, Gorge J.; Whittaker, John K. et al., *Alfred Marshalls Lebenswerk – Eine kritische Analyse aus moderner Sicht,* Düsseldorf: Verlag Wirtschaft und Finanzen GmbH, 1989.

Heigl-Evers, Anneliese und Ott, Jürgen, "Die Gruppe als Öffnung zum Anderen und Andersartigen", in Fliedl, R. (Hg.), *Psychotherapie und Gruppendynamik: Visionen einer mündigen Gesellschaft? – Symposion zum 75. Geburtstag von Raoul Schindler,* Band 2, Innsbruck [u. a.], 1999, 32–42.

Heinze GmbH, *Trendstudie 2009–2015 Architekten/Innenarchitekten,* 2009.

Henk, Malte und Schaefer, Jürgen, "Die Luftnummer", *GEO: Ein Planet wird verheizt, Nr. 12,* 2010, 128–150.

Heyden, Fabian, *Immobilien-Prozessmanagement: Gestaltung und Optimierung von immobilienwirtschaftlichen Prozessen im Rahmen eines ganzheitlichen Prozessma-*

nagements unter Berücksichtigung einer empirischen Untersuchung, Wien: Lang, 2005.

Homann, Karl und Meyer, Matthias, *Wirtschaftswissenschaftliche Theoriebildung*, Braunschweig: Bildungshaus Schulbuchverlage, 2009.

Huber, Joseph, *Allgemeine Umweltsoziologie*, Wiesbaden: Westdt.-Verl, 2001.

Immobilienmanager, "Nachhaltigkeitssiegel verlieren an Bedeutung", *Immobilienmanager (online vom 11.11.2009)*, 2009.

Internationale Organisation für Normung (ISO), *ISO 26000 – Guidance on social responsibility*, 2010.

Jagenburg, Walter, "Der Architekten- und Ingenieurvertrag", in Schulte, K.-W. (Hg.), *Immobilienökonomie Bd. 1 – Rechtliche Grundlagen,* Oldenburg, München, 2001, 499–609.

Jensen, Michael C. und Meckling, William H., "Theory of the Firm: Managerial Behavior, Agency Costs and Ownership Structure", *Journal of Financial Economics,* 1976, 305–360.

Jones Lang LaSalle, "Results of the 2008 CoreNet and Jones Lang LaSalle global Survey on CRE and Sustainability", *Perspectives on Sustainability,* 2008,.

Jones Lang LaSalle, *Global Trends in Sustainable Real Estate. An Occupier's Perspective*, 2007.

Kleine, Alexandro, *Operationalisierung einer Nachhaltigkeitsstrategie – Ökologie, Ökonomie und Soziales integrieren*, Wiesbaden: Gabler Verlag/GWV Fachverlage GmbH, Wiesbaden, 2009.

Knack, Stephen und Kaefer, Philip, "Does Social Capital have an Economic Payoff?", *Quarterly Journal of Economics,* 1997, 1251–1288.

Kok, Nils; Eichholtz, Piet; Bauer, Rob et al., *Environmental Performance – A Global Perspective on Commercial Real Estate*, 2010.

Kopfmüller, Jürgen, "Von der kulturellen Dimension nachhaltiger Entwicklung zur Kultur nachhaltiger Entwicklung", in Banse, G.; Parodi, O. und Schaffer, A. (Hg.), *Interdependenzen zwischen kulturellem Wandel und nachhaltiger Entwicklung,* Karlsruhe, 2009, 25–37.

Kopfmüller, Jürgen, *Nachhaltige Entwicklung integrativ betrachtet – konstitutive Elemente, Regeln, Indikatoren,* Berlin: Ed. Sigma, 2001.

Kosiol, Erich, *Die Unternehmung als wirtschaftliches Aktionszentrum*, 1972.

Krätke, Michael R., "Neoklassik als Weltreligion?", in Loccumer Initiative kritischer Wissenschaftlerinnen und Wissenschaftler (Hg.), *Die Illusion der neuen Freiheit. Realitätsverleugnung durch Wissenschaft,* Hannover, 1999, 100–144.

Kriese, Ulrich und Scholz, Roland W., "Sustainability Positioning in Residential Property Marketing", in: *Urban Studies,* 2009.

Kube, Sebastian, *Homo oeconomicus vs. homo aequus: experimentelle Untersuchungen zu sozialen Präferenzen*, Berlin: Dissertation.de, 2007.

Kubon-Gilke, Gisela, *Verhaltensbindung und die Evolution ökonomischer Institutionen,* Marburg: Metropolis-Verl, 1997.

Küster, Kristina, "Immobilieneigentümer im Dilemma – Mietrecht in Zeiten des Klimawandels", *Greenbuilding,* 2009.

Laux, Helmut, *Entscheidungstheorie*, Berlin: Springer, 2007.

Laux, Helmut, *Grundlagen der Organisation – die Steuerung von Entscheidungen als Grundproblem der Betriebswirtschaftslehre; mit 13 Tabellen*, Berlin: Springer, 2005.

Lee, Changhoon, *Kritik der neoklassischen Umweltökonomik: über die (Un-)Möglichkeit einer pareto-effizienten Umweltsteuer*, Frankfurt am Main: Lang, 2004.

Leitschuh, Heike, "In der Krise hilft nur Nachhaltig Wirtschaften", *Forum Nachhaltig Wirtschaften,* 2009, 67–69.

Lindenberg, Siegwart, "An assessment of the new political economy: Its potential for the social sciences and for sociology in particular", *Sociological Theory,* Band 3, 1985, 99–114.

Lorenz, David und Lützkendorf, Thomas, *Nachhaltigkeitsorientierte Investments im Immobilienbereich,* 2005.

Lorenz, David und Thöne, Christian, *Nachhaltigkeitsmanagement in der Immobilienwirtschaft aus globaler Sicht,* Leipzig: Integriertes Nachhaltigkeitsmanagement in der Immobilienwirtschaft, 2010.

Lüthgens, Carsten, *Wo Janis irrte – eine kritische Betrachtung zentraler Randbedingungen für Groupthink unter besonderer Berücksichtigung der Dissonanztheorie,* 1996.

Lützkendorf, Thomas, "Nachhaltigkeitsmanagement", in Viering, M.; Liebchen, J.; Kochendörfer, B. (Hg.), *Managementleistungen im Lebenszyklus von Immobilien,* Wiesbaden: Teubner, 2007, 365-391.

Lützkendorf, Thomas und Barthel, Rachel, *Fortsetzung des "Dialogs Bauqualität" – Erarbeitung von Lehrmodulen zum nachhaltigen Bauen zur Unterstützung der Aus- und Weiterbildung der am Bau Beteiligten – Phase I: Analyse von Schlüsselakteuren und des Bedarfes an Lehrmodulen & Entwicklung von Handlungsanleitungen für Planer,* 2008.

Lützkendorf, Thomas und Busse, Daniela, *Key Actors, their Roles and Means to ensure Sustainability,* Krakau: Tagungsband ERES 15th Annual Conference Krakow, 2008.

Lützkendorf, Thomas und Klingele, Martina, "Informationsmanagement und Stakeholderdialog im Bauwesen", *Technikfolgenabschätzung – Theorie und Praxis,* 2007, 46–53.

Lützkendorf, Thomas und Lorenz, David, *Sustainability assessment and/or property rating?,* CESB 07 (Central Europe towards Sustainable Building), International Conference, Prague, 2007.

Maslow, Abraham H., "A Theory of Human Motivation", *Psychological Review,* 1943, 370–396.

Mayer, Horst O., *Interview und schriftliche Befragung – Entwicklung, Durchführung und Auswertung,* München: Oldenbourg, 2006.

Mayntz, Renate, "Governance im modernen Staat". in Benz, A. et al. (Hg.), *Governance. Eine Einführung,* hg. von FernUniversität Hagen) 2003, 71–83.

Mayntz, Renate, "Governance Theory als fortentwickelte Steuerungstheorie?", in Folke Schuppert, G. (Hg.), *Governance-Forschung: Vergewisserung über Stand und Entwicklungslinien* (hg. von Max-Planck-Institut für Gesellschaftsforschung) Baden-Baden, 2005, 11–20.

Merten, Klaus, *Corporate Social Responsibility – Konzepte, Anwendung, Kritik,* 2008.

Meyer, Wolfgang; Stockmann, Reinhard, "Evaluation von Nachhaltigkeitskommunikation", in Michelsen, G.; Godemann, J., (Hg.), *Handbuch Nachhaltigkeitskommunikation,* München: Oekom, 2007, 351-361.

Michelsen, Gerd und Godemann, Jasmin, *Handbuch Nachhaltigkeitskommunikation,* München: Oekom, 2007.

Milgrom, Paul und Roberts, John, *Economics, Organziation and Management,* Prentice-Hall, 1992.

Mitusch, Kay, *Organisations- und Anreizstrukturen in Banken aus theoretischer Sicht*, Frankfurt am Main: GUG, 1999.

mol, "Green Buildings: Zukunftsprodukt ohne Rendite Turbo", *Immobilien Zeitung,* 2009, 7.

Neus, Werner, *Einführung in die Betriebswirtschaftslehre aus institutionenökonomischer Sicht*, Tübingen: Mohr Siebeck, 2003.

Nitzsch, Rüdiger von, *Entscheidungslehre: wie Menschen entscheiden und wie sie entscheiden sollten*, Stuttgart: Schäffer-Poeschel, 1. Aufl., 2002.

Nitzsch, Rüdiger von, *Entscheidungslehre: wie Menschen entscheiden und wie sie entscheiden sollten*, Stuttgart: Schäffer-Poeschel, 2. Aufl., 2006.

Nixdorf, Bernd, *Verbesserung der Wirtschaftlichkeit von Bauobjekten unter Verwendung von Investitionsrechnungsverfahren*, Bonn: Bundesminister für Raumordnung, Bauwesen u. Städtebau, 1983.

Ockenfels, Axel, "ERC – A Theory of Equity, Reciprocity and Competition", *The American Economic Review,* 2000, 166–193.

Olson, Mancur, *The logic of collective action – public goods and the theory of groups*, Cambridge, Mass: Harvard Univ. Pr, 1965.

Ostrom, Elinor; Gardner, Roy und Walker, James, *Rules, games, and common pool resources*, Ann Arbor: Univ. of Michigan Press, 1994.

Ostrom, Elinor, "Doing institutional analysis", *Handbook of new institutional economics,* 2005, 819–848.

Paech, Niko; Buchmann, Marius; Stüwe, Claudia et al., *Klimaschutzinnovationen und Diffusion*, 2009.

Paech, Niko, "Nachhaltige Entwicklung als Nullsummenspiel", *Zeitschrift für Sozialökonomie,* 2006, 23–35.

Paetsch, Martin, "Hirnforschung – Warum Gefühle so wichtig sind", *Geo Wissen: Entscheidung und Intuition,* 2010, 26–34.

Pareto, Vilfredo, "Compito", in De Rosa, G. (Hg.), *Lettere a Maffeo Pantaleoni. 1860–1923,* Band 3, Genf, 1964, 131.

Persram, Sonja; Lucuik, Mark und Larsson, Nils, *Marketing Green Buildings to Owners of Leased Properties*, 2007.

Pfnür, Andreas, *Modernes Immobilienmanagement – Facility Management und Corporate Real Estate Management; mit 63 Tab*, Berlin: Springer, 2002.

Picot, Arnold; Dietl, Helmut und Franck, Egon, *Organisation – eine ökonomische Perspektive*, Stuttgart: Schäffer-Peoschel, 1997.

Porter, Michael und Kramer, M. K., "Strategy and society: The link between competitive advantage and corporate social responsibility", *Harvard Business Review,* 2006, 78–92.

Poundstone, William, *Prisoner's dilemma*, Oxford: Univ. Press, 1993.

Quitzow, Rainer, "Nachhaltigkeitsstrategien: Form und Funktion", in Knopf, J.; Quitzow, R.; Hoffmann, E. et al. (Hg.), *Nachhaltigkeitsstrategien in Politik und Wirtschaft: Treiber für Innovation und Kooperation?,* München, 2011a.

Quitzow, Rainer, "Unternehmen und Staat als Partner in der Nachhaltigkeitspolitik", in Knopf, J.; Quitzow, R.; Hoffmann, E. et al., (Hg.), *Nachhaltigkeitsstrategien in Politik und Wirtschaft: Treiber für Innovation und Kooperation?,* München, 2011b.

Radermacher, Franz Josef, *Balance oder Zerstörung – Ökosoziale Marktwirtschaft als Schlüssel zu einer weltweiten nachhaltigen Entwicklung*, Oberhaching: Herold Verlagsauslieferung, 2002.

Rappaport, Alfred, *Shareholder Value,* Stuttgart: Schäffer-Poeschel, 1999.

Rebhan, Christine, *Haushaltsausschuss kürzt CO_2-Programm und Städtebauförderung* (http://www.immobilien-zeitung.de/1000001034/haushaltsausschuss-kuerzt-co2-programm-und-staedtebaufoerderung). 12.11.2010.

Rehbinder, Manfred, *Rechtssoziologie*, München: Beck, 2003.

Reichel, Reiner, *Deutsche Immo-AGs verschlafen den Trend*, Handelsblatt Nr. 135/2011.

Reiffert, Stefanie, "Sechs Gründe, nichts für den Klimaschutz zu tun", *FOCUS-Online,* http://www.focus.de/wissen/wissenschaft/klima/tid-15118/umweltpsychologie-sechs-gruende-nichts-fuer-den-klimaschutz-zu-tun_aid_424219.html (02.08.2009).

Rescher, Nicholas, *Rationalität: eine philosophische Untersuchung über das Wesen und die Rechtfertigung von Vernunft*, Würzburg: Königshausen und Neumann, 1993.

Richter, Rudolf und Furubotn, Eirik G., *Neue Institutionenökonomik – Eine Einführung und kritische Würdigung*, Tübingen: Mohr Siebeck, 2003.

Rogall, Holger, *Akteure der nachhaltigen Entwicklung: der ökologische Reformstau und seine Gründe*, München: Ökom. Ges. für Ökologische Kommunikation, 2003.

Rogall, Holger, *Langfassung der zehn Kernaussagen der Nachhaltigen Ökonomie – Entwurf in der Diskussion – Stand: 15.12.2009*, 2009.

Rogall, Holger, *Neue Umweltökonomie, ökologische Ökonomie: ökonomische und ethische Grundlagen der Nachhaltigkeit, Instrumente zu ihrer Durchsetzung*, Opladen: Leske + Budrich, 2002.

Rogall, Holger, *Ökologische Ökonomie: eine Einführung*, Wiesbaden: VS, Verl. für Sozialwiss., 2008.

Rogall, Holger, *Ökonomie der Nachhaltigkeit: Handlungsfelder für Politik und Wirtschaft*, Wiesbaden: VS, Verlag für Sozialwissenschaften, 2004.

Rogers, Everett M., *Diffusion of innovations*, New York, NY [u.a.]: Free Press, 2003.

Rohwer, G., *Einige Überlegungen zur Handlungstheorie*, 2006.

Roland Berger Strategy Consultants, *Nachhaltigkeit im Immobilienmanagement – Kurzfassung der Studie*, 2010.

Roux Deutschland GmbH, *Der Einfluss von Nachhaltigkeitszertifikaten auf den Marktwert von Immobilien – Ergebnisse der Marktstudie*, 2008.

Rußig, Volker, *Die volkswirtschaftliche Bedeutung der Immobilienwirtschaft – Kurzfassung des Gutachtens des ifo-Instituts für Wirtschaftsforschung an der Universität München*, 2005.

Schaltegger, Stefan; Herzig, Christian und Klinke, Thorsten, "Werkzeuge des Nachhaltigkeitsmanagements", in Lenzen, E. und Fengler, J. (Hg.), *Berufsbild CSR-Manager,* Münster, 2007, 23–29.

Schaltegger, Stefan; Windolph, Sarah Elena und Harms, Dorli, *Corporate Sustainability Barometer – Wie nachhaltig agieren Unternehmen in Deutschland?*, 2010.

Schendler, Auden und Udall, Randy, *LEED is Broken. Let's fix it*, 2005.

Schick, Jürgen Michael, "Wohn-Investments: Einfache Lagen können lohnen", *Immobilien Manager,* 2004, 38–40.

Schilke, Oliver und Reimann, Martin, "Neuroökonomie: Grundverständnis, Methoden und betriebswirtschaftliche Anwendungsfelder", *Journal für Betriebswirtschaft,* 2007, 247–262.

Schimank, Uwe, *Handeln und Strukturen: Einführung in die akteurtheoretische Soziologie*, München: Juventa-Verl., 2002.

Schindler, Raoul, "Grundprinzipien der Psychodynamik in der Gruppe", *Psyche,* 1957, 308–314.

Schleiter, Ludwig-Wilhelm, *Historische, gesellschaftliche und ökonomische Grundlagen der Immobilien-Projektentwicklung – Staats-, Stadt- und Immobilienentwicklung/ die politisch-gesellschaftliche, die zeitliche und die räumliche Dimension des Immobilienmarktgeschehens/Strategien und Taktiken für erfolgreiche Immobilien-Projektentwicklung.*, Köln: Rudolf Müller, 2000.

Schmid, Michael und Zimmermann, Thomas, *Shareholder Value und Stakeholder Value: Alternative Unternehmensführungskonzepte?*, 1998.

Schussmann, Klaus, *Die paretianische Kosten-Nutzen-Analyse*, Kallmünz (Opf.): Lassleben, 1973.

Schwarz, Norbert und Bohner, Gerd, "Stimmungseinflüsse auf Denken und Entscheiden", in Maas, P. et al. (Hg.), *Börse und Psychologie: Plädoyer für eine neue Perspektive,* Köln, 1990, 162–189.

Sen, Amartya, "Maximization and the Act of Choice", *Econometrica,* 1997, 745–779.

Shiv, Baba; Loewenstein, George; Bechara, Antoine et al., "Investment behavior and the negative side of emotion", *Psychol Sci,* 2005, 435–439.

Shome, Debika und Marx, Sabine, *The Psychology of Climate Change Communication – A Guide for Scientists, Journalists, Educators, Political Aides and the Interested Public,* 2009.

Siebenhüner, Bernd, *Homo sustinens – auf dem Weg zu einem Menschenbild der Nachhaltigkeit,* Marburg: Metropolis-Verl, 2001.

Simon, Herbert Alexander, *Homo rationalis: die Vernunft im menschlichen Leben,* New York: Campus-Verl., 1993.

Spars, Guido, "Die Forschungsfelder der Wohnungs- und Immobilienökonomie und der Neuen Institutionenökonomik", in Gondring, H. und Lammel, E. (Hg.), *Handbuch Immobilienwirtschaft,* Wiesbaden, 2001, 24–53.

Stern, Nicholas Herbert, *Stern Review on the Economics of Climate Change,* Cambridge: Cambridge University Press, 2007.

Stigson, Björn, *Peer Review on Sustainable Development Policies in Germany,* 2009.

Tews, Kerstin und Jänicke, Martin (Hg.), *Die Diffusion umweltpolitischer Innovationen im internationalen System,* Wiesbaden: VS-Verl. für Sozialwissenschaften, 2005.

Trotz, Raymond, *Immobilien – Markt- und Objektrating: ein praxiserprobtes System für die Immobilienanalyse,* Köln: Müller, 2004.

UNEP, *Building and Climate Change. Summary for Decision-Makers,* 2009.

Union Investment, *Nachhaltiges Vermögensmanagement institutioneller Anleger 2009,* 2009.

Vilks, Arnis, *Neoklassik, Gleichgewicht und Realität: eine Untersuchung über die Grundlagen der Wirtschaftstheorie,* Heidelberg: Physica-Verl., 1991.

Viner, Jacob, "The Utility Concept in Value Theory and Its Critics", *Journal of Political Economy,* 1925, 369–387.

Voigtländer, Michael; Demary, Markus; Gans, Paul et al., *Wirtschaftsfaktor Immobilien – die Immobilienmärkte aus gesamtwirtschaftlicher Perspektive,* Wiesbaden: gif, 2009.

Wallbaum, Holger; Silva, Lara; Du Plessis, Chrisna et al., *Motivating Stakeholders to Deliver Change,* 3rd Holcim Forum on Re-inventing Sustainable Construction, Mexico City, 2010.

Walz, Rainer und Schleich, Joachim, *The Economics of Climate Change Policies,* Heidelberg: Physica, 2009.

Weber, Max, *Wirtschaft und Gesellschaft – Grundriss der verstehenden Soziologie,* Tübingen: J.C.B. Mohr (Paul Siebeck), 1976.

Welge, Martin K., *Strategisches Management – Grundlagen – Prozess – Implementierung,* Wiesbaden: Gabler, 2008.

Wellner, Kristin, *Entwicklung eines Immobilien-Portfolio-Management-Systems,* Leipzig: Inst. für Immobilienmanagement, 2003.

Williamson, Oliver E. und Masten, Scott E., *Transaction cost economics,* Aldershot [u. a.]: Elgar, 1995.

Williamson, Oliver E., *Transaktionskostenökonomik,* Hamburg: Lit, 1996.

Wirnschimmel, Konrad, "Raoul Schindlers Rangdynamik: ein sozialpsychologisches Erklärungsmodell menschlichen Gruppenverhaltens", in Fliedl, R. (Hg.), *Visionen und Wege: Psychotherapie und Gruppendynamik: Visionen einer mündigen Gesellschaft? - Symposion zum 75. Geburtstag von Raoul Schindler,* Band 2, Innsbruck [u. a.], 1999, 102–107.

Weltkommission für Umwelt und Entwicklung, *Brundtland-Report: Unsere gemeinsame Zukunft,* 1987.

World Business Council for Sustainable Development, *Roadmap for a Transformation of Energy Use in Buildings,* 2009.